LES ACADÉMIES D'AUTREFOIS

L'ACADÉMIE DES SCIENCES

SOUS PRESSE :

LES ACADÉMIES D'AUTREFOIS
— Tome II —

**L'ANCIENNE ACADÉMIE
DES INSCRIPTIONS ET BELLES-LETTRES
Par M. L.-F. ALFRED MAURY**
1 vol. in-8°.

Paris. — Imprimerie de P.-A BOURDIER et C°, rue Mazarine, 30.

LES ACADÉMIES D'AUTREFOIS

L'ANCIENNE
ACADÉMIE
DES SCIENCES

PAR

L.-F. ALFRED MAURY

Membre de l'Institut, professeur d'histoire et morale
au Collège de France

PARIS
LIBRAIRIE ACADÉMIQUE
DIDIER ET Cie, LIBRAIRES-ÉDITEURS
35, QUAI DES AUGUSTINS
—
1864
Tous droits réservés.

PRÉFACE

En écrivant cet essai historique sur deux Académies, l'Académie des sciences et l'Académie des inscriptions et belles-lettres, qui occupent une place importante dans l'histoire intellectuelle des temps modernes, j'ai voulu acquitter une dette de reconnaissance envers les hommes éminents qui y ont appartenu, arracher à l'oubli qui commence à les envelopper plusieurs de ceux qui en ont fait l'illustration. Mais tel n'a point été mon but unique. L'histoire de l'ancienne Académie des sciences et de l'ancienne Académie des inscriptions et belles-lettres est celle des sciences physiques et mathématiques, historiques et morales dans notre pays pendant un siècle et demi; elle est aussi, par divers côtés, celle de ces sciences à l'étranger, car les deux compagnies savantes ne tirèrent pas exclusivement leurs découvertes et leurs idées de notre sol, elles s'inspirèrent et s'éclairèrent des travaux faits au dehors.

Soit qu'ils eussent réagi contre elles, soit qu'ils les eussent adoptées, les académiciens laissèrent toujours la trace dans leurs mémoires des doctrines scientifiques qui s'étaient produites en des contrées rivales. L'histoire de l'Académie des sciences et de l'Académie des inscriptions a donc tout l'intérêt d'un chapitre des annales de l'esprit humain. Or, dans les sciences, la partie historique n'est pas la plus à dédaigner. A mon avis, on néglige trop, dans les traités didactiques, de dire par quelles voies on a été conduit aux découvertes, quels efforts successifs furent tentés avant qu'on eût réussi à saisir la vérité, à constater clairement les lois de la nature, et à en tirer des applications. Cet aperçu historique, le plus souvent absent de nos livres classiques, aurait l'avantage de nous bien faire comprendre comment on parvient à découvrir, de quelles erreurs il faut se garder, et ce qui constitue la vraie méthode qui a été si laborieusement édifiée. L'histoire des sciences ne s'écrit pas seulement pour la plus grande gloire de ceux qui contribuèrent à leur avancement, elle est pleine encore d'enseignements pour les générations présentes et à venir, car elle marque la trace de la route qu'on a suivie et nous donne la direction de celle qu'il nous faut prendre à notre tour. En outre, l'histoire des sciences physiques, mathématiques, historiques, morales, a presque autant de mouvement et d'intérêt que l'histoire politique. Les antagonismes de personnes et de partis, les guerres, les invasions et les revers dont celle-ci est toute remplie, l'histoire des sciences les présente aussi ; seulement, on y combat avec d'autres armes et sur un autre terrain, on lutte pour des idées et l'on s'attaque avec des faits. La vanité personnelle et l'esprit de parti jouent là un rôle comme dans les agitations publiques, mais ils interviennent dans des régions tout autres et ne se manifestent plus que par des doctrines, que par des inventions ; il y a des conquêtes, mais, à la différence de celles que les armées nous assurent, elles sont toutes pacifiques et acceptées peu à peu par les intelligences qui les subissent. On ne se sent pas ému de compassion pour les vaincus, transporté de colère contre d'injustes vainqueurs ; on n'admire pas l'héroïsme d'une défaite et la noblesse d'un revers, car ce qui triomphe toujours finalement, c'est la vérité. La résistance opiniâtre est celle de l'erreur et de l'ignorance. Il s'agit, non de subjuguer des hommes, mais de les convaincre et de les éclairer. La fortune a sans doute également, dans l'histoire des sciences, ses caprices et ses retours, mais elle ne choisit ses favoris que parmi ceux qui sont dignes de faire fructifier ses dons. L'histoire des Académies, bien qu'offrant un champ plus restreint et des révolutions moins passionnées et moins profondes que celles des nations, apporte, on le voit, à notre curiosité un aliment substantiel et des sujets dont la variété peut la captiver.

Il est encore un autre motif qui m'a conduit à entreprendre ce livre : j'ai voulu rappeler au public français que les sciences n'ont pas moins droit à son estime et à sa prédilection que la littérature ; que les Académies qui les représentent dans leurs diverses branches mériteraient une popularité égale à celle qui environne leur sœur aînée, l'Académie française. Je vais plus loin : je dis que les sciences représentent quelque chose de plus élevé, de plus puissant dans l'ordre intellectuel que ce qui est représenté par les lettres, si l'on prend soin de distinguer de celles-ci des études à tort confondues avec elles et qui sont, au contraire, de l'ordre des sciences. Quel est le guide, dans les recherches scientifiques? C'est ce qu'on peut appeler le principe logique et rationnel.

Les sciences sont le fruit de l'application de la raison à l'observation des faits que nous offre le monde physique et moral; elle cherche à en pénétrer les lois, à en définir la marche, à en constater toutes les phases. Dans les sciences, rien ne doit être abandonné à l'imagination. Plus la méthode scientifique se complète et se perfectionne, plus la spéculation en est évincée, plus la critique devient sévère et la constatation des faits rigoureuse. Dans la littérature, au contraire, c'est l'imagination qui est la directrice et souvent la maîtresse; la poésie, l'éloquence, le théâtre sont sans doute des magnificences de l'esprit humain, mais, comme toutes les pompes, elles peuvent dissimuler bien des fausses grandeurs et bien des vanités puériles. On peut être un grand écrivain, comme Jean-Jacques Rousseau, en n'ayant guère avancé que des idées fausses et des théories dangereuses; on ne saurait être un grand savant, sans avoir découvert beaucoup de vérités nouvelles et observé mille faits inaperçus. Le littérateur est un artiste, qui a atteint le plus haut degré de son art, quand il est parvenu à nous peindre la passion telle qu'elle est, la société telle que nous la connaissons, à traduire sous des couleurs plus vives les sentiments que nous partageons avec lui; mais il ne découvre rien de nouveau, il ne nous enseigne rien que nous ne sachions ou ne puissions aisément savoir, puisque c'est par la conformité de ce qu'il écrit avec ce que nous avons observé, que nous jugeons de sa valeur; il copie la nature avec un pinceau qui peut nous enchanter, mais il n'en arrache aucun secret. La science, au contraire, qui n'a pas ces beautés physiques entraînantes, cette séduction de langage, poursuit, sans autre ornement que l'éclat du vrai, la recherche de l'inconnu ; elle exige une force de logique, une puissance d'attention, une persévérance d'efforts, un génie d'abstraction ou de généralisation dont le littérateur n'a pas besoin. Ce qui fait la plus grande popularité et la faveur des lettres, et j'entends par là les œuvres d'imagination, c'est précisément notre frivolité et notre ignorance. Tout le monde peut comprendre un roman tel que *Gil-Blas*, une comédie telle que le *Bourgeois Gentilhomme ;* peu de gens sont en état de lire la *Mécanique analytique* de Lagrange, d'apprécier le *Système de la nature* de Linné, ou de mesurer tout ce qu'il y a de savoir et d'étude dans le *Glossaire* de Du Cange. De là l'isolement où se trouvent les œuvres de science comparées aux œuvres d'imagination ; celles-ci ont toutes les préférences du public, parce que l'imagination demeure toujours la favorite de nos facultés ; elle caresse nos passions, entretient nos illusions, flatte nos espérances, sert nos antipathies. La raison, qui règne dans les sciences, a quelque chose d'impitoyable et de dur, parfois de sec et d'impérieux, qui déplaît, ou tout au moins qui fatigue. Une autre circonstance ajoute à la popularité des lettres : la moitié du genre humain, les femmes obéissent encore plus aux caprices de l'imagination que l'autre sexe. A un petit nombre d'exceptions près, les intelligences féminines, même les plus distinguées, arrivent à la vérité, non par la logique, mais par le sentiment ; elles ont toutes quelque chose de l'artiste, et manquent de l'esprit vraiment scientifique. Cet exercice patient de l'observation comparative, cette méditation prolongée sur les faits, cette habitude prise de les vérifier les uns par les autres, de ne généraliser que lentement et de n'admettre que ce qui est démontré rationnellement ou expérimentalement, tout cela est étranger aux habitudes mentales des femmes, comme à celles de la majorité du public. Ainsi s'explique le meilleur accueil fait aux œuvres d'imagination qui n'exigent du lecteur aucune éducation nouvelle, qui ne le contraignent pas à se dépouiller de sa légèreté d'esprit native. Les sciences historiques elles-mêmes ont participé longtemps, par leurs spéculations, de cette influence purement littéraire qui fait prendre à l'imagination le dessus sur la logique, et ce n'est qu'à grand'peine que l'observation et la critique les ramènent sur un terrain plus sûr et plus rationnel.

Ces considérations établissent suffisamment qu'il y a dans les sciences une intervention plus élevée et plus pénétrante de l'esprit, une dépense de facultés que la littérature ne développe guère, et que la raison, supérieure à l'imagination, fruit d'une intelligence plus mûre, y règle et y coordonne la marche de l'esprit. En voilà assez pour assurer aux sciences physiques, mathématiques, morales et historiques, le pas sur les lettres proprement dites, c'est-à-dire la poésie, le théâtre, le roman, l'éloquence et en général le bien dire.

C'est sous l'empire de cette réflexion que j'ai voulu mettre en relief les travaux de deux compagnies savantes qui ont chacune, dans des directions différentes, travaillé aux progrès des sciences et accoutumé la nation française à faire un usage de plus en plus étendu de la méthode rationnelle. Une pareille méthode est au reste susceptible d'applications encore plus étendues et plus multipliées. Notre cœur, comme notre esprit, gagnerait à se mettre sous sa discipline. Si, en descendant au fond de nous-même, nous y portions le flambeau d'une critique impartiale et d'une observation désintéressée, si nous prenions l'habitude d'expérimenter sur notre âme comme sur la nature physique, d'assujettir nos actes à la même logique que nous portons dans l'appréciation des faits de l'histoire et de la législation, nous trouverions bien à réformer dans nos sentiments, nos mœurs et nos habitudes, nous découvririons en nous des vanités et des erreurs que la méthode rationnelle nous fait saisir ailleurs, nous appliquerions à nous-mêmes des principes de justice et des actes de sévérité que nous gardons presque toujours pour autrui, nous comprendrions nos inconséquences et chasserions de notre cœur, par la raison, des tendances qu'entretient, au contraire, l'influence prédominante de l'imagination. La science est la recherche consciencieuse du vrai, et le vrai, porté dans nos âmes, c'est la route du bien.

Je me suis arrêté, dans cette histoire des sciences et des savants en France, à la fin du dix-huitième siècle. Après, s'est ouverte une période qui se continue encore, et qui embrassait trop de choses pour que je pusse aborder même ses premières années. L'ignorance que je reprochais tout à l'heure au public, je dois confesser que j'en participe malheureusement aussi. Aux siècles derniers, le domaine des sciences n'est point assez vaste pour qu'un seul homme ne puisse le saisir dans son ensemble ; mais, avec le nôtre, les différentes branches prennent de tels développements que mes faibles connaissances ne suffiraient pas pour en donner même un simple aperçu. J'ai, d'ailleurs, rencontré pour l'âge précédent des histoires particulières qui ont facilité ma tâche et m'ont dispensé de rechercher par moi-même bien des faits généraux. Mais, dans ce siècle, où les travailleurs se sont décuplés, l'histoire des sciences prend des dimensions si gigantesques qu'il y aurait eu, de ma part, de l'audace à l'entreprendre. Les hommes des siècles derniers, plus loin de nous, étaient moins connus, et avaient besoin qu'on portât quelque lumière sur l'ombre de l'oubli qui commence à envahir leurs travaux. Les hommes du dix-neuvième siècle, qui ont imprimé aux sciences l'étonnant mouvement dont elles sont animées, sont eux trop rapprochés pour que la postérité puisse rendre à leur égard un jugement impartial et définitif. Si j'avais voulu faire leur biographie, j'aurais encore trouvé près de moi leurs enfants, leurs élèves, leurs amis; eussé-je eu assez d'autorité pour caractériser leurs œuvres, je ne me serais pas senti assez de liberté pour dire constamment tout ce qu'il en faut penser. Les anciennes Académies scientifiques, au contraire, bien que se liant à la société nouvelle par la tradition intellectuelle, représentent un état de choses aboli et sur lequel se lève en ce moment le jour serein de l'histoire.

LES
ACADÉMIES
D'AUTREFOIS

PREMIÈRE PARTIE

L'ANCIENNE ACADÉMIE DES SCIENCES

En France, les révolutions ont si profondément bouleversé le sol et tant renversé de monuments, que vous découvrez à grand'peine des institutions qui datent d'un siècle, des établissements dont l'origine remonte au delà de la première Révolution. C'est aux lettres et aux sciences qu'appartient l'honneur d'avoir conservé intacts de ces rares témoins d'un état de choses qui n'est plus. Tandis que tout a été renouvelé dans la politique et les mœurs publiques, que les gouvernements ont, à plusieurs reprises, réorganisé l'administration, la magistrature et l'armée, la vie scientifique et littéraire a sensiblement gardé sa constitution ; si elle a eu ses réformes, elles n'ont point été radicales, à plus forte raison sanglantes. Le Collége de France, l'Académie française, l'Académie des inscriptions et belles-lettres, l'Académie des sciences, la Bibliothèque impériale, ci-devant royale, l'Observatoire, le Muséum d'histoire naturelle, subsistent encore, comme au siècle dernier, et dans nos provinces, une foule d'académies sont d'une création antérieure à 1789. L'esprit de ceux qui appartiennent à ces établissements n'est plus tout à fait, j'en conviens, celui qui régnait il y a cent ans ; toutefois un ensemble de traditions, d'usages et d'idées qu'ils se transmettent depuis leur fondation, lie leur existence d'aujourd'hui à celle d'autrefois.

Quand éclata le mouvement de 1789, une scission profonde ne s'opéra pas dans l'ordre intellectuel comme elle s'opérait dans l'ordre politique et social, entre les hommes de l'ancien et du nouveau régime. La Révolution creusait un abîme entre deux âges, qui n'étaient pourtant séparés que par un laps de quelques années seulement. Sur le sol grandit une génération élevée dans la haine ou l'oubli complet de la monarchie ; celle qui l'avait précédée et qui demeurait attachée à la royauté s'expatria ou périt dans les proscriptions ; les regrets de l'ancien régime allèrent se cacher à l'étranger. La Terreur eut ainsi pour effet non-seulement de faire disparaître tout ce qui portait l'empreinte de nos rois, mais encore d'effacer totalement de la mémoire populaire les institutions qui avaient régi la France pendant des siècles. Celle-ci avait comme renié son passé ; elle ne voulait dater son histoire que de la prise de la Bastille ; elle s'imaginait qu'elle était née ce jour-là à la liberté : elle aurait dû dire à la révolution. Il était sans doute possible, à la rigueur, de tout reconstruire dans le domaine politique, de refaire à nouveau une machine gouvernementale, après avoir brisé tous les ressorts de l'ancienne; mais les sciences, à moins de rétrograder jusqu'à leur berceau, ne pouvaient rompre ainsi avec leurs traditions. Ce qui avait constitué leur progrès, leur vie, c'était précisément le soin qu'avait pris chaque génération intellectuelle de recueillir l'héritage de celles qui l'avaient précédée. A l'inverse des castes privilégiées, les corps savants n'étaient point restés immobiles dans leurs préjugés; ceux qui les composaient n'avaient repoussé ni les concessions, ni les réformes. Loin de là : ils n'avaient cessé de modifier leurs principes et d'en chercher d'utiles applications.

La Révolution, accomplie si brusquement et si violemment dans la société française, s'était au contraire lentement opérée dans les académies; elle y avait été pacifique, sa marche ayant été graduelle. Comme elle n'avait point à lutter contre des intérêts et des passions intraitables, parce qu'elles se renfermaient dans la sphère des idées, les académies se régissaient déjà sous la monarchie par la raison et l'égalité que la Révolution voulait introduire dans l'ordre politique. La philosophie du dix-huitième siècle et les tendances novatrices avaient pénétré dans ces compagnies; chez quelques-unes même, l'Académie française, l'Académie des sciences, les novateurs dominaient. Plusieurs des hommes qui se mirent à la tête de la Révolution ou qui l'avaient préparée davantage, soit par leurs écrits soit par leurs actes, étaient académiciens. « L'Académie des sciences, écrivait Condorcet dans la préface des Mémoires de cette académie pour 1783, que le genre de ses travaux accoutume à voir les opinions, les méthodes se détruire et se succéder, est moins faite que toute autre pour partager ce préjugé de l'orgueil, que les institutions d'un être faible et passager peuvent être durables comme l'univers dont il a été, quelques instants, une si faible partie. »

Il n'y avait donc pas besoin des violences de la Terreur pour assurer dans ces compagnies l'application des principes nouveaux. Cependant la Convention les proscrivit parce que leur origine était royale; mais, leur blason effacé, les académiciens gardaient toute la puissance de leur savoir et restaient entourés du respect qu'inspire la vie d'étude. Dans le délire révolutionnaire, on put un instant poursuivre comme un crime contre l'égalité l'aristocratie du talent et la supériorité du génie; mais, tirée de l'ivresse de révolution par l'horreur du sang qu'elle avait fait verser, la Convention reconnut dans les savants, les artistes et les écrivains des anciennes académies, les vrais enfants de la France régénérée; elle comprit qu'il n'y avait pas de véritable grandeur et de suprématie morale, sans une culture développée des sciences, des lettres et des arts, et créa, sous le nom d'*Institut national*, une assemblée destinée à remplacer les anciennes académies. Elle fut donc forcée de tendre la main aux hommes qui y avaient appartenu et que l'échafaud avait épargnés ou que l'exil avait rendus. Trois ans à peine écoulés depuis la suppression de ces corps savants, l'Institut reprit l'ancien local de leurs séances, en même temps que les professeurs du Muséum et du Collége de France remontaient dans leurs chaires, que la Bibliothèque du roi, devenue la Bibliothèque nationale, retrouvait ses conservateurs, et l'Observatoire ses astronomes. Les académies et les principaux établissements scientifiques furent ainsi le seul chaînon qui rattachât le nouveau à l'ancien ordre de choses. Création de la royauté, ces assemblées personnifiaient le triomphe des droits de l'intelligence sur ceux de la naissance, et la tendance de la société française à poursuivre incessamment la recherche du juste et du vrai ; anciens et nouveaux académiciens furent réunis par des sentiments communs d'où naquirent des habitudes analogues, et la vie scientifique et littéraire, un instant arrêtée dans son développement, reprit son cours régulier et tranquille.

Cette longue existence des établissements scientifiques chez les Français contraste avec la mobilité de leur caractère et éveille naturellement la curiosité. Refaire l'histoire du vieux Paris, restituer les quartiers et les monuments qui ont disparu, c'est pour l'antiquaire un travail plein d'intérêt et de charme ; mais écrire l'histoire de ceux de ces monuments qui ont bravé les tempêtes populaires, échappé aux fureurs de rénovation, rechercher quels événements se sont passés, au siècle précédent, dans ces lieux habités maintenant par d'autres hommes, c'est là une étude plus séduisante encore ; car il n'y a point ici à combler une lacune qui a détruit toute solidarité entre les faits actuels et les faits passés ; la tradition ne s'y interrompt point et l'on n'a pas sous les yeux deux Frances, deux nations, c'est toujours le même peuple, les mêmes instincts, la même devise, le même drapeau, et les mêmes dévouements.

L'Académie des sciences est assurément, avec l'Académie des inscriptions et belles-lettres, la partie la plus glorieuse de cet héritage scientifique, qui n'a point été dissipé par la Révolution. Les deux académies offrent par leur histoire un intérêt plus vif que les autres établissements qui ont été conservés dans l'ordre nouveau. Cette histoire nous fournit le tableau des progrès des connaissances positives pendant deux siècles. L'Académie des sciences préside aujourd'hui, comme sous Louis XIV et ses successeurs, aux expérimentations, aux observations, aux découvertes qui ont enfanté tant de sciences nouvelles et grossi au delà des prévisions notre trésor intellectuel. Elle est la seule des académies qui, par ses membres, n'ait pas cessé de servir la patrie, durant leur suppression, et dont la marche ascendante ne se soit jamais arrêtée.

L'ouvrage qu'on va lire en fournira la preuve; c'est un exposé des titres de cette compagnie et de sa sœur, l'Académie des inscriptions, à l'admiration et à la reconnaissance de l'humanité.

La première moitié du dix-septième siècle a été marquée par un prodigieux mouvement scientifique. Les sciences, qui n'étaient auparavant cultivées que par quelques esprits solitaires, devenaient l'objet des recherches et des méditations d'une foule d'hommes instruits et laborieux. Dans les mathématiques, l'emploi de l'algèbre avait ouvert des horizons nouveaux et permis de généraliser des rapports arithmétiques dont on ne vérifiait auparavant que des cas particuliers. Appliquée à la géométrie, elle était devenue entre les mains de Descartes, un instrument merveilleux pour résoudre des problèmes rebelles à la règle et au compas. Fermat agrandissait le domaine de l'analyse, Desargues élevait la perspective et la coupe des pierres, qui n'avait été jusqu'alors qu'un ensemble de procédés pratiques introduits par les artisans, à la hauteur d'une science mathématique; Neper inventait les logarithmes. La mécanique, saisie dans ses lois les plus abstraites, n'était plus pour le hollandais Stevin et le français Blaise Pascal, qu'un corollaire de la géométrie. Les principes de cette dernière science, déjà établis par les anciens, étaient démontrés en Italie par Cavalieri et Viviani, avec plus de rigueur; des conséquences nouvelles en étaient tirées. Depuis Képler, l'astronomie s'était élancée jusque dans les plus sublimes régions, assignant définitivement les lois auxquelles sont soumises les planètes. Les élèves de Tycho-Brahé, Longomontanus à leur tête, poursuivaient la série d'observations qui allaient permettre de dresser les éphémérides du firmament. La physique, grâce à la méthode expérimentale et à l'emploi des appareils, promettait d'expliquer tous les phénomènes naturels. Galilée, Torricelli, et leur école en Italie, Robert Boyle, Robert Hooke, en Angleterre, Huyghens, en Hollande, travaillaient, chacun de son côté, à jeter les fondements de cette science, dont ils inventaient les plus ingénieux instruments. La chimie, encore asservie par l'empirisme, découvrait cependant une foule de substances et de procédés, et perfectionnait l'art des manipulations. Davisson entrevoyait les lois de la cristallographie; Jean Ray, la constitution des fluides élastiques ; François Sylvius introduisait dans la médecine les principes dont la chimie s'était déjà rendue maîtresse. Les derniers préjugés qui faisaient obstacle à la dissection du corps humain et conséquemment au progrès de l'anatomie, s'étaient graduellement dissipés. Harvey avait fait l'admirable découverte de la circulation du sang; Riolan complétait la connaissance que l'on avait de l'anatomie topographique; Pecquet, encore simple étudiant à Montpellier, avait montré la route que suit le chyle et attaché son nom au réservoir dans lequel il s'accumule, minant ainsi définitivement la vieille théorie qui faisait du foie l'organe où le sang s'élabore ; Th. Bartholin avait indiqué la distribution des vaisseaux lymphatiques; Warton, Stenon, étudié l'anatomie des glandes et des conduits salivaires; Glisson, celle du foie ; Willis, celle du cerveau et du système nerveux ; enfin Lower, celle du cœur. Borelli cherchait à appliquer les lois de la mécanique au corps humain. F. Willughby et Jean Ray entreprenaient de compléter ce qu'au siècle précédent, nous avaient appris sur la flore et la faune de l'Europe, Lobel, Daléchamps, Césalpin, Camerarius, Belon, Conrad Gesner et Aldrovande. L'italien Redi, le hollandais Swammerdam faisaient sur les animaux, et en particulier sur les insectes, des observations où se révèle cette sagacité patiente qui devait assurer tant de conquêtes à la zoologie. L'anglais Grew et l'italien Malpighi fondaient l'anatomie et la physiologie végétales ; le premier reconnaissait les divers vaisseaux des plantes, annonçait chez elles l'existence des sexes, méconnue par le second, qui, portant dans la botanique son coup d'œil d'anatomiste, complétait la distinction des vaisseaux chez les végétaux et pénétrait la composition de leurs tissus.

Dans ce mouvement d'études, la France, comme on le voit, malgré l'éclat de quelques-unes de ses découvertes, ne pouvait prétendre au premier rang ; elle trouvait de puissantes rivales dans l'Italie, l'Angleterre et l'Allemagne. Cette émulation entre les quatre pays les plus éclairés du monde amenait un heureux échange de travaux et d'idées. Il commençait à s'établir entre les savants des relations qui entretenaient leur ardeur et facilitaient leurs observations. On parvenait de la sorte à accomplir ce que des travailleurs livrés à leurs propres forces n'auraient pu entreprendre. Afin de consacrer et de régulariser ces relations fécondes, des académies des sciences avaient été fondées, où les savants pouvaient, dans des séances périodiques, se communiquer leurs vues respectives, en s'aidant de leurs mutuels conseils. En 1645, la *Société Royale* avait été établie à Oxford ; elle s'était transportée, peu de temps après, à Londres, où ses travaux acquirent promptement une importance qui popularisa son nom dans toute l'Europe ; en Allemagne, l'Académie des *Curieux de la nature*, qui siégea d'abord dans une petite ville de Bavière, préludait à des travaux que l'empereur Léopold Ier voulut prendre plus tard sous sa protection ; enfin en Italie, l'Académie florentine *Del Cimento* qu'avait instituée en 1657 le cardinal Léopold de Médicis, s'illustrait par des expériences qui ont renouvelé diverses branches de la physique.

La France possédait aussi son Académie des sciences; mais cette académie n'avait encore rien d'officiel; c'était une société de savants et d'amateurs qui, depuis une trentaine d'années, se réunissaient chaque semaine, pour parler de leurs études et se communiquer leurs découvertes. Les assemblées s'étaient d'abord tenues chez le maître des requêtes Montmort; elles eurent lieu ensuite chez Melchisedec Thévenot[1]. Celui-ci, esprit d'une rare curiosité, s'intéressait à tout; il avait étudié de tout, histoire, géographie, mathématiques, physique, philosophie, langues. Voyageur et grand collecteur de manuscrits, il avait observé les diverses contrées de l'Europe et beaucoup feuilleté les livres; nul n'était plus propre à donner l'activité et la vie à la société d'hommes spéciaux dont il fut l'amphitrion habituel. A cette académie privée et libre ont appartenu Descartes, Roberval, Blondel, Mersenne, Gassendi, Blaise Pascal et son père. Hobbes y fut aussi présenté durant son séjour à Paris, en 1640, et c'est là que Mersenne le mit en relation avec Descartes. Colbert, en quête des moyens les plus propres à hâter le progrès de nos connaissances, comprit les services que l'État pourrait tirer de cette société, et forma le projet d'en assurer la durée en en faisant une institution royale. Une réunion libre d'écrivains et de beaux esprits avait de même suggéré à Richelieu l'idée de l'Académie française. Colbert était doué d'un génie trop pénétrant pour ne pas deviner l'avenir réservé aux sciences; il pressentit les applications que leur devraient un jour les arts et l'industrie;

[1] Né à Paris, vers 1620, mort en 1692.

il mesura d'un coup d'œil l'importance pratique de recherches qui n'avaient guère encore de son temps qu'un caractère spéculatif. Louis XIV approuva son projet et l'Académie des sciences fut fondée.

Les mathématiciens les plus renommés de Paris furent désignés pour composer le noyau de la compagnie qui allait prendre rang à côté de l'Académie française. Les sept premiers choisis furent : Pierre de Carcavi, ancien conseiller au parlement de Toulouse et dépositaire des papiers du grand géomètre Fermat ; Huyghens, que le roi venait d'appeler à Paris et qui tenait en Europe le sceptre des sciences exactes ; Roberval, digne rival de Descartes ; Frénicle de Bessy, frère du poëte et auteur d'un *Traité des carrés magiques ;* Adrien Auzout, habile astronome auquel on est redevable de l'invention du micromètre à fil mobile, dont il publia la description avec Picard [1], l'un des meilleurs astronomes du dix-septième siècle, qui fut aussi du nombre des membres fondateurs ; enfin Buot, ingénieur géographe du roi et professeur de mathématiques de ses pages, astronome et géomètre qui n'a laissé qu'une faible trace dans la science.

C'était là un cadre trop étroit pour suffire au but que l'on voulait atteindre. Les premiers académiciens sentirent la nécessité de s'entourer des lumières d'hommes dont les travaux avaient porté sur les sciences d'observation. Colbert se fit alors indiquer par son médecin, Samuel Du Clos [2], habile chimiste, et par

---

[1] C'est Auzout, qui exposa le premier à Louis XIV l'utilité de construire un observatoire à Paris ; il mourut en 1691.
[2] Samuel Cottereau Du Clos, mort en 1686.

l'abbé Amable de Bourzeis[1], esprit aussi souple que cultivé et qui appartenait à l'Académie française, les noms d'un certain nombre d'anatomistes, de physiciens et de chimistes, capables de partager les travaux des hommes éminents qui composaient déjà la compagnie. C'est ainsi que furent choisis : Cureau de La Chambre, médecin ordinaire de Louis XIV, plus philosophe qu'expérimentateur, et que ses prétentions à l'éloquence avaient fait élire à l'Académie française; Claude Perrault, dont le vaste savoir et la pénétrante curiosité se tournaient successivement vers toutes les sciences et vers tous les arts, architecte éminent, anatomiste, médecin, naturaliste, physicien, mécanicien, dénigré sottement par Boileau, qui avait cent fois moins de génie que lui; Pecquet, alors dans tout l'éclat de ses découvertes physiologiques; Louis Gayant, collaborateur de Perrault qui se faisait aider de son scalpel; Claude Bourdelin, chimiste comme Du Clos, qui, lui aussi, et des premiers, entra dans la compagnie; Nicolas Marchand, savant botaniste; Mariotte, l'ingénieur physicien, qui a donné son nom à l'une des lois de l'hydrostatique; enfin le professeur, l'ami, le commensal habituel de Colbert, l'abbé Gallois, ne pouvait manquer de faire partie de la nouvelle académie, à laquelle il fut agrégé en 1668, à titre de mathématicien; car, quoique professeur de grec au Collége royal, l'abbé Gallois avait cultivé la géométrie, sans toutefois y obtenir grand succès. Melchisedec Thévenot semblait tout naturellement appelé à entrer dans une académie dont il

---

[1] Né en 1606, mort en 1672.

avait été le père ; il n'y fut pourtant élu qu'en 1685. Des infirmités le retenaient dans sa maison de campagne d'Issy, et il ne prit qu'une faible part aux travaux qu'il avait jadis encouragés. Plusieurs de ceux qui assistaient aux réunions fondées par Montmort n'appartinrent également à l'Académie des sciences que plusieurs années après son institution, Blondel, par exemple. On craignait, dans le principe, de rendre la compagnie trop nombreuse, parce qu'elle avait alors plus le caractère d'une commission que d'une académie, et l'expérience de Colbert lui avait sans doute appris cette vérité que la pratique des affaires met à même de vérifier, à savoir, que moins une commission compte de membres, plus on y travaille.

Cette réunion d'hommes laborieux, d'esprits d'élite, d'intelligences de génie, devait se livrer en commun et d'une manière encore plus assidue que par le passé, à l'étude des questions dont l'observation ou le calcul promettait la solution. Le roi assurait l'existence des académiciens par des pensions et mettait libéralement à leur disposition un fonds destiné à pourvoir aux frais de leurs expériences et de leurs instruments. Mais comme il était indispensable de donner à l'Académie des préparateurs et des aides dans des travaux aussi délicats et aussi complexes, Colbert voulut encore attacher à la Compagnie quelques jeunes gens pleins d'ardeur qui avaient l'intention de se consacrer tout entiers à la carrière des sciences. C'est ainsi que Niquet, C.-A. Couplet, Richer, Pivert et Delavoye, furent adjoints, dès cette époque, à l'Académie.

Le 22 décembre 1666, l'Assemblée ouvrit ses séances

dans une des salles de la Bibliothèque du roi, où l'installa Carcavi. D'abord bibliothécaire de Colbert, Carcavi était passé à la garde de ce précieux dépôt littéraire, récemment transporté de la rue de la Harpe dans la rue Vivienne. Il fut réglé que la Compagnie se réunirait deux fois par semaine : les mathématiciens le mercredi, les naturalistes et les physiologistes, confondus alors sous l'appellation commune de physiciens, le samedi. Les réunions eurent dans le principe un caractère tout privé ; le plus grand secret devait être gardé sur les travaux des membres, tant on redoutait que des plagiaires ne s'appropriassent leurs découvertes. Le roi choisit pour secrétaire de l'Académie l'oratorien J.-B. Duhamel [1], savant estimable auquel son habileté à manier la langue latine avait surtout valu cet honneur ; car les procès-verbaux étaient originairement rédigés en latin. Duhamel avait passé sa vie à professer la philosophie, et dans l'enseignement scolaire du temps, cette science ne se séparait pas des mathématiques. Le cours de philosophie comprenait, dans le programme des colléges, la géométrie et la métaphysique ; en sorte que ceux qui s'en trouvaient chargés cultivaient nécessairement les deux sciences ; c'est ce que faisait Duhamel. Mais d'un esprit contenu et même timide, il n'était pas propre à imprimer une bien grande activité à l'Académie dont on le nommait secrétaire ; il a laissé sur l'histoire de cette compagnie un livre latin qu'on ne lit plus, et où se trouvent exposés les travaux de ses confrères jusqu'à la fin du dix-huitième siècle.

[1] Né à Vire (Calvados), en 1624, mort en 1706.

Le second officier de l'Académie était le trésorier, titre trop fastueux et tout à fait impropre, comme l'observe Fontenelle; car ce trésorier n'avait point de fonds entre les mains, et ses fonctions se réduisaient alors à peu près à la garde du cabinet des machines. Aussi avait-on choisi pour les remplir Couplet, mécanicien ingénieux, qui légua à son fils, Couplet de Tartereaux, une partie de son talent et le fit asseoir près de lui dans la Compagnie [1].

Durant les premières années de son existence, l'Académie des sciences conserva le caractère qu'elle avait eu avant sa constitution et sa reconnaissance par le roi. On y travaillait de concert, et le plus souvent dans le local même des réunions; ce n'étaient pas seulement des assemblées où quelques savants venaient à tour de rôle lire un mémoire, faire une communication; c'étaient de vrais laboratoires. On procédait en commun à des expériences, à des observations; on y discutait les résultats qu'on avait obtenus par des expérimentations collectives ou des recherches simultanées.

Dès les premiers mois de 1667, Perrault proposa un plan de travail pour la physique, c'est-à-dire pour l'ensemble de l'histoire naturelle. Frappé de l'ignorance où l'on était encore sur tout ce qui touchait à l'organisation et à la nature différente des plantes et des animaux, il recommanda spécialement l'étude de l'anatomie comparée, de l'organographie et de la physiologie végétales. Ce n'était point toutefois une série méthodique d'observa-

---

[1] C. A. Couplet mourut en 1722, et Couplet de Tartereaux, en 1743.

tions et d'études mathématiques que poursuivaient les académiciens, en vue de construire pièce par pièce, et partie par partie, l'édifice de chaque branche de nos connaissances positives. La curiosité plus que la méthode conduisait dans les expériences. Les questions qui éveillaient davantage l'attention, qui faisaient le plus de bruit dans les écoles, ou dont l'application semblait importer le plus aux besoins de la vie, les problèmes de géométrie et d'astronomie à l'ordre du jour dans le monde philosophique : voilà ce qui remplissait d'ordinaire les séances. Du Clos se livrait avec Bourdelin à diverses analyses et manipulations destinées à expliquer la constitution et les métamorphoses de certains corps, de certains sels. On procédait à l'examen de la nature des eaux minérales alors en renom: Passy, Auteuil, Provins, Bourbon-l'Archambault, Vichy, Vic-le-Comte, Alise-Sainte-Reine, Spa : analyses grossières, reprises plus tard dans l'Académie par Burlet. Denis Dodart[1] cherchait de son côté à déterminer les vertus des plantes à l'aide d'analyses chimiques ; il traitait les végétaux par le feu. La substance à analyser était mise dans un alambic : on recueillait successivement les différents produits tels que l'eau, les esprits, les huiles volatiles ; on rejetait ce qu'on appelait alors le *caput mortuum*, c'est-à-dire ce qui n'était pas de nature à s'élever. Ainsi décomposés en leurs éléments simples, les principes immédiats disparaissaient, et l'analyse de Dodart n'amenait qu'à retrouver les mêmes résultats

[1] Dodart, né à Paris en 1634, mourut en 1707. On lui doit aussi des recherches sur la voix humaine qui sont consignées dans les *Mémoires* de l'Académie, 1706.

pour toutes les plantes. Il fallut que la sagacité de Mariotte, doué à un si haut degré du génie de l'expérimentation, montrât au trop confiant botaniste, que son procédé était illusoire, et par son *Essai sur la végétation*, publié en 1679, fît ressortir la vanité de ses recherches, pour qu'on les abandonnât. Homberg procédait à l'aide des mêmes voies, ignorant que les vertus d'un végétal résident, non dans tout son ensemble, mais dans les principes immédiats définis, déposés dans certains organes ou constituant ces organes mêmes ; il s'étonnait de l'uniformité de résultats qu'il s'était attendu à trouver complétement différents. D'autres membres essayaient de dessaler l'eau de mer, en appliquant le procédé de Boyle dont ils cherchaient à percer le secret, d'expliquer le phénomène de la coagulation. En même temps les expériences de physique donnaient lieu à des observations ingénieuses et souvent fondées. On expérimentait sur les effets du vide pour y chercher la vérification des idées de Descartes alors dans toute leur vogue. L'astronome Philippe de La Hire, fils et petit-fils de peintre [1], cherchait à faire servir la connaissance d'un art qu'il avait d'abord cultivé avec succès, au progrès de la chimie des couleurs ; il entretenait la compagnie de curieuses observations où éclatent sa sagacité et son esprit d'invention. Du Clos, d'une infatigable activité, préparait les matériaux d'une histoire des plantes, dont une étude plus attentive montrait qu'on avait trop souvent méconnu les caractères et les analogies respectives. C'était là une grande œuvre à laquelle l'Aca-

[1] Né à Paris en 1640, mort en 1718.

démie naissante croyait attacher son nom. Du Clos s'associa Perrault, l'abbé Gallois, Pierre Borel, Bourdelin, Marchand et Dodart. Ce dernier ne tarda pas à se charger de tout le poids du travail, et il est l'auteur des *Mémoires pour servir à l'histoire des plantes*, que fit paraître l'Académie en 1676.

L'ouvrage fut accueilli avec faveur par le monde savant, et une seconde édition en était donnée trois ans plus tard. Ces *Mémoires* sont remplis de vues neuves, justes et fines. Dodart y fait preuve d'une originalité et d'une puissance d'observation qu'on chercherait vainement dans d'autres livres botaniques du temps; et les erreurs qui s'y rencontrent ne sont après tout que celles de ses contemporains. La même perspicacité se retrouve dans le *Projet de l'histoire des plantes*, où était tracé le programme de Du Clos. Dodart y montre que s'il savait mal la physiologie et la chimie des végétaux, il en comprenait pourtant toute l'importance. Ce livre, écrit un appréciateur bien compétent [1], aurait exercé une notable influence sur les progrès de l'analyse organique, s'il avait été lu davantage.

Malgré la distinction, dans l'Académie, des géomètres et des physiciens, les membres ne se voyaient point parqués dans des spécialités dont il leur fût interdit de sortir; la curiosité des uns empiétait souvent sur les études habituelles des autres, et le domaine étroit qu'avait encore chaque science ne pouvait toujours suffire à l'activité de celui qui s'en était fait l'interprète. Nous voyons par exemple, en 1669, le géomètre

---

[1] Voy. Chevreul, dans le *Journal des Savants*, 1858, p. 112, 113.

Frénicle occuper ses confrères d'observations qu'il avait faites sur les insectes et les métamorphoses de la chenille. On se contentait alors de ces études d'amateur ; car on ne jetait sur la nature qu'un regard superficiel, et l'on ne soupçonnait point tout ce qu'il fallait d'attention prolongée pour la comprendre.

Les anatomistes se signalaient par leur zèle et leur constance au travail. Tous les animaux étrangers à nos climats dont on pouvait se procurer la dépouille à la ménagerie de Versailles, étaient rapportés à Paris et disséqués par Perrault, Méry et quelques-uns de leurs collaborateurs. On se livrait aussi à des dissections humaines, et, au commencement de février 1667, l'autopsie d'une jeune femme fut faite en pleine Académie. D'autres fois, on expérimentait sur la transfusion du sang ; ce remède faisait alors grand bruit ; il devait bientôt tomber dans l'oubli pour reparaître, deux siècles plus tard, avec tous les airs d'une découverte. Les questions d'anatomie agitaient d'autant plus l'assemblée que chacun des membres y pouvait apporter le concours de ses lumières. Le corps humain est, comme l'ont dit les philosophes, un petit monde ; tous les grands agents de la nature y font sentir leur action ; tous les principes de la géométrie et de la mécanique trouvent dans notre structure et nos mouvements leur application. Ainsi, mathématiciens et physiciens avaient leur compétence dans l'étude de l'organisme humain, et ils en profitaient pour discuter longuement ; les débats étaient souvent passionnés, des esprits fort différents se trouvant en présence. Les anatomistes reprochaient aux géomètres de ne pas tenir un compte suffisant des faits observés; et en effet, les mathématiciens se fiaient plus à leurs raisonnements et à leurs calculs, qu'à des observations dont ils s'attachaient à faire ressortir les incertitudes et les contradictions. Entre les géomètres, Roberval se signalait surtout par son mépris de la physique. Mariotte, moins géomètre que Roberval, mais expérimentateur plein de ressources, quoique médiocre observateur de la nature, au lieu de se tenir dans cette superbe contemplation des sciences naturelles, opposait les effets de ses appareils aux observations que les anatomistes ne demandaient qu'à leur scalpel. De là des discussions vives et prolongées, telles que celles auxquelles donna lieu la théorie de la vision. Mariotte, qui prétendait trouver dans la choroïde l'organe principal de la vue, avait à soutenir les objections pressantes de Pecquet et de Perrault[1]. Mais quand, restant dans le domaine de l'hydrostatique, ce physicien ne s'en prenait pas à des problèmes qui n'étaient pas tout à fait de sa compétence, il ne rencontrait chez ses confrères que des approbateurs; car nul n'avait à l'Académie une intuition plus rapide pour dégager un principe mathématique des phénomènes auxquels il préside.

Les astronomes formaient un groupe plus pacifique et se livraient sans dispute à l'observation des éclipses, à la mesure de la hauteur du pôle à Paris, et à divers calculs qui nous dotaient peu à peu d'éphémérides célestes plus exactes et plus complètes. Enfin les progrès de la mécanique appliquée faisaient sentir aux

[1] Voy. sur cette dispute célèbre, Sprengel, *Histoire de la Médecine*, trad. Jourdan, t. IV, p. 274.

géomètres la nécessité d'évaluer les effets des machines et d'en expliquer analytiquement le jeu. Niquet travaillait dans ce but, tandis que d'autres recherchaient les perfectionnements à apporter dans les instruments d'optique et d'astronomie. Perrault, qui prenait part à tous ces travaux, quittait souvent ses recherches anatomiques pour prêter à ces derniers le secours de sa fertile imagination.

Aux élaborations en commun succédaient les conversations et les lectures; on signalait dans les séances l'apparition des livres publiés soit en France, soit à l'étranger, sur les matières dont s'occupait la Compagnie; ils étaient jugés et critiqués. Les communications du dehors, surtout celles qui émanaient des savants que l'Académie devait s'agréger plus tard, se multiplièrent graduellement. Toutefois pendant longtemps l'Académie garda son caractère de commission scientifique, et bon nombre de ceux qui dans notre pays cultivaient alors les sciences avec le plus de succès, n'en faisaient point encore partie. Ce ne fut guère que vingt à vingt-cinq ans après sa fondation, qu'elle put s'enorgueillir de compter dans son sein tout ce que la France possédait de savants éminents. Toujours inspiré par Colbert, Louis XIV s'efforça d'attirer à Paris les hommes qui s'étaient fait à l'étranger un nom par leurs découvertes. J'ai déjà cité Huyghens, qui, dès l'origine, fit partie de l'Académie. Un astronome danois, Olaüs Rœmer, auquel Picard avait rendu visite à Uraniborg, était venu avec lui à Paris en 1672 et avait été placé près du grand Dauphin pour lui enseigner les mathématiques. Il fut reçu, cette année-là même, à l'Académie, dont il se montra un des membres les plus laborieux [1]. On sait que c'est lui qui, le premier, mesura la vitesse de la lumière par l'observation des éclipses des satellites de Jupiter. L'Académie ouvrit en 1673 ses portes à un autre étranger, Jean-Dominique Cassini [2], mandé à Paris en 1669 par Colbert pour prendre la direction de l'Observatoire, dont la construction venait d'être décidée. Cassini n'avait ni le génie de Huyghens, ni la sagacité de Rœmer ; c'était un observateur judicieux et attentif ; comme les plus grands astronomes de son temps, il avait d'abord adopté les rêveries de l'astrologie ; mais il s'en était désabusé, en étudiant les comètes, et c'était là qu'il avait trouvé la célébrité. Il démontra que ces astres dont l'apparition faisait encore grand'peur au dix-septième siècle, sont soumis, dans leurs mouvements, à des lois, et ne sauraient conséquemment être des présages de catastrophes et de calamités. Démonstration scientifique qui ne désabusa pourtant pas complétement les ignorants ; et quand parut la fameuse comète de 1681, dont la queue remplissait le ciel, leurs craintes superstitieuses se réveillèrent, et il fallut tout l'esprit de Bayle pour les en délivrer. Cassini fut associé à Philippe de La Hire, un des grands astronomes du temps, et admis à l'Académie en 1678 pour les travaux de la méridienne qu'il ne put achever. Il a été le chef d'une petite dynastie de savants d'une singulière longévité, dont le dernier représentant est mort, il y a seize ans, presque centenaire. En compa-

[1] Il mourut dans sa patrie, où le roi de Danemark l'avait rappelé en 1710.
[2] Mort en 1712, âgé de 87 ans.

gnie de Huyghens était venu en France un physicien fort occupé comme lui des progrès de l'optique, Nicolas Hartsœker, qui se fixa à Paris quelques années. Il prit part aux travaux de l'Académie, où il fut admis à titre d'associé étranger. Le même titre fut conféré en 1682 à l'allemand Tschirnhausen [1]. Ce physicien et géomètre éminent, qui avait cultivé toutes les branches des mathématiques et de l'histoire naturelle, fit quatre voyages à Paris, et en 1682, lors du troisième, vint proposer à l'Académie, qui l'inscrivait parmi ses membres, la découverte de ces fameuses *caustiques* qui ont pris son nom et que cette Compagnie chargea Mariotte et La Hire d'examiner. Mais Tschirnhausen, non plus que Newton, auquel le titre d'associé étranger fut conféré en 1699, ne consentit à acheter les bienfaits de Louis XIV au prix de sa nationalité. Hartsœker lui-même, quoique fixé à Paris et reçu associé étranger, quelques mois après, comme le furent aussi les deux Bernoulli, Jean et Jacques, déclina les avances de Louis XIV, en fit autant pour celles de Pierre le Grand, dont il avait été le maître. Hartsœker redoutait l'intolérance qui régnait alors en France à l'égard de ses coreligionnaires, et nul doute que la même raison n'eût arrêté le grand Leibniz, que l'Académie s'agrégea à titre d'associé étranger, si on avait persisté à vouloir le posséder dans la Compagnie. Hartsœker préféra près de l'électeur palatin Jean-Guillaume, à Dusseldorf, une position modeste dans laquelle il pouvait garder son indépendance. Louis XIV

[1] Né dans la haute Lusace, en 1651, mort en 1708.

ne réussit pas davantage à faire venir à Paris le célèbre mathématicien italien Viviani, que les bienfaits du grand-duc de Toscane Ferdinand II retenaient à Florence ; il se contenta d'accompagner d'une pension le titre d'associé étranger, qui lui fut aussi conféré en cette même année 1699, où la Compagnie s'efforçait d'appeler à elle toutes les illustrations du dehors. Elle eût bien voulu encore s'attacher l'un des habitués des réunions de Thévenot, l'habile anatomiste Stenon, que Bossuet s'était vainement efforcé de convertir. Le médecin danois préféra les offres de Ferdinand II, et ce fut en Toscane qu'il abjura la foi protestante, à laquelle il avait d'abord montré tant d'attachement. Le physicien bolonais Dominique Guglielmini se borna à accepter dans sa ville natale les bienfaits de Louis XIV et le titre d'associé étranger de l'Académie qui lui fut accordé en 1699.

Ces refus, souvent essuyés par le roi de la part de savants étrangers, tenaient à ce que les académiciens n'avaient point alors conquis en France cette indépendance qui fait la force et la dignité des savants. Ceux-ci étaient encore aux ordres journaliers de Sa Majesté, et quelque peu à ceux des gens de cour. Colbert avait, il est vrai, compris que si on leur commandait des travaux, ce ne devait être que des œuvres vraiment scientifiques. C'est à ce titre qu'il avait chargé plusieurs d'entre eux, notamment Ph. de La Hire et Picard, de lever une carte générale du royaume. Cette vaste entreprise fut commencée en 1679 et seulement interrompue par les opérations de la méridienne. En parcourant la France, les géomètres et les astronomes désignés par

Colbert faisaient une foule d'observations qui servaient au progrès des autres sciences. La Hire visita la Bretagne, la Guyenne, la Provence, et son activité scientifique, sa variété de connaissances, qui ne pouvaient être comparées qu'à celles de Perrault, lui permirent de noter une foule de faits intéressants sur lesquels il rapporta à Paris des mémoires dont l'Académie s'occupa durant plusieurs séances. Louis XIV, qui s'intéressait beaucoup au progrès de la mécanique et comptait sur ses découvertes pour accroître les ressources industrielles de ses États, voulut que la Compagnie s'occupât tout spécialement d'un traité de cette science où seraient expliquées avec méthode et clarté la théorie et la pratique. Colbert informa Perrault de la volonté royale, et instruite par ce membre éminent de la tâche qui lui était demandée, l'Académie se mit immédiatement à l'œuvre. On était en 1675; Duhamel, en sa qualité de secrétaire, se chargea de rendre compte au ministre des progrès du travail, tandis que Buot, Mariotte et quelques-uns de leurs confrères entreprirent la description des machines alors le plus en usage.

Cet empressement à répondre à ses désirs disposait favorablement le monarque en faveur d'une Compagnie dont Colbert ne perdait aucune occasion de mettre en relief les services. En 1681, Louis XIV, voulant donner à l'Académie une marque publique de sa bienveillance, se rendit en personne au local de ses assemblées. Cette visite eut le caractère le plus solennel; le roi était accompagné du Dauphin, de Monsieur, son frère, du prince de Condé et d'une partie de la cour. Il parcourut tout ce qui constituait dans le Louvre le département de l'Académie : salle des séances, bibliothèque, laboratoire. On amusa par quelques expériences Sa Majesté, qui se retira satisfaite. « Je n'ai pas besoin de vous exhorter à travailler, dit le roi aux académiciens, en prenant congé d'eux ; vous vous y appliquez assez de vous-mêmes. » Ces paroles furent pour la Compagnie un puissant encouragement qui porta ses fruits.

Quoique au sein des séances tout se passât encore en famille, il y avait déjà, ainsi que dans bien des familles, de petites brouilles et de mesquines rivalités. Les divisions ne firent que s'accroître quand la Compagnie fut devenue plus nombreuse et plus active. La jalousie que l'on décore si souvent du nom d'émulation, l'envie, qui n'est qu'une jalousie passée à l'état chronique et qui cherche à rabaisser ce qu'elle ne peut atteindre, travaillent toutes les sociétés savantes ; ce sont des maladies académiques ; mais, au lieu de miner leur existence, elles font vivre ces sociétés. Sans ces passions, l'homme ne trouverait pas toujours dans sa curiosité un stimulant suffisant pour ses labeurs.

A l'Académie des sciences, les luttes d'amour-propre furent souvent acharnées ; c'étaient de véritables combats qui finissaient quelquefois par prendre les proportions d'un engagement général où donnaient tous les corps d'armée. J'ai dit plus haut comment, dans certaines questions, les géomètres et les physiciens se trouvaient en même temps intéressés. Les médecins se signalaient surtout par leur violence dans la dispute ; c'est que chez eux la rivalité des intérêts venait se joindre à celle des doctrines. Les bruyantes discussions de la Faculté en étaient la preuve, et pour n'en citer qu'un exemple, l'emploi de l'émétique y souleva des haines telles que le gouvernement y dut mettre ordre. Sans doute que l'habitude de manier le scalpel et de couper les chairs rend l'anatomiste plus brutal et plus tranchant ; les médecins, qui procèdent par ordonnances, sont tout naturellement enclins au despotisme et regardent volontiers les objections comme des révoltes. Les géomètres, non moins obstinés, parce qu'ils étaient encore plus absolus, ne le cédaient guère en esprit de dispute aux physiciens de l'Académie ; ils auraient voulu assujettir à des règles constantes et à des principes immuables les choses contingentes et les phénomènes de la vie. De là, chez eux, quelque chose de faux dans le jugement, toutes les fois qu'ils sortaient du domaine de l'abstraction. Les sujets de querelles étaient d'ailleurs fort nombreux ; on en était, en mathématiques comme en physique, en chimie comme en physiologie, aux derniers conflits entre les théories de l'antiquité et les principes modernes, entre les spéculations métaphysiques et les observations tirées d'une étude attentive de la nature. Perrault, l'un des membres les plus influents, devenu comme le centre de toutes les connaissances d'alors, associait à un esprit positif des tendances quelque peu spéculatives, qui prêtaient à la critique des géomètres. Partisan déclaré d'un animisme qui charge l'âme de la direction des fonctions animales et des actes non conscients, il apportait dans les discussions les idées iatro-mathématiques de Borelli, dont il étendait encore les applications. Dodart le suivait dans cette voie. J.-G. Duverney, anatomiste plus exercé que Perrault, mais formé à la même école, acheva d'introduire dans l'étude du corps humain, au sein de l'Académie, ces habitudes de rapprochements et d'inductions, que les vieux praticiens tenaient pour des témérités. La découverte de Harvey et les conséquences qu'elle entraînait pour l'art de guérir, rencontraient encore, même chez plusieurs des meilleurs esprits de la Compagnie, des adversaires obstinés et mécontents. Louis XIV avait pris, il est vrai, pour médecin Fagon, l'un des fauteurs du paradoxe, comme on disait alors; mais Fagon avait pour les sciences plus de goût que de culture : c'était un amateur, non un naturaliste. Il n'entra à l'Académie qu'en 1699 et y exerça plutôt un patronage qu'une action. Les vieux chimistes, infatués d'idées chimériques, n'étaient pas plus satisfaits que les vieux médecins, de voir les mystères de la nature s'éclaircir aux yeux du vulgaire; ils entendaient que leur science restât un arcane et s'effrayaient de voir des profanes y pénétrer. La géométrie de l'infini, nouvellement inventée, et dont le marquis de l'Hôpital [1] s'apprêtait à exposer les principes, parvenait à grand'peine à se faire accepter de mathématiciens qui, comme La Hire et Tschirnhausen, gardaient le respect et l'habitude des méthodes de l'antiquité. Enfin la physique purement spéculative de Descartes, qui avait sa petite académie dans la société de l'abbé Bourdelot, était défendue résolûment par Rohault, et par Malebranche, reçu dans la Compagnie à raison de sa grande réputation de philosophe, quoiqu'il ne fût ni physicien ni géomètre.

[1] Élu à l'Académie en 1693, mort en 1704.

On comprend donc toutes les occasions de querelles qui se présentaient dans l'Académie, et, manquant de cette souplesse de caractère, dépourvus de cette facilité de commerce que donne la pratique du monde, les savants se montraient fort âpres dans les discussions. Leur vie se passait plus dans le cabinet que celle des savants de nos jours. Ils n'étaient pas, comme les nôtres, des gens répandus, des personnages importants dans l'État, influents dans les bureaux, régnant par le professorat ou par la presse. Ils vivaient retirés, se couchaient de bonne heure, se levaient tôt, allaient presque tous beaucoup à l'église et ne sortaient guère de la sphère d'occupations qu'ils s'étaient faite. Conséquemment ils avaient peu de savoir-vivre et apportaient dans la discussion plus d'entêtement que de liberté. A part cela, c'étaient des gens vertueux, à la façon du moins dont on entendait alors la vertu. Simples et réguliers dans leur vie, rigides dans leurs devoirs religieux, mais n'en étant pas pour cela moins rancuniers et moins envieux ; d'une humilité parfois plate auprès des grands, travailleurs opiniâtres, mais n'ayant que rarement sur les choses des vues générales et élevées, gardant souvent tous les ridicules des pédants de collège, toute l'infatuation de gens qui ne vivent qu'avec leurs idées.

Telle était la vieille Académie, au sein de laquelle nous rencontrons quelques types achevés de ces savants que je viens de peindre : Roberval [1], confiné au fond de son collège de Maître-Gervais et qui n'en sortait que

---

[1] Gilles Personne de Roberval, né en 1602, mort en 1675.

pour remplir ses devoirs d'académicien, venait porter dans la Compagnie l'âpreté de sa parole et la rudesse de son caractère ; La Hire, indifférent à tout ce qui n'était pas ses recherches, l'Académie des sciences, celle de peinture, l'Observatoire et quelques autres corps dont les réunions constituaient son seul divertissement; Michel Rolle [1], ancien clerc de procureur, puis maître d'écriture, qui n'avait aucune idée des devoirs de la société et, en fait de bonnes manières, n'avait appris que l'arithmétique et l'algèbre ; Bourdelin, le parfait modèle de ces médecins raillés par Molière, poursuivait de ses anathèmes les fanatiques partisans de la saignée ; Tauvry, élevé dans les disputes de la Faculté, mettait dans les discussions une ardeur qui fut fatale à sa vie [2]. Mais le type le plus curieux du savant étranger au monde et ne connaissant que ses confrères, fut sans contredit le médecin Louis Morin, botaniste fort estimé de son temps. Il vivait, comme un anachorète, de riz cuit à l'eau, et consentit seulement dans ses derniers jours à prendre un peu de vin qu'il mesurait exactement. Paris était pour lui une Thébaïde, nous dit Fontenelle, et, hors les pauvres, il avait fini par ne plus visiter personne. Ce n'est pas précisément qu'il fermât sa porte, puisqu'il aimait qu'on lui apportât quelque plante nouvelle. On lui faisait, en l'allant voir, de l'honneur ; mais il ajoutait : *Quand on ne vient pas, on me fait plaisir.*

[1] Né à Ambert (Puy-de-Dôme), en 1652, mort en 1719.
[2] Daniel Tauvry, né à Laval en 1669, fut nommé associé anatomiste en 1699 et mourut en 1701.

Si l'on se visitait peu alors, en revanche on s'écrivait beaucoup, ou plutôt longuement. La correspondance privée tenait lieu de journaux scientifiques, et c'est ainsi que l'Académie était mise au courant de tout ce qui se faisait à l'étranger. On se mandait ses découvertes, et les géomètres des différents pays se proposaient réciproquement des défis. Melchisédec Thévenot notamment entretenait une correspondance immense jusqu'avec les missionnaires de l'Inde et de la Chine. Le P. Gouye fut après lui l'intermédiaire habituel entre ceux-ci et l'Académie. Le voyage de Picard à Uraniborg et le séjour de plusieurs savants allemands en France, achevèrent de nouer des rapports scientifiques entre les contrées du Nord et notre patrie. L'avancement de l'astronomie avait plus qu'aucune autre cause étendu au loin les relations de l'Académie ; la connaissance exacte des phénomènes célestes exige qu'ils soient observés sous des zones et des latitudes fort diverses. De là, l'idée d'envoyer des astronomes sous des cieux que n'avaient point encore explorés les télescopes. Richer[1] partit en 1671 pour Cayenne, où il se livra à des observations importantes. Il constata que le pendule bat là plus lentement qu'à Paris, et nous révéla ainsi ce fait curieux, que sous l'équateur la pesanteur est moindre qu'au pôle. Huyghens montra toutes les conséquences de cette découverte pour la théorie de la gravitation. A dater de ce moment, la vérification de faits qui promettaient de résoudre tant de questions débattues, fut la principale affaire des géomètres. On

---

[1] Jean Richer fut élu en 1666, et mourut en 1696.

allait enfin pouvoir déterminer la véritable figure de la terre. En vain, en 1700, D. Cassini crut renverser la nouvelle théorie de l'aplatissement de notre planète aux pôles, par ses mesures géodésiques qui le ramenaient à l'idée d'un sphéroïde oblong; en vain il appela à son aide un astronome strasbourgeois, Eisenschmid ; en vain Cassini fils[1] produisit des chiffres à l'appui de l'hypothèse paternelle : forts de la vérité, les partisans de l'aplatissement de la Terre ne se rendirent pas. La querelle dura longtemps ; elle se rallumait sans cesse au sein de l'Académie, et comme Antée elle reprenait sa vigueur, dès qu'elle touchait sa mère. En 1720, elle était encore dans tout son feu, quand Dortous de Mairan entreprit de concilier les deux partis. Toutefois la victoire ne fut assurée aux disciples de Huyghens qu'à l'issue du voyage de La Condamine sur la rivière des Amazones, et de celui de Maupertuis dans le nord de l'Europe, et après que l'illustre Clairaut eut jeté sur le problème, par sa *Théorie de la figure de la Terre*, une lumière éclatante.

Comment ces premiers essais géodésiques auraient-ils commandé les convictions, quand les mesures étaient encore si incertaines, si peu précises; quand on n'avait pas toujours sous les yeux, pour s'assurer de leur rigoureuse égalité, les toises qui avaient servi à arpenter le terrain. Avait-on les toises, on n'avait pas alors les règles qu'elles avaient servi à étalonner. Les mesures mêmes prises au Pérou ne furent

---

[1] Jacques Cassini, reçu asssocié à l'Académie en 1694, mort en 1756.

point opérées avec la même toise que celle qu'avait employée Picard. Delambre [1] nous apprend que ces deux unités métriques différaient de 0,001.

L'intérêt passionné apporté par la Compagnie à de pareilles questions, tenait à la haute estime que l'astronomie avait déjà conquise. Cette science est sans doute en grand honneur aujourd'hui ; mais elle semble à cette époque avoir été prisée davantage. C'était elle qui tenait le sceptre de nos connaissances. La raison en est, qu'aux seizième et dix-septième siècles, les autres sciences, soit physiques, soit mathématiques, n'avaient point encore produit l'ensemble des découvertes qui leur ont mérité une estime si générale. L'astronomie avait pris les devants dans cette voie d'observations et d'inductions qui nous a conduits à pénétrer dans les secrets de la nature, et a assuré à nos connaissances un progrès continu. Tandis que la physique n'avait que quelques appareils imparfaits, que la chimie ignorait ses plus ingénieux procédés d'analyse, que l'anatomie et la physiologie se débattaient contre les problèmes mal posés de l'organisation et de la vie, que l'histoire naturelle ne savait presque rien des êtres qui peuplent l'univers, et que la géométrie, réduite à la règle et au compas, s'essayait seulement aux premiers éléments du calcul algébrique, cette science sublime, en possession des télescopes récemment inventés, plongeait dans le firmament, assignait la configuration des astres et en prédisait le retour. En astronomie, on s'était dé-

---

[1] *Rapport historique sur le progrès des sciences mathématiques*, p. 69.

taché plus tôt de l'esprit de spéculation et d'hypothèse qui précéda la méthode d'observation et d'expérience. Cette estime de la science des cieux nous explique pourquoi nous rencontrons, au début de l'Académie, un si grand nombre de membres occupés de recherches astronomiques. L'éclipse de soleil du 11 juin 1676, celles de lune du 11 juin 1675 et du 10 décembre 1685, ainsi que les éclipses de 1684, étaient l'objet d'études attentives et d'une curiosité intelligente. En 1679, on observait l'occultation de Jupiter par la lune, phénomène qui se reproduisait en 1686 et que l'on étudiait avec une nouvelle ardeur. En 1688, l'attention se portait sur les taches du soleil, comme elle s'était portée, en 1685, sur la grande tache de Jupiter, qui n'avait pas paru depuis six années. Deux satellites de cette planète, nouvellement découverts, occupaient en 1684 les astronomes, qui cherchaient à en calculer la révolution. Ainsi il n'y avait pas d'année que le ciel ne donnât lieu à quelque étude approfondie, et l'annonce de ces phénomènes, visibles à tous les yeux, provoquait une curiosité à laquelle les autres sciences n'avaient pas encore trouvé d'aussi puissants aliments. Tant que l'Observatoire royal n'eut point été achevé, les astronomes se rendaient dans le jardin de la Bibliothèque du Roi pour y faire en commun leurs observations. Plus tard, on installa de petits observatoires en différents quartiers de Paris. Il y en eut un à l'hôtel Soubise, un autre à l'hôtel Cluny, puis un au Collége royal, place Cambray, un quatrième à l'abbaye de Sainte-Geneviève, sans parler de l'observatoire de l'hôtel de Soissons, qui avait servi aux astrologues de Catherine de Médicis, mais fut depuis le plus souvent abandonné. Plus tard encore, il y en eut un à l'École militaire et au Collége Mazarin ; le duc du Maine en avait un à son château de Sceaux, le marquis de Courtanvaux en monta un à Colombes près Paris, et le roi avait le sien au château de la Muette. Quelques villes de province eurent aussi leurs observatoires ; on en trouve un, au siècle suivant, à Avignon, où le P. Bonfa se livrait à ses observations d'éclipses ; à Marseille, où observèrent le P. Laval et De Chazelles ; à Sens, au palais du cardinal de Luynes, et un à Toulouse, où observaient avec ardeur deux correspondants de l'Académie, Garipuy père et fils.

Les physiciens, s'ils étaient moins en vue, ne demeuraient pas pour cela moins actifs. J'ai rappelé plus haut les questions qui, dès l'origine de la Compagnie, avaient fait l'objet de leurs investigations. Au premier rang des anatomistes, figuraient Méry et Duverney, deux hommes, nous dit Fontenelle, qui n'avaient rien de commun qu'une extrême passion pour les sciences et qui se faisaient dans les séances une guerre acharnée. Moïse Charas et Nicolas Lémery apportaient à l'Académie des faits qui n'étaient guère sortis auparavant de l'officine des apothicaires. Aussi zélés l'un que l'autre pour la chimie, ils avaient acheté, au prix d'une abjuration de la foi protestante, l'avantage de continuer à Paris, sous la protection royale, des expériences qui commençaient à éveiller la curiosité publique, grâce au langage plus clair dont ils se servaient pour les exposer. Dépouillant la recherche de la nature de ces termes mystérieux par lesquels on ajoutait à ses obscurités, Nicolas Lémery avait, dès 1675, publié le Cours de chimie qu'il donnait devant un auditoire nombreux et surpris, demeuré indifférent ou étranger aux leçons de Nicolas Lefebvre et de Glaser, faites au Jardin du Roi exclusivement en vue des gens du métier. C'est que, d'une intelligence plus souple et plus fertile que ne l'étaient Charas et Homberg, ce chimiste détachait graduellement les liens qui enchaînaient sa science favorite à la pharmacopée. « Doué d'un esprit juste et droit, écrit un de ses meilleurs biographes [1], d'une élocution claire et facile, passionné pour la chimie qu'il avait apprise presque seul, à force de déchirer les voiles dont elle était enveloppée, il venait seconder cette révolution, en lui prêtant l'appui de son zèle, de sa parole, de ses connaissances acquises par des études sérieuses et par de longs voyages. » Ses expériences toxicologiques sur des animaux frappaient surtout son auditoire, en parlant à l'imagination; elles complétaient les travaux de Glaser sur une science dont auparavant le crime seul cherchait à percer le secret [2]. Toutefois, malgré ses succès de professeur, N. Lémery ne put porter loin ses regards, et fut moins pénétrant dans ses explications qu'heureux dans ses expériences; la différence profonde et essentielle en chimie que Boyle avait établie, celle de la *combinaison* et du *mélange*, lui échappa, et il se vit par là privé des moyens de féconder ses ingé-

---

[1] P.-A. Cap, *Études biographiques pour servir à l'histoire des sciences*, p. 207.
[2] La marquise de Brinvilliers prit des leçons du chimiste italien Exili, maître de Sainte-Croix, son amant.

nieuses recherches. Étienne-François Geoffroy, élevé par un père qui tenait chez lui des conférences analogues à celles de Thévenot, et formé de bonne heure aux saines méthodes scientifiques dont il avait été à Londres achever de prendre la pratique dans la Société royale, vint, après ces chimistes, poursuivre la révolution qui s'opérait dans leur science, et forcer dans leurs derniers retranchements les chercheurs de la pierre philosophale [1].

Tant que vécut Colbert, l'Académie des sciences ne vit point se ralentir son activité. C'étaient tous les jours de nouveaux sujets d'étude, de nouvelles questions à examiner. Le grand ministre évitait de détourner les membres de leurs travaux par des demandes indiscrètes et oiseuses. Colbert mort, il n'en fut plus ainsi. Louvois n'était pas homme à comprendre l'importance des recherches scientifiques, des études théoriques dans lesquelles la Compagnie demeurait surtout engagée. Les académiciens n'étaient à ses yeux que des gens payés par le roi pour satisfaire sa curiosité, lui répondre sur la pluie et le beau temps et venir en aide à ses maçons, à ses officiers et à ses architectes. Une fois qu'il eut été décidé qu'il y aurait à Versailles des merveilles en fait de cascades et de jets d'eau, travaux de la carte, travaux de la méridienne durent être suspendus ; on ne s'occupa plus que des aqueducs, des conduits et du tracé des bassins. La Hire et Picard furent spécialement chargés du rôle d'arpenteurs, tandis

---

[1] Voy. son Mémoire intitulé : *Des supercheries concernant la pierre philosophale*, dans les *Mémoires de l'Académie des sciences pour 1722*, p. 61 et suiv.

que Thévenot devait employer son érudition à expliquer le traité des aqueducs de Frontin. Mariotte calculait la dépense d'eau des fontaines. Le grand Condé voulut aussi avoir ses eaux à Chantilly; Mariotte et Sauveur prêtèrent le secours de leur science hydraulique à ce prince, qui croyait leur être utile en les employant à ses amusements. Toutefois, les recherches auxquelles se livraient ces savants ne furent pas sans utilité pour la science; Louis XIV et son cousin servirent à leur insu les progrès de l'hydrostatique : Mariotte vérifia par d'ingénieuses expériences les lois qu'avait données Torricelli pour la vitesse d'écoulement des liquides, et les expériences de Blondel enrichirent d'un autre côté la balistique de découvertes précieuses mais dont les fruits ne devaient être recueillis qu'au siècle suivant [1].

Les gens de cour interrogeaient les mathématiciens sur les moyens de gagner à coup sûr aux jeux alors à la mode. Sauveur dut écrire un traité sur la bassette, où tant de courtisans se ruinaient, et dont il fut appelé à expliquer au roi et à la reine, fort irrités d'être, comme les autres, victimes du hasard, les probabilités mathématiques et les secrets. On lui demanda ensuite un traité sur le quinquenove, sur le hoca, sur le lansquenet; aussi ne tarda-t-il pas à devenir le grand mathématicien de la cour. Il fut chargé de montrer la géométrie aux pages de la Dauphine; le prince Eugène de Savoie, le duc d'Orléans, depuis régent, le prirent successivement pour leur maître de mathéma-

---

[1] Voy. ce que je dis plus loin des travaux de Bélidor.

tiques, et ses travaux furent jugés dignes d'encouragements particuliers.

La guerre faisait d'autre part grand tort à la science pure; Louis XIV tenait encore plus à voir perfectionner ses engins d'artillerie que les théories de l'algèbre et de la physique. Perrault, Rœmer, Mariotte et Blondel se livraient par ordre à des expériences sur la mesure de la hauteur et de la portée du tir des bombes. C'était surtout le dernier de ces savants qui donnait aux travaux de l'Académie une direction militaire. Associant comme San Micheli le génie de l'architecture à celui des fortifications, il servait merveilleusement les deux passions dominantes du roi. Sauveur dut aussi parfois abandonner les calmes méditations du cabinet pour le métier plus fatigant d'ingénieur, que Vauban élevait au rang d'une profession savante. Il allait monter à la tranchée au siége de Mons et apprendre dans les places de Flandre les évolutions stratégiques, les campements et les marches d'armée. Louis XIV, dans son égoïsme royal, ne craignait pas d'enlever les savants et les littérateurs aux travaux qui leur convenaient, pour qu'ils accompagnassent sa personne. C'est ainsi qu'il arracha Racine au théâtre et l'emmena avec lui dans ses campagnes, afin qu'il écrivît son histoire. Racine n'était pas plus fait pour être un historiographe que l'Académie des sciences pour être un atelier d'arpenteurs ou d'architectes. Si Cassini n'était pas interrompu dans ses observations astronomiques, c'est que l'astronomie était nécessaire à la marine, dont le roi voulait augmenter l'importance. Il restait sans doute au sein de l'Académie quelques hommes qui, par leur incessante activité, y entretenaient le culte de la science pure. Varignon, dont toute la vie fut consacrée au travail, et qui ne connaissait d'autres plaisirs que ses études, apportait chaque semaine à la Compagnie des vues nouvelles sur quelques points de la mécanique ou de la physique. Homberg remplissait des séances, souvent fort vides, par des expériences curieuses qui firent du bruit jusqu'à la cour, et auxquelles le duc d'Orléans voulut lui-même être initié. Venu de Batavia, sa patrie, à Amsterdam[1], ce chimiste avait longtemps voyagé en Allemagne et pris auprès de ses confrères germaniques, encore à moitié alchimistes à cette époque, un goût pour les manipulations, qu'il contribua avec Nicolas Lémery à mettre à la mode. Ce furent surtout ces deux savants qui alimentèrent la curiosité scientifique dans un temps où la gloire militaire tendait à éclipser l'éclat de la culture intellectuelle. On attendait déjà beaucoup de la chimie, quoique ses procédés fussent alors bien imparfaits et ses notions sur la constitution des corps bien incomplètes. Un jour Lémery vint avec un peu de soufre et de limaille de fer expliquer à l'Académie comment se produisent la foudre, les ouragans et les tremblements de terre : naïve présomption du savant, qui rappelle assez celle d'Humphry Davy s'imaginant expliquer par la combinaison de l'eau avec les métaux enfouis dans les entrailles de la terre, les éruptions des volcans.

L'Académie des sciences tendait donc à perdre le

---

[1] Voy. sur ce savant, dont les études avaient embrassé des objets fort divers, ce que dit M. P.-A. Cap, dans ses intéressantes *Études biographiques pour servir à l'histoire des sciences*, p. 185.

lustre et l'importance que lui avait donnés Colbert.
Elle était tombée, nous dit Fontenelle, dans une sorte
de langueur, dont elle ne pouvait sortir que par une
réorganisation. Grâce à un nouveau ministre, protecteur plus éclairé et plus sincère des sciences, elle fut
réveillée de cette torpeur, et elle entra, avec le dix-
huitième siècle, dans la voie qui devait en faire une
des plus illustres assemblées scientifiques de l'Europe.

M. de Pontchartrain, qui, en qualité de secrétaire
d'État chargé de la maison du roi, avait les académies
dans ses attributions, méditait depuis quelques années
des changements dans la constitution de l'Académie
des sciences, destinés à en accroître l'influence et à en
grandir les travaux. Dans ce but, il plaça à la tête de
la Compagnie son neveu, l'abbé Bignon, homme éclairé
et ami des lettres[1], très-propre à diriger une société
scientifique. C'est de concert avec lui que le ministre, après s'être préalablement assuré de l'agrément
de Louis XIV, proposa le nouveau règlement qui fut
signé à Versailles le 26 janvier 1699 et lu à l'Académie le 4 février suivant.

Non-seulement le cadre de la Compagnie avait été notablement agrandi, mais on y introduisait une hiérarchie
qui permettait d'y faire entrer à la fois des savants de
profession, des jeunes gens promettant de le devenir
et des grands seigneurs regrettant de ne l'être pas;
autrement dit, il y eut, d'après la nouvelle constitution, des membres honoraires, des pensionnaires, des

---

[1] Voy. ce que je dis de ce personnage dans l'*Histoire de l'Académie des inscriptions et belles-lettres*.

associés et des élèves. Les membres honoraires devaient, aux termes du règlement, être recommandables par leur intelligence dans les mathématiques et la physique. Ces places, au nombre de dix, étaient réservées à de hauts personnages, car les courtisans commençaient à briguer un titre qui avait paru d'abord trop modeste à leur ambition, mais auquel ils s'aperçurent plus tard que pouvait s'attacher quelque célébrité. Les pensionnaires étaient les véritables académiciens; ils comprenaient trois géomètres, un même nombre d'astronomes, de mécaniciens, d'anatomistes, de chimistes, de botanistes, plus un secrétaire et un trésorier. A chacune des sections de trois membres étaient agrégés deux associés. Il y eut en outre huit associés étrangers et quatre associés libres. Enfin les élèves durent être attachés à la personne des pensionnaires, qui en avaient chacun un; ces élèves devaient être âgés de vingt ans au moins. Dans les séances, ils prenaient place derrière les académiciens qui les avaient fait agréer à la Compagnie; les associés se tenaient au bas bout de la table, dont le haut bout était occupé par le président, et les côtés par les pensionnaires.

Ainsi augmentée, l'Académie ne pouvait plus tenir ses séances dans son premier local. Louis XIV lui donna les appartements qu'il avait jadis occupés dans le vieux Louvre, et l'ouverture solennelle de la Compagnie ainsi reconstituée eut lieu le 29 juin 1699, en présence d'un nombreux public et aux applaudissements d'une foule qui admirait des travaux qu'elle n'était en état ni de comprendre, ni de juger.

Quand il s'était agi de placer l'Académie sur un plus

grand théâtre, la modestie de Duhamel avait pris de
l'ombrage; il avait décliné l'honneur de jouer le principal rôle dans des solennités où ses discours latins
auraient sans doute été assez mal venus. Il fallait à la
Compagnie un secrétaire, homme d'esprit, qui connût
assez les sciences pour en parler agréablement et exactement, qui n'y fût pas assez enfoncé pour risquer d'être
abstrait, sec et inintelligible. Fontenelle réunissait
toutes ces qualités; il prit les fonctions de secrétaire
que Duhamel avait volontairement résignées, sans cesser
pour cela d'être académicien. Les séances publiques se
tinrent deux fois l'année; l'une le premier jour après
la Saint-Martin, l'autre le lundi de Pâques. C'est à ces
assemblées que Fontenelle commença la lecture des
éloges qu'il nous a laissés et où il a retracé, pendant
plus d'un tiers de siècle, l'histoire de la savante Compagnie. Dans le principe, il était regardé comme un
secrétaire modèle, mais plus tard, quand les sciences
commençant à se répandre et à se populariser, on se
montra plus exigeant pour l'exposé des découvertes, le
succès de ses éloges fut moins général. « Les éloges qu'il
prononce à l'Académie des sciences, écrit de Fontenelle le marquis d'Argenson dans ses *Mémoires*, sont
du même ton que sa conversation, par conséquent,
ils sont charmants. Mais je ne sais si la façon dont il les
présente est celle qui devrait être employée. Il s'attache au personnel des académiciens, cherche à les caractériser, à les peindre, entre jusque dans les détails
de leur vie privée, et, comme c'est un peintre agréable,
on admire ses portraits. Ne pourrait-on pas reprocher
à quelques-uns d'être comme ces belles gravures que

l'on trouve à la tête des ouvrages de certains héros? Elles nous apprennent quelles étaient leurs physionomies, mais nous laissent encore à désirer sur ce qu'ils ont fait. » Peut-être d'Argenson est-il trop sévère, car il faut reconnaître avec un moderne historien de l'Académie, M. Flourens [1], que Fontenelle a le double mérite d'éclaircir ce qu'il peut y avoir d'obscur dans les travaux de ceux qu'il loue, et de généraliser ce qu'ils ont de technique. Il exalte toujours ce qu'ils ont laissé de plus important et de plus durable; ce qu'il admire dans les sciences, ce qu'il cherche surtout à faire admirer, ce sont moins les découvertes que l'art même de découvrir.

On le voit, l'organisation nouvelle donnée à la Compagnie reflétait les formes aristocratiques du gouvernement de cette époque. Ce n'était pas, comme aujourd'hui, une république qui a, sous le nom de secrétaires perpétuels, deux consuls nommés à vie, et dont l'autorité s'exerce à tour de rôle, une société démocratique où jeunes et vieux ont les mêmes droits et le même rang, où ce qui pourrait sembler représenter encore les membres honoraires, les membres libres, sont précisément ceux qui jouissent de moins de priviléges et qui occupent la position la moins élevée, où tout est à l'élection, remis au vote. Alors le roi se réservait la nomination des pensionnaires. Outre le secrétaire perpétuel et le trésorier, perpétuel aussi, il y avait un président, un vice-président, un directeur et un sous-directeur annuels. Ces deux derniers fonction-

---

[1] *Journal des Savants*, 1846, p. 274.

naires, pris dans la classe des pensionnaires, avaient sans doute la présidence effective des séances ordinaires, mais le président et le vice-président, désignés par le roi, comme le directeur et le sous-directeur, furent toujours choisis parmi les honoraires. C'étaient conséquemment de grands personnages qui couvraient de leur protection la savante assemblée et servaient d'intermédiaires entre elle et Sa Majesté. La Compagnie n'avait point encore assez d'indépendance et de crédit pour pouvoir se passer d'un pareil patronage. Quelques-uns de ses présidents étaient parfois des hommes d'une véritable distinction intellectuelle, des savants même, bien qu'ils fussent titrés ; Vauban, qui remplit ces fonctions, en est la preuve. Mais le plus souvent ce n'étaient que des gens de cour, bien intentionnés pour les sciences, ou des administrateurs qui en comprenaient l'utilité.

Le nouveau règlement porta ses fruits. Ceux des anciens académiciens qui, depuis quelques années, se tenaient éloignés des séances, y durent reparaître. Un seul, le géomètre Laurent Pothenot, professeur au Collège royal, continua de se montrer inexact, et il fut impitoyablement rayé de la liste [1]. On y vit aussi assister des jeunes gens inconnus de la majorité des membres ; c'étaient ceux que les pensionnaires venaient de s'attacher à titre d'élèves. Ainsi rajeunie et renouvelée, la Compagnie déploya une remarquable activité ; les mémoires et les communications abondaient. Chacun venait à tour de rôle, conformément aux

---

[1] Il avait été admis en 1682. Voy. Goujet, *Mémoire historique et littéraire sur le Collège de France*, t. II, p. 180.

prescriptions du règlement, entretenir ses confrères de découvertes nouvelles ou d'expériences récemment entreprises. Les associés purent proposer aussi leurs observations; les honoraires dire leur mot. Quant aux élèves, ils ne devaient parler qu'après y avoir été invités, disposition humiliante qui tomba peu à peu en désuétude, surtout après que ces jeunes académiciens eurent échangé le titre qu'ils avaient d'abord porté, contre celui d'adjoints qui fut conservé.

L'Académie sentit le besoin de se mettre en rapport régulier avec les savants de la province et de l'étranger, tant afin de se tenir au courant des progrès qui se faisaient en des points fort éloignés de l'Europe, que pour n'avoir pas simplement le caractère d'une académie locale, d'une société purement parisienne. Il y avait à cette époque une assez forte vie intellectuelle dans nos provinces; le mouvement de la centralisation n'avait pas conduit à Paris la presque totalité des hommes éminents dans les sciences; la France comptait un grand nombre de centres intellectuels, moins brillants sans doute que Paris, mais où se rencontraient pourtant aussi des hommes d'une véritable valeur. En Angleterre, en Hollande, en Italie, la physique, l'astronomie et les mathématiques étaient cultivés avec plus d'ardeur peut-être qu'en France, et avaient produit des fruits plus abondants. Comme l'astronomie est de toutes les sciences celle qui réclame le plus le concours d'observateurs placés en des points divers, c'était elle surtout qu'on avait eue en vue dans le premier choix des correspondants. Cassini s'était mis en rapport avec plusieurs astronomes, qui devinrent ainsi cor-

respondants de l'Académie. De ce nombre furent le
P. Saint-Bonnet à Lyon, Eisenschmid à Strasbourg,
le P. Bonfa à Avignon, Bianchini à Rome, Flamsteed
à Londres. La liste de ces correspondants s'accrut peu
à peu, et les pensionnaires les plus actifs en complè-
rent plusieurs. Régis se donna pour correspondant
le célèbre médecin anglais William Briggs, qui a tant
fait avancer l'anatomie de l'appareil de la vision. Le
comte de Marsigli, qui, tout en suivant la carrière des
armes, cultivait avec éclat la physique et la botanique
et tenait chez lui des réunions de savants, auxquelles
l'Institut de Bologne doit son origine, fut aussi inscrit
un des premiers parmi les correspondants. Plus tard on
lui conféra le titre d'associé étranger. Le même honneur
fut accordé aux éminents géomètres florentins Viviani,
un des élèves de Galilée, et Marchetti, le successeur de
Borelli à Pise, à Ruysch, le grand anatomiste hollandais. Dans la suite on voit figurer entre les correspondants Leeuwenhoeck, l'habile physicien de Delft,
Bayle et Basnage, deux réfugiés protestants français
en Hollande, qui eussent assurément mieux convenu
à l'Académie des inscriptions, mais dont l'esprit curieux n'était étranger à aucune connaissance, et qui
facilitaient les relations de la Compagnie avec les
Pays-Bas. Plusieurs académiciens avaient d'ailleurs
plus spécialement tel pays pour département. C'était
un médecin distingué, Burlet, qui sortit de l'Académie
en 1708, pour devenir premier médecin du roi d'Espagne, auquel cette Compagnie devait l'adjonction de
Leeuwenhoeck, de Basnage et de Bayle. L'abbé Gallois
prit pour correspondant à Marbourg le célèbre Papin,

aussi réfugié protestant et dont le génie luttait contre l'intolérance et la mauvaise fortune. Tournefort se choisit à Montpellier un botaniste éminent, Magnol, et un des grands médecins de cette université, Pierre Chirac, que l'Académie devait se donner plus tard comme associé.

Louis XIV voulut intervenir dans ce choix d'étrangers et, comme cela ne pouvait manquer, commit une énormité, en contraignant l'Académie à déférer le titre d'associé à un aventurier italien, Poli, médiocre chimiste [1], qui lui apportait un secret important pour la guerre dont il se disait l'inventeur. Le monarque qui jugeait sans doute son procédé dangereux, lui acheta son silence et mit la recette aux oubliettes, en lui faisant rendre les mêmes honneurs que si l'invention avait réussi.

Les encouragements du gouvernement, qui avaient pris durant quelques années un cours malheureux, furent distribués avec plus d'intelligence et de libéralité. Fagon, devenu membre honoraire de l'Académie, sut lui obtenir du roi de nouvelles faveurs. Passionné pour la botanique, ce généreux médecin contribua à faire accorder des missions qui devaient étendre nos connaissances dans cette branche de l'histoire naturelle. Tournefort, grâce aussi à la protection de l'abbé Bignon [2], visita le Levant, tandis que deux religieux, nés, comme le grand botaniste, sous le beau ciel

---

[1] Martin Poli, né à Lucques en 1662, mourut en 1714. Il s'était rendu à Paris en 1702.

[2] C'est par reconnaissance que Tournefort a donné son nom à une plante qui est devenue le type d'une famille, les *Bignoniacées*.

de la Provence, où ils avaient pris, ainsi que lui, le goût des plantes, en cueillant des cistes et des lavandes, Plumier et Feuillée partaient pour des contrées plus lointaines. Le premier se rendait aux Antilles, le second au Pérou; et l'Académie entretint avec eux une correspondance suivie.

L'admission dans la Compagnie d'un grand nombre de membres nouveaux, surtout de jeunes gens, assura peu à peu le triomphe des principes que Newton et Leibniz avaient récemment découverts. La vieille école algébrique et le cartésianisme rendirent, pendant la première moitié du dix-huitième siècle, leurs derniers combats. Appuyée par le clergé, surtout par les jésuites, inquiets sur la hardiesse des nouvelles théories, la résistance fut énergique. Après avoir combattu Descartes au nom de la scolastique, les disciples de Loyola se faisaient une arme de sa doctrine contre la géométrie et la physique de Newton. On eût dit qu'ils étaient par nature ennemis du progrès et qu'ils tenaient pour hérésie tout ce que le temps n'avait pas consacré. C'était le moment où les deux hommes qui ont laissé le plus grand nom dans les sciences se disputaient la gloire d'avoir découvert la méthode qui devait renouveler les mathématiques. Simultanément conduits par des routes différentes à une idée qui se trouvait en germe dans les travaux de leurs devanciers, ils s'accusaient de plagiat, au lieu de se reconnaître pour d'heureux émules. Les *différences leibnitiennes*, aussi bien que les *fluxions newtoniennes*, jetaient les géomètres français hors des voies où ils s'étaient acquis une juste réputation; ils n'enten-

daient point sacrifier leur gloire à deux étrangers.
Quant au calcul intégral, ou, comme l'on disait alors,
au calcul des *fluentes*, plus difficile, il était encore
moins connu, parce que Newton s'en faisait une sorte
de secret et qu'on l'entrevoyait mal dans l'*Essai* publié par Leibniz en 1686. Le problème de la courbe
isochrone y avait initié, il est vrai, les plus clairvoyants ; mais cette initiation, comme celle des mystères antiques, n'apportait à l'esprit qu'un trouble
fait plutôt pour l'étonner que pour l'instruire. Les
séances de l'Académie devinrent le champ de bataille
habituel des vieux géomètres dans leur lutte opiniâtre
contre les progrès du nouveau calcul. En 1701 Michel
Rolle, qui avait toute la ténacité d'un auvergnat, se
mit à la tête de l'opposition soulevée par l'introduction
de l'analyse infinitésimale : « Il passa sa vie, écrit
Montucla[1], à quereller l'analyse de Descartes et le calcul
différentiel, à rechercher des cas où leurs méthodes se
trouvaient, selon lui, en défaut, et dans toutes ces disputes il portait une chaleur et un ton de triomphe tout
à fait déplacés. » Il y avait déjà longtemps que l'on avait
commencé les hostilités ; mais ce n'était encore que
des escarmouches. Les vieux géomètres de l'Académie
avaient beau faire, le nouveau calcul recrutait tous les
jours de nouveaux partisans ; et ce succès exaspérait
le bilieux algébriste. La réorganisation de la Compagnie menaçait sa cause de nouveaux ennemis ; Rolle crut
nécessaire d'arrêter leur progrès par une bataille rangée
qui devait, selon lui, consommer leur défaite ; il lança

---

[1] *Histoire des Mathématiques*, t. III, p. 111.

un défi solennel aux promoteurs du calcul infinitésimal ; il déclara leurs principes faux et dangereux, et, accumulant les formules et les chiffres, prétendit démontrer qu'ils fourmillaient d'erreurs. Un jésuite, le P. Gouye, et l'abbé Gallois, le poussaient en dessous main ; mais Rolle rencontra un terrible contradicteur dont il ne pouvait récuser la compétence et avec lequel ses mathématiques n'étaient pas de force à se mesurer ; Varignon releva le gant. Avec une clarté qui portait la conviction et une dialectique puissante, il prouva que toutes les assertions de Rolle n'étaient que les méprises d'une précipitation irréfléchie, que des inadvertances dues à son peu d'habitude de la méthode nouvelle. Ces quantités qui semblent n'être rien et dont les rapports nous révèlent pourtant tant de choses, qui permettent l'expression analytique de faits que l'algèbre ne pouvait traduire, qui sont employées par le calculateur sans être jamais numériquement évaluées, bouleversaient les idées des vieux mathématiciens qui auraient souhaité trouver Rolle mieux fondé dans son argumentation. Varignon assigna nettement le caractère de ces quantités mystérieuses ; il montra que les différentielles ne sont pas des zéros absolus ou des incomparables, mais les dernières raisons de ce qu'on appelle en géométrie l'abscisse et l'ordonnée, lorsque ces deux lignes décroissant continuellement s'anéantissent enfin.

La première commission qu'avait nommée l'abbé Bignon pour juger le débat, était loin d'être favorable aux défenseurs du calcul infinitésimal ; elle se composait du P. Gouye, de Cassini et de La Hire. Cependant elle n'osa prononcer, et la dispute ne tarda pas à se rallumer.

Saurin vint en aide à Varignon et lui servit de second. Fatigué de l'ergoterie de Rolle, de ses échappatoires, de ses injures, le nouveau champion voulut terminer la querelle d'un coup, et réunit dans un volumineux factum tous les arguments propres à l'accabler. On voit que le règlement de 1699, s'il avait modifié les usages de la Compagnie, n'en avait pas changé les mœurs; on s'y montrait toujours aussi disputeur, aussi passionné. L'abbé Bignon, qui se posait en modérateur de ces luttes, et qui n'avait point réussi par sa première commission à concilier les deux camps, se décida, tout peu géomètre qu'il fût, à prendre par lui-même connaissance de la question en litige. Il se fit assister par La Hire et l'abbé Gallois, choix qui ne promettait pas un jugement impartial, puisque ces deux assesseurs étaient des ennemis du nouveau calcul; mais l'évidence était devenue telle, et Rolle avait si bien mis contre lui tous ses confrères par la grossièreté de ses procédés, qu'il fut condamné définitivement.

Ainsi, après cinq années de débats, l'analyse différentielle sortit victorieuse d'une épreuve qui n'avait fait que mieux établir sa puissance. Vingt-cinq ans plus tard, Fontenelle, dans la préface des *Éléments de géométrie de l'infini* auxquels l'Académie donnait place parmi ses Mémoires, écrivait : « L'infini a triomphé et s'est emparé de toutes les hautes spéculations des géomètres; les infinis ou infiniment petits de tous les ordres sont aujourd'hui également établis, il n'y a plus deux partis dans l'Académie. »

La victoire de la physique newtonienne fut plus disputée encore. La résistance se prolongea pendant un demi-siècle. La France avait été la patrie de Descartes ; bien des savants y tenaient à honneur de ne pas déserter sa doctrine. L'Académie des sciences comptait plusieurs disciples de Rohault. Régis, instruit à son école, s'en prenait à tout ce qui pouvait mettre en péril la philosophie cartésienne. L'appui d'un illustre mathématicien bâlois, Jean Bernoulli, qui appartenait comme associé à la Compagnie, accroissait la confiance et entretenait la ténacité des partisans des tourbillons. Le newtonianisme régnait déjà en Hollande ; il rencontrait en Allemagne une foule de prosélytes; il florissait dans les écoles de Saint-Pétersbourg, grâce à Bullinger, que la France s'entêtait encore à enseigner les chimères de Descartes. Des travaux destinés à défendre sa physique recevaient de l'Académie des récompenses. En 1726, elle couronnait le Mémoire du P. Mazières, membre de l'Oratoire, la grande pépinière des cartésiens, et intitulé *Traité des petits tourbillons de la matière subtile*, où l'auteur prétendait démontrer par les seuls effets du choc, que l'univers est rempli d'une matière fluide très-agitée et composée d'une infinité de tourbillons de figures sphériques qui produisent tous les ressorts de la nature. Quatre ans après, le prix était adjugé à de *Nouvelles pensées* de Jean Bernoulli *sur le système de M. Descartes et la manière d'en déduire les orbites et les aphélies des planètes*. En 1736, Cassini de Thury s'efforçait de concilier, dans un Mémoire présenté à l'Académie, les lois de Képler avec l'hypothèse des tourbillons. Le secrétaire perpétuel, Fontenelle, appuyait cette résistance par sa parole et ses écrits, et trouvait plus d'un écho dans les deux académies savantes de Paris. En 1763, Le Beau, secrétaire perpétuel de l'Académie des inscriptions, faisant l'éloge de Camille Falconnet, disait de cet érudit et de Fontenelle : « Ce sont deux vieillards aguerris et encore pleins de vigueur, qui s'enferment dans les tourbillons de Descartes, comme dans une place assiégée, la défendant avec courage et intelligence contre les assauts d'une jeunesse impétueuse. » Le vieux Mairan, qui succéda à Fontenelle dans le titre de secrétaire perpétuel et mourut comme lui presque centenaire, rendit au sein de la Compagnie les derniers combats pour la physique cartésienne. « Quelle que soit la destinée des tourbillons, écrivait-il en 1742, c'est une très-grande et belle théorie qui mérite qu'on fasse les derniers efforts pour la maintenir et pour la délivrer des objections pressantes dont les partisans du vide tâchent, depuis plus de cinquante ans, de l'accabler. » Contraint de rappeler les difficultés que soulevait l'hypothèse cartésienne, il ne craint pas d'avancer que le système newtonien en soulève de bien plus grandes. « Le système opposé qui fait mouvoir les corps célestes dans un vide immense, comme livrés à eux-mêmes, ou retenus dans leurs sphères par une force métaphysique inconnue et dont il est impossible de se former une idée, n'a-t-il point aussi ses difficultés, et peut-être plus accablantes ? » Mairan s'exprimait ainsi en faisant l'éloge de l'abbé Privat de Molières, un des plus implacables ennemis du newtonianisme. Cet élève de Malebranche, oratorien comme lui, remplit, de 1721 à 1736, les séances de l'Académie de ses lectures, véritables réclames cartésiennes. L'abbé Sigorgne, professeur au collége du Plessis, ne s'effraya pas d'un si bouillant adversaire, en possession d'une chaire au Collége royal. Sans avoir l'autorité que donnait le titre d'académicien, il eut le courage de bannir des écoles de l'Université la physique de Descartes. L'abbé de Molières mourut en protestant contre cette innovation inouïe, laissant à l'abbé de Launay le soin de poursuivre une lutte qui allait devenir bientôt impossible. Les tourbillons de l'abbé de Molières, imités de ceux de Malebranche plus encore que de ceux de Descartes qui les avaient inspirés, disparurent entraînés par cet autre tourbillon, supérieur à tous ceux qu'il avait enfantés, celui de l'esprit humain. L'Église rendit les armes, et, malgré les efforts du *Journal de Trévoux*, elle consentit à professer ce que l'hérétique Newton avait découvert. Le cardinal de Polignac, membre honoraire de l'Académie, donna l'exemple de la défection dans le camp cartésien, et fit réussir pour la première fois en France, en se procurant à grands frais les prismes les plus parfaits, les belles expériences de Newton sur la lumière. Buffon donna au cartésianisme les derniers coups ; il ne se laissa point ébranler par les doutes momentanés que Clairaut avait soulevés, en annonçant à l'Académie en 1747, que, d'après ses calculs, des inégalités de la lune semblaient en désaccord avec la loi de la gravitation. Buffon maintint à bon droit l'universalité du principe qui allait devenir le fondement de toute la théorie de la Terre.

Les préjugés nationaux, comme les préjugés religieux, exerçaient, on le voit, une influence fâcheuse sur la Compagnie ; mais la vérité finissait toujours par triompher. L'entêtement aux vieilles doctrines est une maladie endémique dans les académies, bien que ces corps savants tendent d'ordinaire au progrès ; elle sévit surtout sur les vieillards, naturellement enclins à croire que la science n'a rien découvert d'important depuis qu'ils ne travaillent plus. L'amour-propre sert d'ailleurs ce préjugé de l'âge ; on en retrouve souvent l'empreinte dans le recueil de l'ancienne Académie des sciences. Tous ses membres n'étaient donc pas également empressés à la recherche de vérités nouvelles. Il y avait à l'Académie bien des gens qui n'étaient entrés que pour travailler à leur propre avancement ; on quêterait vainement la trace de leur passage dans les Mémoires, vu qu'ils n'en faisaient guère ; mais ils constituaient la force du parti de la résistance, et étaient l'âme des coteries. Il arrivait, en effet, à l'Académie comme à la Compagnie de Jésus, où les plus habiles, suivant le théologien cité par les *Provinciales*, intriguaient beaucoup, parlaient peu et n'écrivaient point. Puis entre les travailleurs sérieux, plusieurs aimaient non la science, mais leur science, étaient amis du progrès tant qu'ils en avaient eu la gloire, mais devenaient ses adversaires une fois qu'il dépassait leurs découvertes. Qu'on joigne à cela l'esprit de routine, les opinions préconçues des uns, l'excès de confiance des autres, et l'on se fera une idée des luttes intestines dont l'Académie continua à être le théâtre, luttes des paroles, bien entendu, qui ne s'entendaient pas hors des portes du local des séances et que des journaux quotidiens n'étaient pas là pour ébruiter. Le progrès fut d'autant plus lent, que ceux qui s'en étaient faits les instigateurs eurent longtemps à lutter contre la tyrannie des méthodes d'enseignement et les procédés consacrés dans les écoles. L'éducation scientifique était faible et incomplète dans l'Université ; le clergé s'efforçait de la retenir entre ses mains débiles. Le mouvement en avant était dû à des efforts individuels que l'Académie accueillait, mais non toujours sans quelque contrainte. En astronomie, en géométrie, en physique, comme en anatomie et en médecine, la France cédait encore la primauté à l'Angleterre. Pays de liberté et d'étude, la Hollande, dans sa petite Université de Leyde et dans quelques autres centres scientifiques, luttait avec nous à armes presque égales et nous opposait de grands noms. L'Allemagne, de son côté, commençait à s'avancer d'un pas ferme dans la voie d'investigations et de découvertes où elle devait acquérir tant de gloire. L'Italie voyait sans doute pâlir le flambeau intellectuel qu'elle avait tenu si haut aux siècles précédents, mais elle laissait encore s'en échapper par intermittence de vives lueurs. L'Académie avait donc fort à faire pour soutenir contre des rivales étrangères la réputation et le rang qu'elle avait déjà conquis. Ce qui lui manquait, c'était moins des hommes intelligents et des observateurs sagaces, que ces génies puissants qui créent les méthodes, saisissent les lois générales, devinent les phénomènes ; elle comptait une foule de savants de second et de troisième ordre, peu du premier. Deux hommes cependant, Clairaut et Réaumur, représentèrent avec un grand éclat, dans la première moitié du dix-huitième siècle, les sciences françaises. L'un, par son génie mathématique, moins pénétrant sans doute que celui de Newton, moins vaste que celui de Leibniz, moins créateur que celui des Bernouilli, mais plein de ressources et de vigueur, sut donner au calcul une incroyable puissance et formula plusieurs lois importantes de l'astronomie et de la mécanique. L'autre, d'une étendue de connaissances qui rappelle Leibniz, mais qui préférait les détails aux généralités, poursuivait les applications des découvertes que l'observation avait révélées, portait certaines branches de la physique à un grand degré d'avancement et élevait l'histoire naturelle à la hauteur où l'ont trouvée Buffon et Cuvier.

Clairaut, ainsi que Pascal, s'était annoncé comme géomètre dès son plus jeune âge; il avait appris les lettres de l'alphabet sur les figures des *Eléments d'Euclide*, et à dix-huit ans il était à l'Académie des sciences. Aucune branche des mathématiques ne lui resta étrangère. Il présenta la géométrie élémentaire sous une forme nouvelle; il scruta les propriétés des courbes, qu'il sut rendre par des formules plus élégantes. Abordant des questions plus hautes, il formula les lois générales de l'équilibre des fluides dont toutes les particules sont animées par des forces quelconques; le premier, il expliqua le phénomène des tubes capillaires, sans avoir recours à la pression des colonnes collatérales, ne demandant avec raison les causes de la capillarité qu'à la cohésion des particules du liquide, à leur pesanteur ou à leur inertie, et à l'attraction exercée par la surface du vase [1]. Le grand astronome

---

[1] On sait que la capillarité est le phénomène que présentent les liquides contenus dans des tubes fort étroits, dits *capillaires*, où ils

Halley avait reconnu dans les comètes de 1531, de 1607 et de 1682, les apparitions d'un seul et même astre, se mouvant autour du soleil suivant une orbite elliptique très-allongée, qu'il mettait soixante-quinze ou soixante-seize ans à parcourir. Confiant dans ses évaluations, le savant anglais avait osé prédire le retour de la comète pour les environs de l'année 1758; mais pressentant les causes nombreuses nées de l'attraction des planètes par lesquelles l'astre pouvait être dérangé dans sa route, il n'indiquait pas avec certitude le moment où la comète reparaîtrait à son périhélie. Clairaut entreprit d'assigner par le calcul l'influence des actions planétaires et de rendre ainsi possible la détermination précise du jour où l'astre serait le plus voisin du soleil. Il trouva que le retour de la comète devait être retardé de cinq cent dix-huit jours par l'attraction de Jupiter, et de cent par celle de Saturne. C'était donc vers le mois d'avril 1759 que, d'après les supputations de Clairaut, la comète devait se montrer à son périhélie. Elle devança de quelques jours seulement la prédiction du géomètre français, car son périhélie eut lieu le 12 mars, faible erreur qu'il n'eût pas commise si l'on eût mieux connu alors la masse de Saturne, et si, au delà de cette planète, n'en avaient pas existé d'autres qu'on ne soupçonnait pas [1]. Ainsi, grâce à deux génies dont l'Angleterre et la France s'honorent, la loi d'un de ces astres errants qui terrorifiaient nos pères allait être formulée

ne se comportent pas conformément aux lois de l'équilibre des liquides placés dans des vases de plus grandes dimensions.
[1] Voy. Biot, dans le *Journal des Savants*, 1846, p. 577.

avec la même précision que celle des planètes; l'ordre régulier et immuable de la nature recevait de leurs calculs une nouvelle et éclatante confirmation.

Les comètes ne furent pas les seuls astres dont Clairaut voulut faire connaître avec plus de rigueur la direction et la vitesse. Près d'un tiers de siècle s'était écoulé sans que l'analyse mathématique fût devenue assez puissante pour embrasser dans son ensemble le *Problème des trois corps*, dont le système formé par le Soleil, la Terre et la Lune, est un cas particulier. Clairaut, en même temps que D'Alembert, qui entrait dans une voie où il devait bientôt l'atteindre, envisagea cette question surtout dans son application aux mouvements de la lune; il fit découler de sa théorie l'explication des inégalités de notre satellite, déjà justifiées par Newton à l'aide de l'attraction, et celle d'autres phénomènes que ce beau génie n'avait pas réussi à en faire dériver, particulièrement l'évection et les mouvements de l'apogée. Ces recherches permirent à Clairaut de construire des tables de la lune entièrement fondées sur la loi de gravitation, et qui furent couronnées par l'Académie de Saint-Pétersbourg, à laquelle il les adressa en 1750. Depuis il s'appliqua à les perfectionner encore, et en donna treize ans plus tard une seconde édition [1].

Ces travaux, où Clairaut se rencontrait avec Euler comme avec D'Alembert, ne l'empêchaient pas de compléter et d'étendre l'importante découverte de Bradley sur l'aberration des étoiles; ce que n'avait pu faire l'astronome anglais, il mesura l'aberration des planètes

---

[1] Biot dans le *Journal des Savants*, 1857, p. 611.

et du soleil, il évalua les attractions des planètes sur la Terre. Enfin, poursuivant les progrès de l'astronomie dans le perfectionnement des instruments, aussi bien que dans celui des méthodes, il chercha à donner aux lunettes d'approche, par le moyen d'objectifs composés, plus de précision et de puissance. Sa *Théorie de la figure de la Terre* est un monument magnifique que l'on peut regarder comme les propylées de la *Mécanique céleste* de Laplace ; mais, puissant par les conceptions et infatigable dans le travail, Clairaut ne possédait pas les dons qui assurent la domination intellectuelle, tout au moins ceux qui font régner dans une compagnie savante. Absolu et d'un caractère quelque peu sauvage, bien que plein d'aménité, il recherchait peu le commerce du monde, et sa haute supériorité n'éclatait que dans ses ouvrages. Génie solitaire, la lumière ne s'échappait de son esprit que pour illuminer tout à coup un vaste horizon ; elle ne rayonnait pas par ces clartés uniformes et douces qui se communiquent sans éblouir, qui pénètrent sans fatiguer les yeux. Réaumur[1] réunissait, au contraire, à un degré assez puissant les qualités qui faisaient défaut à Clairaut ; il aspirait à la domination et parvint à l'exercer sur ses confrères. Il était entré aussi fort jeune à l'Académie : il n'avait que vingt-quatre ans. D'une naissance distinguée, il inspirait le respect par ses manières, se mêlait aux discussions et aux luttes ; car, loin de se renfermer exclusivement dans ses travaux personnels, il prenait in-

---

[1] René-Antoine Ferchault de Réaumur, était né à La Rochelle, en 1683 ; il mourut en 1756, et légua à l'Académie des sciences ses manuscrits et son cabinet d'histoire naturelle.

térêt à ceux d'autrui. Il avait débuté par quelques mémoires de mathématiques, et avait été assez heureux pour résoudre dans toute sa généralité un problème dont le géomètre Carré n'avait trouvé la solution que pour un cas particulier. La physique avait surtout attiré son attention. On se servait encore des thermomètres de Florence qui n'étaient pas comparables, et Amontons avait vainement tenté de remédier à cet inconvénient. Plus heureux, Réaumur construisit un thermomètre remplissant cette condition, et, sauf la graduation, cet instrument est demeuré jusqu'à présent celui de nos usages journaliers. Il porta dans l'étude de la zoologie un esprit d'observation patiente et un génie descripteur dont on avait jusqu'alors peu d'exemples, en même temps qu'il faisait connaître plusieurs points curieux de la physiologie comparée, tels que la reproduction des pattes des écrevisses, l'organe électrique de la torpille, la digestion des oiseaux. Les observations qu'il fit sur la force du gésier de ces animaux montrent que si la trituration est chez les granivores la base de la digestion, elle n'en est point, au contraire, une condition indispensable chez les carnivores, fait capital pour la solution d'un problème physiologique qui avait divisé jusqu'alors les médecins. Sylvius, Astruc rapportaient avec raison l'acte digestif aux acides de l'estomac; mais Pitcairn et Hecquet s'étaient entêtés à n'y voir que l'effet de la trituration. Réaumur donna dans une série de mémoires une admirable histoire des insectes. Ses connaissances en histoire naturelle, il les appliqua à l'économie domestique; de même il fit servir la science qu'il possédait en mécanique, en chimie, en minéralogie, aux arts utiles. Il perfectionna la suspension des voitures et l'emboîtement des essieux, trouva un procédé pour fabriquer le fer-blanc dont l'Allemagne avait alors seule le secret, et, dans ses recherches sur la porcelaine, il fournit les indications d'après lesquelles Macquer et D'Arcet sont parvenus à découvrir la terre qui produit cette belle porcelaine dont nous avons aujourd'hui tant de fabriques ; il imagina aussi le moyen de rendre le verre opaque et blanchâtre, d'où l'usage d'un nouveau genre de porcelaine qui a gardé son nom ; enfin, dans ses recherches métallurgiques il entrevit quelques-unes des lois de la cristallographie. Tant de travaux, tant d'inventions firent de Réaumur un des hommes les plus considérables de l'Académie, où l'autorité de sa parole décida bien des questions. Pendant plus de vingt ans sa domination dans la Compagnie fut incontestée.

A la suite de ces deux hommes éminents, l'Académie des sciences compta depuis sa rénovation en 1699, jusqu'au moment où D'Alembert et Buffon succédèrent en illustration et en influence à Clairaut et à Réaumur, un grand nombre d'esprits sagaces, de chercheurs persévérants, d'inventeurs ingénieux qui servirent à des titres divers les progrès des sciences physiques et mathématiques. Leurs branches principales se constituèrent graduellement. L'époque à laquelle nous sommes arrivés en représente comme l'embryogénie ; et dans ce travail de formation, le concours des membres de l'Académie des sciences fut puissant. Un rapide aperçu va nous en convaincre.

Clairaut s'était vu précéder dans l'Académie[1] par d'habiles géomètres dont il trouva encore quelques-uns près de lui, à son entrée dans la Compagnie. De Lagny, mort en 1733, se livrait avec ardeur à l'étude de l'algèbre et de la trigonométrie ; il poursuivait les perfectionnements d'un genre de calcul auquel la solution des grandes questions allait échapper, et jusqu'à son lit de mort demeura occupé de la science qui avait rempli toute son existence. Nicole, né en 1683, et mort en 1758, imprimait de notables progrès au calcul des différences finies ; il s'attachait aussi, par un maniement habile du calcul intégral, à résoudre divers problèmes célèbres dont la solution n'avait été encore qu'énoncée. Joseph Saurin, plus âgé que Nicole de vingt-quatre années, ne manquait ni de pénétration ni de sagacité ; cartésien en physique, newtonien en mathématiques, il portait dans ses recherches géométriques toute l'énergie de son âme et la fermeté de son caractère. Ses travaux sont aujourd'hui assez oubliés, et il est resté plus célèbre par sa querelle avec J.-B. Rousseau, que par ses œuvres scientifiques.

On a vu, par ce que j'ai dit plus haut, que le marquis de L'Hôpital et Varignon s'étaient constitués, des premiers en France, les défenseurs de la nouvelle analyse, en se rendant maîtres de son emploi. L'Hôpital songeait à en publier un traité, comme il l'avait fait pour le calcul différentiel, quand la mort le surprit. Il laissa ce soin à un autre mathématicien de l'Académie, Carré, qui s'acquitta de sa tâche avec moins d'habileté

---

[1] Clairaut fut nommé adjoint mécanicien en 1731 ; il était né en 1713.

que ne l'eût fait son devancier. C'était déjà beaucoup alors de savoir se servir de l'analyse infinitésimale; la perfectionner, on n'en était point encore là. Ce fut l'honneur de Fontaine et de Clairaut, d'ajouter à la découverte de Leibniz et de Newton. Fontaine se mesura avec le grand géomètre français dans plusieurs recherches de calcul intégral, et perfectionna surtout la partie qui est appelée *Méthode inverse des tangentes*, en même temps qu'il embrassait dans toute son étendue la théorie générale des équations différentielles. Bien que doué d'un puissant génie mathématique, Fontaine était moins fait que Clairaut, pour assurer à la géométrie cette domination incontestée à laquelle elle aspire par sa rigueur. Il avait débuté d'une manière brillante, à son entrée à l'Académie, en 1733, par une solution du problème de la tautochrone, objet des contestations des géomètres qui exerça la sagacité de Jean Bernoulli et d'Euler [1]. Plein de confiance dans ses propres forces, il se flattait de dire le dernier

---

[1] La tautochrone est une courbe dont la courbure est telle, que si on la suppose parcourue par un corps pesant, le temps que mettra ce corps à descendre sur l'une des branches sera égal à celui qu'il emploiera à monter par l'autre, et qu'inversement le temps de la descente du corps par cette seconde branche sera égal à celui de la montée par la première, et ainsi de suite. Euler ramena le problème à cet énoncé : Trouver une courbe telle que les temps de la descente et de la montée, réunis ensemble, donnent une somme constante. Le problème de la tautochrone, ainsi que celui de la cycloïde, qui n'eut pas moins de célébrité, offrait un grand intérêt pour la division du temps, puisqu'il promettait la construction d'un pendule dont l'oscillation, composée d'une descente et d'une montée, serait toujours de même durée, bien que la demi-oscillation ne fût pas égale à la suivante. Voy. Montucla, *Histoire des Mathématiques*, III, p. 657.

mot d'un problème qu'il fut bien loin d'épuiser, et qui appela encore après lui les méditations de D'Alembert et de Lagrange. Le renom que valut à Fontaine sa découverte, les éloges qu'Euler lui donna, ne suffisaient pas pour investir, près de ses confrères, le pénétrant géomètre d'une influence à laquelle s'opposait son caractère. Disputeur opiniâtre, et parfois grossier, il se faisait des querelles personnelles à propos de mathématiques, et l'Académie dut un jour s'affranchir de sa présence. Il déclarait la guerre à Clairaut, à D'Alembert, à Lagrange, et ne se montrait, pour ainsi dire, aux séances que pour y porter la désunion. L'analyse aiguise l'esprit, mais n'assouplit pas pour cela le caractère; à force de rendre exigeant dans le calcul, elle vous rend quelquefois insupportable dans le commerce privé. Chez Fontaine, l'usage du monde n'avait point adouci les habitudes absolues du géomètre. Il prenait d'ailleurs un malin plaisir à heurter l'amour-propre de ses confrères. « J'observe, disait-il, la vanité des hommes pour la blesser dans l'occasion. » Ces disputes de géomètres étonnaient sans doute un public persuadé qu'en mathématiques les vérités sont des axiomes sur lesquels il n'y a pas de contestation possible. Mais, ainsi que l'observe Condorcet[1], elles ne pouvaient surprendre que ceux auxquels sont seulement connues les routes battues de la géométrie et qui ignorent que, dans la science même de la certitude, le génie peut s'égarer quelquefois dans les routes nouvelles qu'il a osé se frayer. Fontaine aimait d'ailleurs, comme pour mieux prêter à la

---

[1] Voy. son *Éloge de Fontaine*.

contestation, à s'envelopper d'un langage obscur et ne livrait ses idées que de côté, se privant ainsi de l'honneur de ses découvertes, qui restaient comme une sorte d'arcane.

Grâce aux travaux des membres de l'Académie que je viens de nommer, l'analyse infinitésimale, redevable aux deux Bernoulli, Jacques et Jean, de ses premiers progrès, devenait graduellement accessible à tous les géomètres.

La mécanique, à l'aide de ces nouveaux moyens d'analyse, allait entrer en possession d'importants théorèmes. Alors qu'on en était encore réduit aux anciennes méthodes, elle avait déjà accompli d'étonnants progrès. Galilée, auquel on doit le principe des vitesses virtuelles; Huyghens, qui découvrit celui de la conservation des forces vives; Stevin, Descartes, Roberval, Mersenne, Wallis et La Hire, s'étaient faits les législateurs de la statique et de la dynamique. Varignon, l'une des gloires de la vieille Académie, et qui éclairait encore de ses lumières les débats de la nouvelle, montra le premier quelles ressources fournit la théorie des mouvements composés à celle de l'équilibre des machines, et d'autres académiciens, Antoine Parent, Camus et Couplet de Tartereaux, s'attachaient à en calculer les effets. Henri Pitot complétait la théorie des pompes de Parent, et s'efforçait de traduire en formules algébriques le mouvement de l'eau sous toutes ses formes, soit qu'elle mette en action des machines, soit qu'elle agisse sur les aubes ou palettes des roues, soit que son courant vienne frapper obliquement une surface plane. Ainsi se réunissaient les matériaux que Bélidor devait utiliser pour son grand ouvrage où se trouvent appliquées les diverses méthodes dont l'hydraulique s'était enrichie depuis Galilée. Ce livre resta le seul guide des constructeurs qui voulaient raisonner et calculer leurs projets, jusqu'au moment où Prony, que l'ancienne Académie légua à l'Institut dans l'héritage de ses candidats, en donna un plus complet et plus au niveau des progrès de la mécanique[1]. Maupertuis, le marquis de Courtivron et quelques autres mathématiciens de la première moitié du dix-huitième siècle servirent aussi l'avancement de cette science; mais ce fut seulement pendant la seconde qu'elle fit en France ses plus belles conquêtes.

L'astronomie continua d'obéir à l'impulsion puissante que lui avait imprimée Dominique Cassini, dont l'infatigable activité ne laissait échapper aucun phénomène céleste. En 1705, il donnait, dans les Mémoires de la Compagnie, la théorie des satellites de Jupiter et de Saturne, et en déterminait les périodes. Ainsi se voyaient définitivement renversées les objections que des jésuites et quelques péripatéticiens obstinés élevèrent contre la découverte de Galilée, en soutenant que les satellites de Jupiter, ou, comme on disait alors, les *planètes de Médicis*, n'étaient qu'une illusion de télescope. Dix ans après, le fils de l'astronome italien, dont la famille était devenue française, Jacques Cassini, faisait paraître les tables du mouvement de ces petits astres.

---

[1] Voy. Delambre, *Rapport historique sur le progrès des sciences mathématiques*, p. 303.

La popularité de l'étude de l'astronomie n'avait fait que s'accroître ; on n'y cherchait pourtant plus le secret de l'avenir, comme le faisaient les astrologues encore en faveur au commencement du siècle précédent [1] ; mais chacun voulait contempler de ses propres yeux les imposants phénomènes dont le calcul savait donner avec plus de précision l'heure et la durée. L'éclipse totale de soleil du 12 mai 1706, qu'avait prédite D. Cassini, occupa toute l'Europe. Louis XIV voulut lui-même l'observer à Marly avec le grand Dauphin et la cour ; il y manda Cassini, qui l'aida à voir un phénomène dont l'imagination du monarque aurait peut-être été effrayée, sans les explications de l'habile astronome. Depuis il passa en usage que les astronomes les plus en renom se rendissent près du roi, quand devait avoir lieu quelque importante éclipse [2].

Mais on ne se contentait pas d'observer les changements de position et les passages des astres de notre système solaire ; les télescopes permettaient de percer plus loin dans les cieux et de calculer les révolutions, à des distances où l'on apercevait à peine les astres. Le neveu de D. Cassini, Jacques Maraldi, que son oncle avait associé à ses travaux, guidé par les indications d'un manuscrit de Montanari, constata le premier, en mars 1704, l'existence d'étoiles périodiques dans

---

[1] Voy. mon ouvrage intitulé : *La Magie et l'Astrologie dans l'antiquité et au moyen âge*, 3ᵉ édit., p. 218 et suiv.

[2] Ainsi à l'éclipse du 26 juillet 1748, Cassini de Thury et La Condamine se rendirent près de Louis XV à Compiègne, pour le faire assister à leurs observations. Voy. *Mémoires du duc de Luynes sur la cour de Louis XV*, publiés par Dussieux et E. Soulié, t. IX, p. 69.

la constellation de l'Hydre. Cette découverte allait fournir aux astronomes un long sujet de recherches qui n'a point encore été épuisé ; le problème reçut diverses solutions depuis celle que proposa Maupertuis, sans qu'aucune ait porté la conviction dans les esprits.

D'autres points de la science du firmament étaient l'objet d'observations et de calculs, et l'abondance des mémoires d'astronomie dans les premiers volumes du Recueil de l'Académie prouve avec quelle ardeur cette science fut cultivée durant la première moitié du dix-huitième siècle. Aux travaux qui n'étaient que des chapitres détachés des éphémérides célestes, se mêlaient les mémoires où étaient abordés les grands phénomènes de la mécanique des cieux. D. Cassini, dans un mémoire fondé sur de nombreuses observations, et que son fils a publié, établissait, d'après Hévélius, la libration de la lune [1]. Un astronome, qui n'était qu'un amateur, mais un amateur plein de zèle, à ce point qu'il avait quitté la carrière des armes pour se livrer tout entier à la science, le chevalier de Louville, traitait de l'obliquité de l'écliptique, dont les déplacements dans l'espace avaient été constatés par Tycho-Brahé. Dans une suite de mémoires lus à la Compagnie de 1714 à 1716, il passait en revue tous les témoignages des anciens astronomes qui établissent la variation de cette inclinaison. La Hire combattit les idées de

---

[1] La libration, qui avait été reconnue pour la première fois par Galilée, est un mouvement d'oscillation ou de balancement de la lune autour de son centre, mouvement auquel participent les diverses taches que l'on voit à sa surface.

Louville, et Legentil a montré plus tard [1] combien étaient fragiles les témoignages sur lesquels celui-ci s'appuyait. Le problème resta irrésolu jusqu'à ce que Bradley et Lacaille eussent enfin mesuré cette obliquité contestée, mesures reprises ensuite par Legentil et Lemonnier, puis par Delambre, et qui ont préparé au génie de Laplace la belle explication du phénomène qu'il donne dans sa *Mécanique céleste*.

Plusieurs années après que l'Académie avait été le théâtre de cette discussion animée entre Louville et La Hire, Bradley découvrait dans la sphère céleste un autre déplacement. Aux changements lents qu'on avait constatés dans la position du pôle par rapport aux étoiles, il reconnaissait que l'axe de la Terre est soumis à une oscillation. L'astronome anglais crut que cette oscillation, autrement dit la nutation, était réglée sur le mouvement des nœuds de la lune. Déjà de 1727 à 1736, il avait constaté une demi-oscillation. Les relations de l'Observatoire de Greenwich avec l'Observatoire de Paris étaient devenues tout à fait fraternelles. Les Anglais et les Français, qui se firent si souvent la guerre dans ce siècle, s'entendaient infiniment mieux dans les cieux que sur la terre. Bradley pria un des astronomes de l'Académie des sciences, Lemonnier, d'observer en même temps que lui la seconde moitié de la période de la nutation, afin de vérifier complétement le phénomène. Son attente ne fut pas trompée, et en 1745, l'académicien français confirmait l'exis-

---

[1] Voy. le Mémoire de cet astronome, dans les *Mémoires de l'Académie pour* 1757.

tence du mouvement périodique aperçu par Bradley.

L'attention, en se portant sur les cieux, ne pouvait laisser échapper des phénomènes d'un autre ordre, qui, bien que du domaine de la physique, tombent sous l'œil de l'astronome. Les halos, les parhélies, avaient été longtemps pris comme des prodiges, et les gens superstitieux avaient grand besoin que l'Académie les rassurât sur leur signification. Mariotte, avec son regard pénétrant, vit que la cause principale des halos doit être cherchée dans la réfraction que de petits cristaux de neige font éprouver à la lumière. A dater de ce moment, on observa avec soin tous les phénomènes de ce genre. En 1722, Malézieu, que le duc du Maine avait installé à son observatoire de Sceaux, où celui-ci continuait à prendre des leçons de son ancien maître, signalait l'apparition de trois soleils lumineux. Un autre académicien, Bouguer, lorsqu'il parcourait la Cordillère, observa un fait d'optique plus curieux encore, les anthélies ou auréoles qui entourent l'ombre de l'observateur. L'optique météorologique donnait aux yeux des gens du monde plus de piquant à l'emploi du télescope; on se familiarisait avec tout ce qui se passait dans les cieux où l'on commençait à ne plus aller chercher le séjour des anges et la demeure des bienheureux.

Vingt ans s'étaient écoulés depuis la grande discussion dont la figure de la Terre avait été l'objet. La Compagnie, afin de résoudre cette importante question, voulut profiter des facilités nouvelles que les progrès de la navigation apportaient aux voyages lointains ; elle résolut d'envoyer à la fois, sous l'équateur et dans la région du pôle, des astronomes qui mesureraient un degré du méridien ; car on sentait la nécessité de ne point mesurer des arcs trop voisins, afin que des irrégularités locales ne pussent exercer une influence trop sensible sur les résultats obtenus. La Condamine, qui avait l'activité, le courage et cette variété de connaissances indispensables chez le voyageur sérieux, partit en 1735 pour le Pérou. Il était accompagné d'un de ses confrères, Bouguer, mathématicien et observateur plus exercé, et d'un jeune astronome, Godin, que l'Académie s'était choisi pour adjoint. Maupertuis eut la mission d'aller en Laponie. On lui donna pour compagnons trois membres de l'Académie, Clairaut, Camus et Lemonnier. L'expédition du Nord prit encore comme aide un élève de l'Observatire, l'abbé Outhier. Le roi, sur la proposition du ministre Maurepas, accorda une large subvention pour ces deux voyages, entrepris vers la même époque, et qui portèrent au loin la réputation de la science française.

La Condamine déploya, dans son exploration de l'Amérique méridionale, autant d'intelligence que d'énergie. L'Académie suivait avec un vif intérêt les progrès de ses travaux ; mais la querelle soulevée par la figure de la Terre était si vivace et si persistante, qu'au lieu d'attendre les résultats du voyage, la Compagnie continuait de discuter en l'absence des explorateurs. Maupertuis et Clairaut, qui ne partirent pour le Nord que plus d'une année après l'arrivée de La Condamine sous l'équateur, avaient la prétention de diriger, du fond de leur cabinet, les opérations dont leurs confrères étaient chargés. Bouguer, d'un caractère indépendant et même difficile, n'acceptait pas cette tutelle et envoyait d'au delà de l'Océan des réponses aux raisons qu'on lui signifiait. Il fallut pourtant céder, car l'Académie tenait les voyageurs pour ses délégués, et, malgré leurs réclamations, ceux-ci durent se borner à mesurer un degré du méridien et abandonner la mesure si utile d'un degré de l'équateur.

On aurait dit que l'Académie se défiait de ses commissaires. C'est en réalité que bon nombre des membres de la Compagnie craignaient que le newtonianisme de La Condamine et de ses compagnons, qu'ils comptaient trouver en défaut, n'influât sur leurs observations. Le voyage de Maupertuis vint enfin leur clore la bouche, et ses mesures géodésiques démontrèrent que la Terre est un sphéroïde aplati. Toutefois, l'imperfection des instruments et des méthodes dont faisaient usage les astronomes envoyés dans le Nord, donna aux défenseurs de l'aplatissement de notre globe plus raison qu'ils n'avaient en réalité, et au siècle suivant l'astronome suédois Svanberg rectifiait leurs exagérations involontaires par un beau travail qu'il publia dans notre langue.

L'astronome breton et ses confrères profitèrent de leur séjour en Suède et en Laponie, pour fixer la longueur du pendule à secondes sous les hautes latitudes, et faire une foule d'observations curieuses. Plus fécond encore en observations de tout genre fut le voyage de La Condamine. Ce savant s'était fait suivre d'une commission d'hommes spéciaux, composée d'un ingénieur, d'un horloger, d'un dessinateur. Joseph de Jussieu avait été chargé de tout ce qui se rapportait à l'histoire naturelle. Mais La Condamine n'était pas seulement un astronome et un géomètre, les mesures terminées, il laissa Bouguer revenir, et voulut explorer la rivière des Amazones, tandis que Joseph de Jussieu, qui prolongea encore davantage son séjour dans le Nouveau Monde, enrichissait l'histoire naturelle d'une foule de plantes et d'animaux inconnus à l'Europe. On pourrait appeler La Condamine l'Alexandre de Humboldt du dix-huitième siècle; à la fois bel esprit et savant de profession, il fit preuve dans cette mémorable expédition d'un héroïque dévouement à la science. Cette vertu nouvelle, qui n'avait trouvé place ni parmi les théologales, ni parmi les cardinales, remplaçait, dans le siècle de la philosophie, d'autres vertus moins désintéressées, qui ne demandent pas pour être appréciées tant d'élévation d'esprit, mais dont l'influence bienfaisante s'étend à un plus grand nombre. Chaque état a ses vertus essentielles qui y priment les autres, et si la bravoure est la vertu par excellence du soldat, le dévouement à la recherche du vrai est celle du savant. La Condamine la pratiqua sous toutes les formes. Les fonds accordés par le roi pour son voyage n'avaient pas suffi, il mit cent mille livres de sa bourse; les fatigues, les souffrances qu'il eut à endurer lui firent perdre les jambes et les oreilles. Victime de sa passion pour la science, il ne rencontra, hélas! à son retour, chez un public, qui ne comprenait pas un martyre qui n'aspire point au ciel, que le sarcasme et la malignité. Ce n'était plus l'infatigable observateur qui avait bravé tant de dangers que l'on voyait dans M. de La Condamine, mais seulement le distrait et le sourd ennuyeux, ayant toujours à la main son cornet acoustique. Satisfait de l'estime de ses confrères, dont Buffon se fit un jour un si éloquent interprète [1], La Condamine se consolait en composant des chansons, et poursuivait jusqu'à la tombe, dont la souffrance lui abrégea le chemin, cette ardeur d'observation de toutes choses, même de la douleur, qui le conduisait à interroger le bourreau sur l'échafaud de Damiens.

Un autre voyage, effectué, quatorze ans plus tard, en vue de nouveaux progrès de l'astronomie, acheva de faire aux savants français une réputation universelle d'ardeur et de courage. La différence entre les positions de la lune, observées de la surface de la Terre, ou qu'on verrait du centre de cette planète, c'est-à-dire, pour parler avec les astronomes, la parallaxe de notre satellite, est une circonstance dont il est important de tenir compte dans la théorie de la lune ; car cet astre, par suite de son voisinage de la Terre, a une parallaxe considérable, changeant sensiblement selon le jour de l'année et excédant quelquefois un degré. Pour déterminer avec une suffisante exactitude la parallaxe lunaire, les astronomes comprenaient qu'il était nécessaire d'avoir recours à des observations simultanées, faites aux extrémités d'un grand arc de méridien terrestre. Cette opération délicate, un savant allemand, le baron de Krosigk, l'avait vainement tentée en 1714. Si l'un des observateurs qu'il employa et qu'il établit à Berlin, Wagner, s'acquitta intelligemment de sa

---

[1] Voy. la réponse de Buffon à La Condamine, lors de la réception de celui-ci à l'Académie française.

âche, l'autre, Kolbe, qui s'était transporté au Cap de
Bonne-Espérance, dans la partie australe du méridien
de Berlin, remplit fort mal sa mission. Lacaille, qui
portait dans les études astronomiques un esprit de sin-
cérité et de précision qu'aucune difficulté ne rebutait,
fit proposer au roi par l'Académie des sciences, de reprendre la tentative avortée de Krosigk. La proposition
fut agréée, et l'astronome français se trouva tout naturellement désigné pour aller au Cap de Bonne-Espérance refaire ce que Kolbe avait manqué. C'était
en 1750.

Lacaille ne voulut pas s'en remettre qu'à ses seules
forces; plus préoccupé des intérêts de la science que
de ceux de sa réputation, il appela tous les astronomes
à son aide, et, avant de partir pour le Cap, il les invita
à redoubler d'assiduité dans l'observation de notre
satellite; il leur fixa à l'avance des jours d'études
qu'on pourrait appeler lunaires, afin que leurs observations pussent correspondre avec les siennes. On
n'avait point encore vu un si heureux concours parmi
les astronomes de l'Europe, et l'on peut dire que le
ciel, ce jour-là, scella entre toutes les puissances, par
l'intermédiaire de la lune, un traité de paix plus solide que celui qu'on avait signé, deux ans auparavant,
à Aix-la-Chapelle. Cassini de Thury se chargea des
observations à faire à Paris, Bradley de celles de
Greenwich, Zanotti de celles de Bologne, Wargentin
de celles de Stockholm. La déconvenue de Krosigk
avait rendu quelque peu défiant sur le mérite des
observateurs de Berlin; on jugea à propos d'y envoyer un jeune astronome français, élève de Lemon-

nier et de De Lisle, qui n'appartenait point encore à l'Académie, mais qui devait plus tard en être une des lumières, Jérôme Lalande. Il trouva dans la ville du grand Frédéric, alors plus française qu'allemande, toutes les facilités imaginables et y demeura pendant sept mois. Le succès de l'expédition fut complet; Lacaille s'acquitta de sa mission avec toute l'intelligence qu'on attendait de lui. Il mesura aussi un nouveau degré du méridien, travail que l'Académie publia en 1751 dans ses Mémoires. Enfin, en explorant ce ciel austral, dans lequel n'avaient point encore plongé des yeux aussi exercés que les siens, il découvrit de nouvelles constellations, qui prirent place sur nos cartes célestes. Lacaille revint couvert d'une gloire astronomique qui ne lui donna pas, comme de nos jours à Arago, la popularité; il reprit sa modeste position de professeur de mathématiques au collège Mazarin, avec un traitement de 600 livres, y poursuivit ses observations dans l'observatoire à toit tournant qu'on lui avait fait construire et qui passait pour le plus commode de Paris[1]. Il reprit aussi à l'Académie la suite de ses communications, qui ne firent que fortifier la haute estime que lui portaient ses confrères, et préférable sans doute à une popularité acquise au préjudice de ses études.

Ainsi se trouvèrent terminés, par l'expédition de Lacaille, deux sujets de débats au sein de l'Académie: la parallaxe de la lune fut évaluée et la forme de la

---

[1] Voy. Alfred Franklin, *Recherches historiques sur le collège des Quatre Nations*, p. 98.

Terre enfin connue. Déjà, avant son départ en 1740, le même astronome, de concert avec J. Cassini, avait constaté l'erreur commise par Picard, dans sa mesure de la partie de la méridienne comprise entre Paris et Dunkerque. L'Académie, qui ne craignait pas de se déjuger quand il s'agissait de l'intérêt de la science, publia dans ses Mémoires, par les soins de Cassini de Thury, ce grand travail de vérification de la méridienne de Paris.

Si la description de cette méridienne, ordonnée par Louis XIV en 1684, reprise en 1702, achevée en 1718, avait reposé sur des mesures souvent inexactes, elle avait eu du moins l'avantage de préparer l'exécution d'une bonne carte du royaume. Les astronomes chargés de fixer la position de la méridienne avaient profité de leurs voyages pour calculer, à l'aide d'observations astronomiques, la latitude et la longitude de différentes villes de France. On avait aussi dressé avec grand soin une carte des environs de Paris, dont les principales positions furent déterminées géométriquement par des membres de l'Académie. Ces travaux suggérèrent à Cassini de Thury, digne héritier d'un nom déjà doublement illustre, la pensée d'exécuter une carte complète de toute la France. Il en soumit le plan à ses confrères, qui l'approuvèrent. Il ne s'agissait plus que de fixer les points des grands triangles qui devaient embrasser toute l'étendue du territoire, pour faire ensuite la topographie des diverses provinces où les distances de chaque localité à la méridienne de Paris et à la perpendiculaire à cette méridienne seraient exactement calculées. Louis XV, auquel Guillaume de

Lisle, son maître de géographie, avait inspiré quelque intérêt pour cette science, trouva le projet heureux, et le contrôleur général De Machault fournit en conséquence la subvention nécessaire pour le mettre à exécution. Mais l'œuvre était longue et difficile; les fonds s'épuisèrent vite; le roi devenait de plus en plus indifférent à la chose publique, et la carte d'un royaume qu'il semblait oublier rencontra de nombreux obstacles. Un nouveau contrôleur général, De Séchelles, refusa de fournir de nouvelles allocations. En 1756, Cassini de Thury se vit finalement réduit à faire appel à la bourse de quelques particuliers; ces moyens étaient nécessairement plus restreints; les travaux se ralentirent sans cesser pourtant de se poursuivre. Le gouvernement royal eut honte toutefois de l'abandon où il laissait une entreprise qui avait un droit si signalé à sa protection; il accorda les fonds nécessaires pour la terminer. Cette grande œuvre n'a plus sans doute, depuis la publication de la carte de l'État-Major, la même valeur ni la même importance; mais elle demeurera toujours un monument glorieux de la science française.

Les voyages entrepris au loin par les académiciens de Paris contribuaient au progrès de la géographie, qui n'avait pas cessé d'occuper la Compagnie. La cartographie s'essayait alors au système le plus propre à représenter sur le papier les formes arrondies du globe. La Hire rapprochait le point de vue du tableau et proposait en 1701 un nouveau système de projection orthographique. Un autre de ses membres, G. de Lisle, qui lui fut enlevé en 1726, dressait des cartes supérieures en exactitude à celles dont on s'était auparavant contenté. De Chazelles, son confrère, d'abord professeur d'hydrographie à Marseille, dotait la France de cartes maritimes qui laissaient loin derrière elles les informes essais auxquels nos marins demandaient leur route. Astronome et géomètre, De Chazelles jeta dans le *Neptune français* les bases d'un travail qui ne devait recevoir son couronnement que de nos jours. Après lui, un correspondant de l'Académie, D'Après de Manevillette, levait la carte des mers des Indes, théâtre de nos luttes navales avec l'Angleterre, et par son *Neptune oriental*, publié en 1745, nous guidait dans ces eaux difficiles. Philippe Buache, continuant les efforts de ces cartographes, et poursuivant à la fois la rédaction de meilleures cartes nautiques et celle de nouvelles cartes terrestres, hâtait les progrès de la géographie, dont il embrassait, dans ses études, toutes les parties.

En même temps que par le concours de tant de membres de l'Académie, la géométrie et la mécanique agrandissaient leur domaine, d'autres en perfectionnaient et en étendaient les applications à l'art de l'ingénieur et de l'officier. L'infatigable Couplet de Tartereaux, non content de donner au calcul des machines plus de rigueur, cherchait encore les véritables théories qui peuvent assurer la solidité de nos constructions, accroître la force des engins et fournir aux ouvriers des moyens plus puissants d'exécution. Poussée des voûtes, assemblage des charpentes, mouvement des eaux, tirage des charrettes et des traîneaux, étaient tour à tour de sa part l'objet d'expérimentations intelligentes et de remarques ingénieuses. Henri Pitot, qui suppléait par son propre génie à ce qui avait manqué à son éducation mathématique, qui passait de l'astronomie à la mécanique et de la mécanique à l'astronomie, avec une égale aisance, imitait Couplet. J'ai déjà parlé plus haut de ses travaux sur l'hydraulique. Trop confiant pourtant dans sa pénétration, comme bien des mécaniciens pratiques, il méconnaissait parfois les principes que la théorie a démontrés. Du Fay lui fit voir un jour combien il était dangereux de traiter tous les problèmes, sans avoir suffisamment approfondi la géométrie. Pitot se trouvait plus à sa place au milieu des ouvriers que dans une compagnie savante, qui ne rendait pas suffisamment justice à son expérience pratique. Il alla terminer sa carrière sur les bords du canal de Languedoc, dont il avait été nommé inspecteur. C'est là qu'il attacha son nom à une œuvre digne des Romains et qui ne pâlit pas au voisinage des leurs : le *pont Pitot* partage avec le *pont du Gard* l'admiration des voyageurs.

La marine sortait aussi, pour la construction de ses navires, des voies de la routine et de l'empirisme où elle avait été si longtemps engagée. La géométrie et la mécanique devenaient ses guides, et ce n'était plus dans les chantiers, mais à l'Académie, qu'elle allait demander ses enseignements et ses modèles. Un des membres de cette Compagnie, le chevalier Renau, avait composé, sur la manœuvre des vaisseaux, un livre dont les principes spécieux séduisirent d'abord les géomètres, mais qui ne put donner le change au génie pénétrant de Huyghens, ni soutenir les objections que Jean Bernoulli ajouta à celles du mathématicien hollandais, dans un mémoire couronné plus tard par l'Académie. Pitot substitua aux fausses théories du chevalier Renau des vues plus justes, dans un livre qui devint classique et que les Anglais tinrent à faire passer dans leur langue. Plus tard, Bouguer, né sur les bords de l'Océan, et que l'hydrographie avait conduit à l'étude de toutes les branches des mathématiques, envoya à l'Académie un *Traité de la mâture des vaisseaux*, auquel elle accorda un prix en 1727. Ce fut son premier essai dans une science, l'architecture navale, qu'il ne cessa d'agrandir et de compléter, et dont il donna un exposé général en 1746 dans son *Traité de la construction des vaisseaux*. Bouguer y applique avec sagacité les considérations géométriques à toutes les manœuvres, à l'usage de ces divers agrès que l'homme de mer connaissait déjà par la pratique, mais dont il ignorait la théorie; il y explique l'action de la rame, sans cependant en pénétrer tout le jeu. Quelques erreurs qui lui étaient échappées furent relevées par Euler et Daniel Bernoulli dont le génie dépassait le sien. Jean Bernoulli avait perfectionné de son côté la théorie des ancres.

Les académiciens ne se contentaient pas de donner des leçons aux ingénieurs maritimes, ils enseignaient aussi aux marins, en leur expliquant les effets des flots, à mieux conduire leurs bâtiments. Bouguer, qui, en 1729, avant d'être élu dans la Compagnie, lui avait adressé un mémoire *Sur la méthode d'observer exactement en mer la hauteur des astres*, méritait ses suffrages par une excellente théorie de la dérive.

L'Académie, en mettant au concours pour 1757 la question du tangage et du roulis, suscitait un beau mémoire de Daniel Bernoulli. Plus tard, le même aréopage scientifique, toujours préoccupé des perfectionnements de la navigation, faisait appel aux géomètres pour le meilleur système de lest et d'arrimage des vaisseaux, appel auquel répondaient Euler et Bossut.

Cette invasion des mathématiques dans la marine, justifiée par ses heureux effets, contraignit l'amirauté de se reconnaître, dans toutes les questions de théorie, vassale de l'Académie des sciences; elle recourut plus d'une fois à ses lumières. Le jaugeage des navires avait déja fait le sujet des méditations d'un des correspondants de cette Compagnie, géomètre entendu, le P. Pézenas. Mais le problème réclamait une solution plus sûre, et les modifications apportées dans la forme et la grandeur des bâtiments soulevaient des questions nouvelles. Le ministère de la marine en saisit l'Académie. Varignon et Mairan furent envoyés dans les principaux ports, pour expérimenter de nouveaux moyens de jauger les vaisseaux. Mairan proposa des vues ingénieuses; toutefois ses efforts furent impuissants pour la solution d'un problème difficile qui occupa encore après lui Bouguer, Borda et Vial de Clairbois.

La guerre, qui, comme on l'a vu, avait senti de bonne heure toute l'utilité qu'elle pourrait retirer de l'Académie, entretenait avec elle une correspondance, et l'interrogeait sur la puissance et la construction de ses engins, sur la meilleure disposition à donner aux ouvrages dont les forteresses sont enveloppées et défendues. En 1702 et 1707, La Hire avait commencé quelques études sur les effets du ressort de l'air dans le tir de la poudre à canon, rapproché de ce qui se produit par les coups de tonnerre; la théorie du jet des bombes occupait à la même époque un jeune géomètre, Guisnée, qu'une mort prématurée enleva à l'Académie[1]. J.-B. de Ressons, un des plus savants officiers de la marine française, qui entra à l'Académie en 1718, se livra aux mêmes études, après lui. Bélidor, officier catalan, auquel la France s'était empressée de donner l'hospitalité et qu'elle avait mis à la tête du corps de ses mineurs, poussa beaucoup plus loin la balistique. Il s'agissait de faire passer dans la pratique des principes qui n'étaient point encore sortis des ouvrages des géomètres. Le traité où Blondel avait exposé et développé les découvertes de Galilée et de Torricelli sur la nature de la trajectoire dans le vide [2], était resté sans influence sur notre artillerie. Bélidor rectifia les tables de portée dont nos bombardiers étaient en possession, et, saisissant quelques-uns des phénomènes qui accompagnent l'explosion de la poudre, il en fit une heureuse application à nos engins [3]. Mais sa sagacité demeura en défaut quant aux effets de la résistance de l'air sur le lancement des pro-

[1] Guisnée, nommé élève géomètre à l'Académie en 1702 et mort en 1718, a donné, en 1707, dans le Recueil de cette Compagnie, un Mémoire sur la théorie du jet de bombe d'après les principes de Galilée.

[2] Le traité de Blondel, intitulé *L'Art de jeter les bombes*, a été publié en 1699. Voy. ce qu'en dit M. le colonel Favé dans sa savante *Histoire des progrès de l'Artillerie*, liv. II, p. 198.

[3] Voy. Bélidor, *Le Bombardier français*. Cf. Favé, ouvr. cité, p. 199.

jectiles, et il était réservé à un Anglais, Benjamin Robins, de constater un fait qui avait échappé à nos officiers.

Un autre ingénieur, Antoine de Parcieux, qui n'était pas sorti des rangs de l'armée, mais qu'une vocation spéciale entraînait vers la science où Mariotte, Antoine Parent, Couplet de Tartereaux et Pitot s'étaient fait un nom, vint prendre place dans la Compagnie, frappée de ses découvertes. Il mit sous ses yeux une machine à élever les eaux, où par un mécanisme ingénieux les deux balanciers étaient déterminés à se mouvoir toujours en sens opposé. On lui doit encore la construction des pompes d'Arnouville et de Crécy, l'invention des nouveaux pistons. Il avait conçu le projet d'amener à Paris les eaux de l'Yvette et de doter ainsi la capitale de ces fontaines abondantes qui lui ont manqué si longtemps.

En même temps qu'il poursuivait avec une rare sagacité ses recherches hydrauliques, De Parcieux appliquait à la statistique les principes d'un calcul nouveau dont l'idée appartenait à des membres de l'Académie. C'étaient en effet deux Français, l'un Abraham Moivre, que la révocation de l'édit de Nantes avait contraint d'aller chercher un refuge en Angleterre, l'autre Pierre Rémond de Montmort, ami de Malebranche, qui avaient jeté les fondements du calcul des probabilités, cette science où l'on prophétise avec de l'arithmétique, où l'on perce le secret de l'avenir avec des chiffres; Montmort avait plusieurs fois vu Moivre dans ses voyages à Londres, et il crut un instant que celui-ci lui avait arraché sa découverte;

mais il en était d'eux comme de Leibniz et de Newton, dans cette querelle où Moivre était pris par les deux rivaux pour arbitre ; ils s'étaient rencontrés sur une route qu'ils s'étaient l'un et l'autre frayée. Montmort, que l'Académie perdit peu de temps après qu'elle l'eut admis dans son sein, trouva un second émule dans Nicolas Bernoulli [1], enlevé ainsi que lui dans la force du talent et qui était venu à Paris s'instruire près des géomètres français. Moivre, que l'Académie s'attacha comme associé étranger, a laissé son nom à un des beaux théorèmes de la trigonométrie ; s'il fût demeuré en France, il n'aurait pu disputer à Clairaut le sceptre de l'analyse, mais il eût pris une place honorable près de Nicole et de Saurin. Alors le calcul des probabilités, borné encore dans ses applications, n'était qu'une branche de l'arithmétique cultivée pour l'intérêt des joueurs. C'est ainsi que l'entendait Sauveur, quand il répondait, comme on l'a vu plus haut, aux questions de Louis XIV. Montmort s'appliqua exclusivement aussi aux jeux de hasard. Ce calcul avait pourtant un rôle plus élevé, une portée plus haute qui allaient bientôt être mis en lumière. « Les applications du calcul des probabilités, observe un mathématicien philosophe [2], n'ont pas seulement ni même principalement pour objet des jeux frivoles comme beaucoup de gens le croient encore, parce qu'en effet c'est à l'occasion de jeux frivoles qu'on en

---

[1] Nicolas Bernoulli, né en 1695, était le fils aîné de Jean ; il mourut en 1726. Montmort, né en 1678, mourut en 1719.
[2] Voy. Cournot, *Traité de l'enchaînement des idées fondamentales dans les sciences et dans l'histoire*, t. I, p. 101.

a d'abord articulé les premiers principes; elles se présentent sans cesse à propos de la succession des phénomènes naturels et du cours des événements où il faut faire la part des influences régulières et constantes, et des irrégularités fortuites tenant au concours d'influences diverses, indépendantes les unes des autres. » Nicolas et Daniel Bernoulli agrandirent le domaine de ce calcul, en le perfectionnant; De Parcieux en tenta une heureuse application dans son *Essai sur la probabilité de la durée de la vie humaine*, publié en 1746. Les administrateurs, les financiers, se virent désormais en possession de principes qui leur permettaient d'établir des banques d'assurances et des caisses de retraites. On verra plus loin que les géomètres ne s'arrêtèrent pas là dans leurs supputations de l'avenir, qu'ils tentèrent du calcul des probabilités, des applications plus hardies et plus générales. C'est surtout à Laplace que l'on doit cette extension des mathématiques jusque dans un domaine dont elles semblaient exclues. Les mémoires qu'il composa à ce sujet, et qui sont insérés dans le Recueil des savants étrangers, le firent connaître à la Compagnie, dont il a été l'un des plus illustres représentants.

La physique n'était plus cette science de tout l'univers, telle que la définit le maître de philosophie à M. Jourdain, celle qui expliquait à la fois les principes des choses naturelles et les propriétés des corps. Elle avait compris que l'objection du Bourgeois gentilhomme, *qu'il y avait là dedans trop de brouillamini*, n'était pas sans fondement, et se dégageant de la chimie et de la physiologie, elle se bornait à traiter de l'étude, encore trop vaste pour elle, des grands mystères de la nature.

Des différentes branches de la physique, l'optique, autrement dit la science de la lumière, était celle qui avait le plus rapidement marché. On devait à Descartes, Mersenne et Huyghens la découverte de plusieurs des lois géométriques auxquelles obéissent les rayons lumineux; mais on restait incertain sur la nature de ce fluide impondérable dont l'observation apprenait à mieux connaître les effets. Newton avait renversé l'hypothèse de Descartes et fait rejeter les idées de Gassendi. La théorie de l'émission allait entrer triomphalement dans les académies pour y régner pendant plus d'un siècle. Il avait manqué à la doctrine cartésienne de la lumière, un esprit pénétrant qui observât les phénomènes dont l'optique newtonienne était impuissante à donner l'explication, et montrât que l'onde lumineuse se comporte de façon à produire les mêmes effets que le rayon imaginé par le grand géomètre anglais. Cette découverte était réservée au génie de Thomas Young et de Fresnel.

Si les lois de la réflexion avaient été alors nettement expliquées, les phénomènes plus complexes auxquels la lumière donne naissance, en traversant les corps opaques et les cristaux, demeuraient encore incompris [1]. Maraldi tentait de donner une théorie

---

[1] D'Alembert pouvait encore, de son temps, dans les *Éléments de Philosophie* (c. xviii), constater le peu d'importance qu'avait la connaissance de la nature de la lumière pour se rendre compte de ses lois. « La théorie de la lumière et l'examen de ses propriétés, écrit-il, forment un objet presque entièrement mathématique. Sans s'embarrasser si la lumière se propage par la pression d'un fluide, ou, ce qui paraît

de l'inflexion, et ses efforts étaient renouvelés par Mairan. Ce physicien ingénieux se lançait un peu inconsidérément dans les problèmes les plus épineux de l'optique, où il apportait un mélange d'idées cartésiennes et d'observations personnelles. On voulait alors ramener l'explication de tous les phénomènes corporels à des chocs entre des particules parfaitement solides ou rigides, sans faire attention que cette idée d'atomes doués d'une rigidité absolue, est une pure conception de l'esprit [1]. Mairan occupa longtemps l'Académie de ses *Réflexions physico-mathématiques sur le mouvement réfléchi des corps*, où il soutenait que la diffraction, c'est-à-dire la décomposition subie par la lumière, à son passage près de la surface des corps, n'est qu'une sorte de réfraction. Du Fay, dans les mêmes études, se montra plus pénétrant; il y portait, au lieu des habitudes de spéculation de la vieille école, le génie de l'expérimentation. Étudiant le phénomène de la double réfraction des cristaux, signalé par Bartholin, Huyghens et Newton, il s'appliquait à mesurer

plus vraisemblable, par une émission de corpuscules lancés du corps lumineux; sans discuter les difficultés particulières à chacune de ces hypothèses, difficultés assez considérables pour avoir fait douter au grand Newton si la lumière était un corps, il suffit au philosophe d'observer trois choses : que la lumière se répand en ligne droite, qu'elle se réfléchit par un angle égal à l'angle d'incidence, et qu'enfin elle se rompt en passant d'un milieu dans un autre, suivant certaines lois que l'expérience peut aisément découvrir. Ces trois principes serviront à démontrer les lois que suit la lumière. » L'habile géomètre ignorait qu'il y avait d'autres phénomènes où le système newtonien ne pourrait plus donner la raison des faits.

[1] Voy. à ce sujet Cournot, *Traité de l'enchaînement des idées fondamentales dans les sciences et dans l'histoire*, t. I, p. 195.

l'écart que fait le rayon lumineux ainsi dévié par son passage à travers un milieu réfringent. Un autre phénomène optique, dont un des plus habiles physiciens de notre temps, M. Aug. de Larive, a saisi la cause, commençait à sortir de dessous le voile qui recouvrait la théorie générale du magnétisme terrestre; les aurores boréales fournissaient à Mairan l'objet d'un travail étendu. Un semblable phénomène observé le 16 novembre 1729, et dont J. Cassini rendit compte à la Compagnie, avait ramené sur la recherche de ses causes l'attention du vieux et spirituel physicien. Sa théorie, qui n'était qu'une série de conjectures, fut accueillie avec transport et prise pour une découverte; elle a été publiée en deux volumes dans le Recueil même de l'Académie. Plus solide, parce qu'il était plus réservé, Bouguer se livrait aussi à d'intelligentes recherches sur l'optique, à l'étude de laquelle l'astronomie l'avait tout naturellement conduit. Reprenant les expériences faites en 1705 par Ph. de La Hire sur la lumière de la lune, et qui lui faisaient reconnaître que les rayons réunis sur un miroir n'ont aucune puissance calorifique, l'astronome breton comparait cette lumière à la lumière solaire et la trouvait trois cent mille fois plus faible. Il mesurait l'intensité de la lumière réfléchie sur l'eau, faisait sur la gradation de la lumière, dont les lois, plutôt senties que comprises, n'avaient point encore été soumises à la rigueur des principes géométriques, une suite d'observations où se montrent à la fois la sagacité du mathématicien et la justesse de coup d'œil de l'observateur consommé.

Les autres branches de la physique s'avançaient d'un pas plus lent et surtout moins sûr; elles manquaient de notions suffisantes sur la nature des grands agents dont les phénomènes physiques ne sont que des manifestations diverses. Pour la chaleur, l'hygrométrie, la capillarité, l'électricité, on en était encore aux éléments ; l'acoustique seule faisait des progrès notables et prenait une place importante dans la philosophie naturelle.

Quant à la connaissance de la propagation et de la transmission du calorique, on n'avait guère été au delà de la loi de Newton qui formule par ce simple énoncé l'état calorifique des corps : Pour un corps quelconque, la perte de chaleur est proportionnelle à l'excès de sa température sur celle du milieu environnant. La mesure de cet état calorifique préoccupait surtout les physiciens, car elle était la condition nécessaire pour arriver à saisir les lois de la distribution de la chaleur. J'ai déjà parlé de l'invention de Réaumur, qui fournit enfin une mesure comparable. Amontons avait tenté de résoudre le problème et de construire un thermomètre qui échappât aux inconvénients de ceux qu'on avait déjà imaginés. Les efforts de Newton, de Haukshee, de Drebbel, de Boyle, n'avaient pu complétement aboutir. Le physicien français, s'il n'y parvint pas non plus entièrement, découvrit du moins le principe qui devait fournir un des éléments de la graduation thermométrique. Il prouva que l'eau, une fois parvenue à l'ébullition, cesse de s'échauffer, quelque prolongée que soit l'action de la chaleur, quelque grande que soit son activité ; et il proposa de prendre l'état calorifique pendant l'ébullition pour point de départ.

La machine pneumatique perfectionnée par l'abbé

Nollet, que Du Fay avait appelé d'un petit village de Picardie et associé à ses travaux, fournissait le moyen de faire des expériences plus décisives sur l'influence du poids de l'air et du vide.

Les progrès de l'hygrométrie se liaient à ceux de la science du calorique, dont elle n'est en réalité qu'une branche. Mairan se livrait, sur la congélation et les divers états de l'eau, à des observations intéressantes qui complétaient ce qu'avaient déjà remarqué Galilée, Boyle et Papin. Du Fay, s'en prenant à un vieux préjugé en faveur duquel on invoquait l'autorité de la Bible, prouvait par ses expériences que la rosée ne descend pas du ciel, et qu'elle monte beaucoup plutôt du sol[1]. Mais l'habile physicien ne put cependant saisir la vraie cause du phénomène qu'il était réservé à Wells de pénétrer, par la considération du rayonnement nocturne de la Terre. Amontons imaginait un hygromètre bien supérieur au grossier appareil des Académiciens de Florence. Rien n'était plus fécond que le génie inventeur de ce savant. On lui doit un nouveau baromètre, instrument que Pascal avait appliqué à la mesure des hauteurs, et pour lequel, sur les pas de Halley, des membres de l'Académie, La Hire, Cassini, Daniel Bernoulli, Bouguer, construisirent des tables. C'était en étudiant les variations du baromètre que Mairan s'était fait connaître du monde savant. Amontons ne chercha pas seulement à mieux déterminer les changements de poids de l'atmosphère, il estima encore l'augmentation du ressort de l'air par la chaleur,

---

[1] Voy. *Mém. de l'Acad.*, 1734.

imagina des expériences nombreuses et délicates pour évaluer la résistance que produit le frottement. Dans sa tête germait sans cesse quelque nouvelle idée de machine ou d'appareil, et ce travail d'esprit finit par suffire à son activité ; il n'éprouvait plus le besoin d'échanger avec autrui ses pensées. Aussi, étant venu à perdre l'ouïe, refusa-t-il de faire ce qui pouvait la lui rendre, n'ayant, observait-il, nul besoin d'entendre ce que disaient les autres, parce qu'il avait assez de ses propres idées. Plus maltraité encore sous le rapport des sens, Sauveur, qui fut muet jusqu'à l'âge de sept ans et qui n'acquit jamais ni la rectitude de l'oreille, ni la justesse de la voix, fit preuve d'une force intellectuelle non moins puissante dans ses expériences d'acoustique. En interrogeant des oreilles plus musicales que les siennes, il parvint à constater quelques-uns des principes fondamentaux de cette science dont les progrès datent surtout de lui.

Les oscillations des corps sonores se transmettent à notre ouïe par l'air ou par les autres corps pondérables ; étudier les phénomènes du son, c'est donc rechercher les lois d'après lesquelles se combinent et se propagent ces oscillations. Mais entre les sons, les uns ne produisent qu'un bruit ; les autres nés des oscillations rapides et prolongées des corps élastiques, d'un ensemble de bruits se succédant à des intervalles égaux, charment notre oreille. Ces sons musicaux passent du grave à l'aigu avec la vitesse des vibrations, et la corde que l'archet met en mouvement résonne avec d'autant plus d'acuïté qu'on diminue sa longueur ; car alors ses vibrations deviennent plus rapides. Quand les sons de l'échelle harmonique, dont les degrés vont en augmentant d'acuïté et qu'on appelle la gamme, se font entendre simultanément, l'oreille est tantôt agréablement, tantôt désagréablement impressionnée ; les accords de l'octave, de la tierce et de la quinte sont ceux qui nous plaisent davantage. Eh bien, ces accords se produisent naturellement, quand une corde vibre. Un auditeur exercé distingue, outre le son fondamental, l'octave de la quinte et la double octave de la tierce. Sauveur parvint à expliquer ce phénomène de *sons harmoniques*. Dans son Mémoire *sur le système général des intervalles des sons*, il montra que la corde sonore se subdivise elle-même et simultanément en deux, trois, quatre, cinq, etc., parties égales, et ces fractions de la corde vibrent ensemble sans se troubler ni se confondre. Il assigna le nombre absolu ou effectif des vibrations ou des pulsations que fait, dans un temps donné et dans des circonstances déterminées, soit un tuyau d'orgue, soit une corde sonore, et résolut par là le problème de l'unisson. Depuis longtemps les facteurs d'orgues avaient observé le singulier phénomène des battements, ou de sons plus graves que l'oreille perçoit, quand deux sons se font entendre simultanément. Sauveur trouva la raison de ce fait, en apparence bizarre, dans les coïncidences périodiques des oscillations des colonnes d'air respectives en mouvement dans chaque tuyau. Car si deux sons coexistent, les oscillations se produisent pour chacun d'eux avec une certaine rapidité qui est la mesure de leur acuïté ou de leur gravité ; ils représentent une succession très-accélérée de battements qui ont lieu, tantôt au même instant, tantôt à un court intervalle ; chaque fois qu'ils concourent, ils donnent naissance à un battement plus fort se répétant lui-même périodiquement, chaque fois que la coïncidence se produit, et la suite de ces battements engendre un son nouveau, distinct des deux sons primitifs et qui est plus grave, parce qu'il est dû à une suite de vibrations plus lentes que celles qui fournissent les notes des deux sons concomitants.

C'est ainsi qu'au commencement du dix-huitième siècle, Sauveur préludait aux travaux de Daniel Bernoulli, de Chladni, de Savart, qui devaient faire de l'acoustique une science complète et toute mathématique, dans laquelle les rapports de longueur et de vitesse représentent et expliquent les merveilles de l'harmonie. Sauveur n'était pas musicien ; mais il avait pu, en saisissant la vraie cause des sons, en mieux raisonner qu'un virtuose ou qu'un facteur d'instruments ; de même on vit plus tard Euler, Lagrange et Poisson compléter les lois de l'acoustique, sans en savoir manier avec perfection les effets.

Maupertuis aussi dirigea son attention sur quelques questions de la science des sons, et, dans un Mémoire qu'il lut à l'Académie en 1724, il chercha à justifier, par les principes que Sauveur avait mis en lumière, la forme adoptée pour les instruments à cordes.

Un point plus important, c'était de connaître la vitesse de propagation du son. La Compagnie entreprit à ce sujet une suite d'expériences. En 1738, Cassini de Thury, Maraldi et Lacaille installèrent à Montmartre et à Montlhéry deux observatoires. Un coup de canon parti d'un de ces points avertissait par sa lumière, dont le moment de la production était noté de la hauteur opposée, de l'instant précis où il était parti, et l'on marquait ensuite la seconde où la détonation avait été entendue au même lieu. La vitesse de la lumière, que Rœmer, ainsi qu'on l'a vu plus haut, avait évaluée à l'aide de l'observation des satellites de Jupiter, était regardée comme instantanée, comparée à celle du son ; on n'avait point alors l'idée qu'on pût jamais réussir à la calculer par des observations faites à si courtes distances. Et cependant ce fut d'un point moins éloigné de Montmartre que ne l'est Montlhéry, de Suresnes, que dans ces dernières années, M. Fizeau parvint à mesurer la vitesse du rayon lumineux partant de la colline qui domine Paris. La commission de l'Académie des sciences s'assura que la vitesse du son est uniforme et que, tant que l'atmosphère reste calme, elle demeure indépendante de l'état du ciel.

Une autre branche de la physique, l'électricité, devait bientôt donner lieu à des observations en plein air qui auraient encore plus de retentissement. On ignorait alors l'intervention de ce phénomène dans les variations atmosphériques, bien que celles-ci fussent déjà notées, comparées attentivement ; le relevé en était communiqué, chaque année, par l'Observatoire, et quelques membres ses correspondants firent aussi plusieurs fois parvenir à la savante Compagnie leurs observations météorologiques ; pendant des années, Musschenbroek adressa à Du Fay celles qu'il faisait à Utrecht. La Hire en avait fait de son côté ; en 1700, il nota avec beaucoup d'attention la quantité d'eau de pluie tombée à l'Observatoire royal. Je parlerai plus loin

des découvertes de Du Fay; je me borne à dire ici que ce physicien jetait les bases de la théorie de l'électricité par ses premiers aperçus sur la nature du fluide électrique; mais c'est seulement, comme on le verra plus loin, pendant la seconde moitié du dix-huitième siècle, que cette branche de la physique a été connue dans ses phénomènes principaux et rattachée aux lois générales de l'univers. Buffon, auquel il était réservé, dans la période suivante, d'être un des législateurs de la zoologie, s'essayait alors par des expériences sur le calorique et l'optique. Il reprenait avec plus de succès ce que Du Fay avait tenté, et démontrait, contre les dénégations outrecuidantes de Descartes, la possibilité de ces miroirs ardents à l'aide desquels Archimède incendiait la flotte romaine. Il faisait des observations intéressantes sur les ombres colorées, mettait en relief des faits singuliers sur les couleurs accidentelles et généralisait la loi de dilatation des corps par la chaleur.

Un des grands problèmes de la physique, celui de la capillarité, que Clairaut, comme je l'ai dit, devait éclairer d'un jour si vif, fut l'objet de fréquents débats jusqu'au moment où ce grand géomètre parut en donner la complète solution. Carré proposait, sur le phénomène des tubes capillaires, des vues plus ingénieuses que fondées, qui avaient du moins le mérite de faire ressortir toute l'importance du calcul appliqué à l'appréciation des phénomènes généraux de l'univers.

Ce concours de la géométrie et de l'observation était gros de découvertes, mais il semblait encore n'être que rarement praticable. L'analyse n'avait point acquis assez de souplesse, imaginé assez de fonctions, perfectionné assez ses notations, pour pouvoir faire passer dans des équations des faits que l'expérimentation constatait à grand'peine. Aussi D'Alembert, dans sa belle exposition du *Traité de l'équilibre du mouvement des fluides*[1], en établissant combien il est à propos d'unir la géométrie à la physique, ajoute-t-il : « C'est par le secours de la géométrie qu'on parvient à déterminer exactement la quantité d'un effet compliqué et dépendant d'un autre effet mieux connu ; cette science nous est, par conséquent, presque toujours nécessaire dans la comparaison et l'analyse des faits que l'expérience nous découvre. Il faut avouer néanmoins que les différents sujets de physique ne sont pas également susceptibles de l'application de la géométrie. » Dans son remarquable discours sur la manière d'étudier l'histoire naturelle, Buffon, après avoir signalé les grands avantages de l'union des sciences mathématique et physique, dont l'une, suivant sa distinction, donne le combien, et l'autre le comment des choses, remarque de son côté qu'il y a bien peu de sujets en physique où se puissent appliquer avantageusement les sciences abstraites : « Je ne vois guère, écrit-il, que l'astronomie et l'optique, auxquelles elles puissent être d'une grande utilité : l'astronomie, par les raisons que nous venons d'exposer, et l'optique, parce que la lumière étant un corps presque infiniment petit dont les effets s'opèrent en ligne droite, avec une vitesse presque infinie, ses propriétés sont presque ma-

---

[1] D'Alembert, *OEuvres*, t. I, p. 406.

thématiques. » Buffon ne soupçonnait point qu'un jour la chaleur, l'électricité, le magnétisme, dont il ne connaissait qu'incomplétement les phénomènes, verraient aussi leurs lois formulées par l'analyse et expliquées par le calcul. Dans ce même discours sur la manière d'étudier l'histoire naturelle, il se plaignait de ce que la physique eût placé dans son domaine la démonstration expérimentale de ce qui touche à la science de la gravitation, à la puissance des machines et à l'action des forces centrifuges, toutes choses, remarquait-il, qui sont du domaine de la mécanique. Cette mécanique qu'il voulait expulser de la philosophie naturelle, comme un accessoire étranger, il ne se doutait pas qu'elle dût, au contraire, finalement l'absorber. En effet, à force d'analyses et de simplifications, la science fut conduite, un siècle après Buffon, à ramener les phénomènes de la nature matérielle et inanimée, pris dans leur expression la plus simple et la plus élémentaire, à de pures combinaisons d'actions mécaniques, d'attractions, de répulsions, d'ondulations, d'oscillations, susceptibles d'être traduites par des formules où sont exprimées les dépendances mutuelles de ces actions, de façon à pouvoir entrer dans le calcul.

La physique, au milieu du dix-huitième siècle, était encore bien loin de ces idées. A peine parvenait-elle à dégager des semblants de théorie, de quelques faits observés avec des instruments grossiers ou appréciés par des méthodes imparfaites. Malgré le génie expérimentateur d'Amontons, de Du Fay et de Réaumur, malgré les efforts des physiciens de l'Angleterre et de la Hollande, plus nombreux et plus exercés peut-être que ceux que la France avait alors, il ne fallut pas moins de cinquante années de recherches, pour porter la philosophie naturelle à une hauteur qui lui permit d'embrasser l'ensemble des phénomènes du monde physique et de les rattacher par des lois.

La chimie qui devait prêter à cette science un si puissant concours, nous révéler les lois de groupement et d'attraction des molécules, distinguer les corps simples des agrégations et des composés, commençait seulement à entrevoir les faits généraux.

Ces premières lueurs sortaient, non du laboratoire de savants haut placés dans le monde, mais de l'officine d'apothicaires intelligents, héritiers des alchimistes, dont ils avaient en partie gardé les méthodes, tout en abandonnant leurs chimériques espérances. La majorité des chimistes appartenait en France à l'école pharmaceutique et ne suivait que de loin les progrès qui se faisaient chez nos voisins. Tels étaient : Boulduc, membre de l'Académie des sciences, auquel on doit un procédé plus simple pour préparer le sublimé corrosif et d'assez bonnes analyses d'eaux minérales, éloignées pourtant encore de la précision que Bergman et Fourcroy surent y apporter; Bourgelin, qui a moins fait pour la science que Boulduc; Théodore Baron, qui débrouilla l'histoire alors obscure du borax, mais qui, tout élève de Rouelle qu'il fût, ne dépassa guère les limites de l'ancienne école. Stahl et Juncker en Allemagne, Boyle et Mayow en Angleterre, avaient poussé plus loin qu'on ne le faisait alors en France, la connaissance des combinaisons et de l'action réciproque des substances. J'ai déjà parlé de Nicolas Lémery et par anticipation dit quelques mots d'Étienne Geoffroy. Celui-ci exerça une influence considérable sur les progrès de la chimie parmi nous, autant par ses découvertes que par l'empressement qu'il mit à nous initier à celles qui s'étaient faites à l'étranger. Fils d'un habile pharmacien, il avait reçu l'enseignement des maîtres les plus capables de Paris, et parcouru l'Europe pour compléter une éducation que ne donnaient de son temps que bien imparfaitement les officines des apothicaires et les démonstrations du Jardin du Roi. Ce qui marque sa trace dans l'histoire de la science, c'est une première tentative pour arriver à saisir les lois du rapprochement des molécules dont dépendent les phénomènes chimiques. Il n'indiqua pas seulement les différences d'intensité qui se manifestent dans les forces auxquelles sont dus les mouvements moléculaires, il essaya aussi d'en donner une mesure relative et publia dans ce but, de 1718 à 1720, une table des affinités chimiques. « Pour apprécier à sa juste valeur, écrit M. Chevreul[1], le travail d'Étienne Geoffroy, il faut connaître toutes les conséquences qui découlent du principe de l'affinité élective, tel que ce savant l'a établi par ses expériences. Une de ses conséquences est la possibilité de faire un grand nombre d'analyses, car, un très-petit nombre de cas exceptés, où par de simples forces physiques on sépare les principes d'une matière composée, comme on le fait, par exemple, dans la décomposition du peroxyde de mercure, par la chaleur seule, le chimiste se trouve obligé, pour l'analyse,

---

[1] *Journal des Savants*, 1851, p. 404.

de recourir à l'intervention d'un ou de plusieurs corps qui attirent plus fortement les principes de la matière composée à analyser, que ceux-ci ne s'attirent mutuellement. »

Étienne Geoffroy ne faisait, au reste, qu'appliquer les idées conçues par Newton, et que ce grand génie, faute de temps et d'une pratique expérimentale suffisante, n'avait pu complétement vérifier ; mais dépassant Geoffroy lui-même, Newton avait mesuré dans toute son étendue le principe fécond de l'affinité élective, dont le chimiste français ne voyait pas encore la portée. Cette communion de doctrine entre eux ne contribua pas peu à empêcher qu'on n'appréciât en France, dès le début, la valeur du travail de Geoffroy. On a vu que la physique newtonienne était repoussée par bon nombre d'académiciens. Les partisans de Descartes se révoltaient à l'idée d'une nouvelle force occulte, introduite dans l'explication des phénomènes de la nature, et renouvelaient contre elle les objections dont ils essayaient d'accabler le principe de la gravitation. Pour eux, des forces mécaniques et physiques suffisaient à expliquer les actions réciproques des molécules. Nicolas Lémery avait encore soutenu cette opinion dans son cours. Aussi Fontenelle ne vit-il, dans les idées d'Étienne Geoffroy, qu'un système singulier, qu'une conception originale, mais stérile. Peut-être cependant les cartésiens avaient-ils au fond raison, et leur tort ne fut-il que de devancer par la spéculation les progrès promis à la science. Ces actions mystérieuses qu'ils repoussaient, gravitation ou attraction des corps à distance, affinité élective ou attraction des corps au contact, force vitale des corps organisés, auxquelles allaient bientôt s'ajouter des attractions électriques et magnétiques, se résumeront-elles finalement dans les seules lois du mouvement ! Mais les hypothèses newtoniennes, si ce sont des hypothèses, ont été et sont nécessaires pour arriver précisément à découvrir cette unité absolue; il fallait distinguer avant de confondre, analyser d'abord pour arriver à une synthèse qui, posée trop tôt, ne pouvait produire qu'erreurs et chimères.

Étienne Geoffroy ne vécut point assez pour assister à la reconnaissance de sa victoire; mais peu après sa mort, les relations scientifiques, qui devenaient de plus en plus fréquentes entre la France et l'Angleterre, convertirent le premier de ces pays aux doctrines chimiques du second. Ce qui arriva pour l'Angleterre se passa également pour l'Allemagne, où Stahl se faisait à d'autres égards le législateur de la chimie renouvelée. La France y alla puiser des enseignements. Le célèbre médecin Senac, à son entrée dans la carrière, entreprit de populariser les idées chimiques de l'auteur de l'*animisme* dans un livre dont, par prudence, il n'osa d'abord s'avouer l'auteur.

Louis Lémery et Claude-Joseph Geoffroy eurent de la peine à soutenir, dans l'Académie, la réputation acquise à leur nom. Chimiste médiocre, mais esprit cultivé et versé dans des branches très-diverses de la science, le premier, élève de son père Nicolas, associa à la culture de l'héritage paternel l'étude de la zoologie et de l'anatomie. Quoique très-inférieur à Étienne Geoffroy, il eut cependant sur lui l'avantage dans une discussion qui se prolongea, deux années, au sein de la Compagnie. Il s'agissait de la génération du fer. Nicolas Lémery avait extrait ce métal des cendres du miel; Étienne Geoffroy en avait constaté la présence dans celles de plusieurs autres matières organiques, et il en concluait que le fer est un corps composé, dû à la végétation ou à l'incinération. Louis Lémery opposa à cette hypothèse erronée des raisons que l'Académie goûta, et, en 1708, Étienne Geoffroy fut forcé de déserter la lice. Plus logicien que manipulateur, le même Lémery attaqua avec autant de succès la méthode d'analyse par la voie sèche, appliquée à l'étude des matières organiques, où s'étaient fourvoyés ses anciens confrères. Mais il n'y substitua que des procédés fondés sur des idées tout aussi fausses [1]. L'Académie dut encore à ce chimiste quelques bons travaux sur les métaux : c'est lui qui signala le premier la curieuse propriété qu'a le plomb de devenir presque aussi sonore que le métal de cloche, quand il prend une forme approchant d'un segment sphérique ou d'un champignon. Sa découverte fut au reste plutôt l'effet du hasard que le résultat de sa sagacité. Il fallut l'esprit plus pénétrant de Réaumur, pour montrer dans quel cas cette sonorité se manifeste et nous apprendre que le métal la doit, non à sa préparation par le marteau, mais à sa production par la fusion [2].

C.-J. Geoffroy, d'une intelligence moins ouverte que Louis Lémery, eut conséquemment l'esprit moins

---

[1] Voy. Chevreul, dans le *Journal des Savants*, 1858, p. 545, 635.
[2] Voy. Hœfer, *Histoire de la Chimie*, t. II, p. 283.

tourné aux choses nouvelles. Il répéta les analyses à la façon de Dodart, s'entêtant à chercher les causes des vertus des plantes dans des opérations qui en font disparaître les principes. Un autre chimiste de l'Académie, Boulduc, dans la sphère plus resserrée de ses recherches pharmaceutiques, échappa à cette vieille erreur, et conçut l'heureuse idée de recourir aux dissolvants, dans ses travaux sur les huiles essentielles et les huiles grasses. C.-J. Geoffroy eut pourtant le mérite de mettre en relief quelques-uns des faits qui devaient servir plus tard de base à la chimie organique. Duhamel du Monceau, qui occupait alors, comme on le verra plus loin, le sceptre de l'économie rurale et de la physiologie végétale, apportait aussi à la chimie le concours de sa pénétration et de sa grande habitude d'observer. Il devançait par ses idées plus d'une découverte des chimistes de la Grande-Bretagne et de l'Allemagne; mais il ne prenait pas le temps d'en tirer toutes les conséquences. Avant l'Écossais Black, il avait constaté la diminution de poids de la pierre à chaux, qu'on calcine, et l'augmentation de poids de la même pierre, quand, exposée à l'air, elle perd sa causticité; avant l'Allemand A.-S. Marggraf, il avait distingué la différence de la base du sel marin d'avec la potasse. Un chimiste exercé, Hellot, que l'Académie s'attacha en 1735, déployait dans ses analyses une remarquable sagacité et un esprit d'exactitude bien rare de son temps. Il enrichit l'industrie et, en particulier, l'art de la teinture, d'utiles procédés. Du Fay enfin appliquait sa curiosité, pleine de ressources, à cette même industrie, et imaginait un moyen ingénieux, le seul peut-être qui pût être alors utilement employé, pour discerner la fixité de la coloration des étoffes.

Ainsi commençait à apparaître tout le parti que le commerce retirerait un jour de la chimie, et se formait graduellement cette science qui fait de la profession d'artisan une des applications de la connaissance de la nature, la technologie. Le mineur surtout, obligé de traiter, dans des forges et des hauts fourneaux, qui ne sont que de vastes laboratoires, des matières dont le chimiste, lui, faisait mieux connaître les propriétés, devint client de ses expériences. J'ai parlé des travaux de Réaumur; ceux de Buffon trouveront leur place à son époque. Toutefois la minéralogie était encore dans l'enfance; elle n'avait, pour ainsi dire, compté parmi nous, au dix-huitième siècle, aucun représentant, et l'on s'y traînait sur les pas de l'Italien Aldrovande, et de Jonston, qui avait fait paraître à Leipzig, en 1661, sa *Notitia regni mineralis*.

La minéralogie resta en France, dans cette sorte de torpeur, pendant toute la première moitié du dix-huitième siècle. L'étude des pierres et des métaux ne se distinguait guère alors de la chimie, dont elle ne s'est séparée que malgré celle-ci, qui n'a jamais reconnu son émancipation. La cristallographie n'était pas née; la géologie demeurait encore ensevelie avec ses roches dans les profondeurs du sol. Ce fut seulement à la fin de cette période, en 1746, qu'un botaniste, Guettard, s'essaya à décrire la constitution géognosique d'une partie de l'Europe, et qu'il communiqua aux académiciens ses confrères un mémoire et une carte minéralogique de la nature et de la situation des terrains qui traversent la France et l'Angleterre, tentative prématurée bien qu'estimable.

La botanique, au contraire, marchait d'un pas rapide, et Tournefort réunissait dans un système complet et mieux ordonné que ceux qui avaient été jusqu'alors proposés, tous les végétaux dont s'enrichissaient journellement les parterres, les serres et les herbiers ; Fagon, son oncle, l'avait appelé en 1683 au Jardin du Roi. On a vu plus haut quelle mission lui avait été confiée. Il avait fait paraître en 1700 son *Institutio rei herbariæ*, et c'est de cette année que date un progrès considérable de la science des végétaux. Ces formes élégantes, originales, variées, ces vives couleurs, voilà ce qui attirait dans les fleurs, ce qui faisait pour elles la passion de l'amateur et la curiosité du savant. C'est là que le botaniste provençal alla chercher les éléments de sa classification, restant étranger à la structure intime, à l'organisation intérieure des végétaux, à la nature de leurs fonctions, dont ses confrères les botanistes laissaient aux physiciens le soin de chercher les secrets. Ce divorce entre la botanique descriptive et la physiologie végétale a duré un siècle, comme le remarque M. Alph. de Candolle[1].

Quoique Tournefort fût, sous plusieurs rapports, inférieur à ses devanciers, quoiqu'il eût examiné avec moins de soin qu'eux la composition intime des fruits

---

[1] Histoire de la Botanique, dans son *Introduction à l'Étude de la Botanique*, t. II, p. 371.

et des graines, quoiqu'il ait méconnu la sexualité dans les plantes, la clarté et le naturel de sa méthode lui acquirent une grande influence et contribuèrent singulièrement aux progrès de la botanique parmi nous. Il avait donné des noms déterminés aux genres, dont les noms anciens n'étaient encore que vagues, ou que des définitions servaient auparavant à désigner; mais sa terminologie ne s'était pas étendue jusqu'aux espèces. Ce progrès permit surtout de dresser ce qu'on appela des *flores*, c'est-à-dire des descriptions systématiques et bien coordonnées de tous les végétaux d'un pays. Sébastien Vaillant, son élève, appliqua les principes de son maître dans le *Botanicon Parisiense*, publié à Leyde en 1727. Toutefois, suivant les progrès qu'avait faits la botanique, Vaillant ne partagea pas les préjugés de Tournefort contre la sexualité des végétaux, et dans une dissertation qui parut en 1718 et obtint un légitime succès, il acheva de démontrer l'existence des sexes dans les plantes. Il venait d'être élu à l'Académie des sciences, où il faisait ainsi pénétrer les doctrines novatrices, longtemps repoussées par les botanistes français. Son livre laissait loin derrière lui les essais imparfaits de Marchand et de Dodart, et répandait parmi les gens du monde le goût des fleurs, qu'il leur permettait de mieux connaître. Quand, peu d'années après, les idées de Linné commencèrent à se naturaliser parmi nous, deux autres botanistes, correspondants de l'Académie, Fabrégou et Dalibard, refirent la flore parisienne d'après le système du grand naturaliste suédois.

La présence de Linné à Paris, où il vint en 1738, avait converti à sa doctrine ceux qui s'en étaient montrés d'abord le plus éloignés. L'illustre botaniste avait trouvé chez les Jussieu, qui le menèrent herboriser à Fontainebleau et jusqu'en Bourgogne, un accueil enthousiaste. On le pressait de se fixer en France; Louis XV lui proposait une pension. Linné refusa tout, et l'Académie dut se contenter de le compter parmi ses associés étrangers.

Cette popularité croissante de l'étude des fleurs amena en Europe la création de jardins botaniques dont le goût se répandit d'Angleterre sur le continent; l'on vit bientôt des souverains, François Ier et Marie-Thérèse, l'impératrice de Russie Élisabeth, le roi d'Angleterre George III, l'encourager par une protection spéciale. Le Jardin du Roi à Paris prit une extension considérable. Simplement destiné d'abord à la culture des plantes médicales, sorte d'annexe de la Faculté, placé sous la direction du premier médecin du roi, il devint, grâce à Du Fay, un établissement tout à fait scientifique. Ce savant, curieux de toutes les choses de la nature, fut nommé directeur de ce jardin, dont la surintendance, confiée successivement à Fagon et à Chirac, avait été supprimée. Abandonné à l'administration d'un médecin homme de cour, le Jardin des Plantes de Paris avait fini par n'être qu'une ferme à pensions et qu'un moyen de distribuer des faveurs. Du Fay, homme répandu [1], qui avait su se ménager les

---

[1] Du Fay était fils de Ch.-J. de Cisternay du Fay, capitaine des gardes, qui perdit une jambe au siège de Bruxelles, en 1693.

bonnes grâces des ministres, sans cesser d'être un vrai savant, visita l'Angleterre et la Hollande, les jardins d'Hampton-Court, de Chelsea, d'Eltham, dans le premier de ces pays, et dans le second, celui de Leyde, où se forma le grand Boerhaave; il rapporta de ses voyages des plans et des idées qu'il ne tarda pas à mettre à exécution. L'établissement, élargi et renouvelé, porta ses fruits. C'est là que Vaillant comprit les erreurs de son maître; c'est là que grandit la famille des Jussieu qui, pendant plus d'un siècle, personnifia chez nous la botanique, et que la nature avait placée parmi les végétaux comme pour être le lien de ces autres familles végétales dont l'un de ses membres, Bernard, nous révéla l'existence, et son neveu Antoine-Laurent nous a tracé le tableau. Le chef de cette dynastie, Antoine de Jussieu, né à Lyon en 1686, avait remplacé comme professeur de botanique au Jardin du Roi, Danty d'Isnard, le successeur immédiat de Tournefort. C'était à l'école de ces deux maîtres qu'il s'était formé, après avoir herborisé dans une grande partie de la France. Il fut admis à l'Académie en 1715, et il y lut des mémoires sur divers genres de plantes encore inconnues, comme l'avait fait Danty d'Isnard, son prédécesseur. Dix ans après, son frère, Bernard, entrait dans la savante Compagnie. Déjà en 1722, il avait remplacé Vaillant au Jardin du Roi. Il préluda aussi par des travaux de détails à la grande œuvre d'ensemble dont l'idée lui appartient, la répartition des plantes par familles naturelles. En 1729, il signalait la nécessité d'introduire chez les cryptogames, dont l'étude ne datait guère que de la publication de Dillenius faite en 1717, un système de classification reposant sur les analogies d'organisation, et montrait dans un mémoire lu à l'Académie, que les champignons se rattachent aux lichens. Du Fay, qui, depuis qu'on lui avait confié la direction du Jardin du Roi, s'était fait botaniste, lisait en 1736 à la même Compagnie, un mémoire sur la sensitive et commençait, dans les serres qu'il avait fait construire et qui gardent encore son nom, une suite d'observations plus ingénieuses que fécondes, par lesquelles il s'initiait à une science où il n'a guère laissé de traces.

La botanique descriptive recevait de notables progrès par les herbiers rapportés des voyages lointains, le plus souvent entrepris sous les auspices de l'Académie. J'ai déjà parlé plus haut des explorations, de Tournefort dans le Levant, de Plumier et de Feuillée dans le Nouveau Monde. D'autres voyages eurent des résultats non moins heureux pour l'agrandissement de nos connaissances botaniques. Des espèces exotiques commençaient à peupler le Jardin du Roi et à y disputer la place aux plantes potagères et médicales qu'on y avait dans le principe exclusivement cultivées. Un ingénieur militaire, géomètre distingué, Frézier, y apportait le fraisier du Chili; Joseph de Jussieu, qui avait parcouru l'Amérique, enrichissait la collection de plantes sèches d'échantillons intéressants. La Condamine, qu'il avait accompagné sous l'équateur, prit aussi le goût des plantes, au spectacle de cette végétation luxuriante qui donne au Nouveau Monde sa magnificence et son originalité. De retour de sa pénible exploration, en 1738, il fit connaître à l'Académie l'arbre du quinquina; car ces expéditions lointaines étaient aussi utiles à la botanique descriptive qu'à la matière médicale, et l'art de guérir insérait dans son *Codex* une foule de médicaments nouveaux dont les botanistes de l'Académie étudiaient avec empressement les propriétés. Déjà en 1648, un médecin de Leyde, Guillaume Pison, avait reçu du Brésil par Jean de Laët, agent de la Compagnie des Indes occidentales, l'ipécacuanha, et en avait fait connaître les vertus purgatives à l'Europe. J.-A. Helvétius, qui s'en était procuré le secret, le vendit fort cher à son pays et en popularisa ainsi l'emploi parmi nous. Duhamel du Monceau, Louis Lémery, Antoine de Jussieu, furent chargés par l'Académie d'expérimenter les propriétés d'une racine que Tennent, aux États-Unis, avait employée avec succès comme antidote contre la morsure du serpent à sonnettes : c'était la racine de senéka, dont on proposait l'usage pour les inflammations du poumon. P. Barrère, correspondant de l'Académie, avait rapporté d'Amérique, en 1723, la racine de *Quassia simaruba*. Antoine de Jussieu en étudia les vertus. Enfin le quinquina, apporté du Pérou par les Espagnols et dont les Anglais utilisaient déjà la vertu fébrifuge, était à peine naturalisé dans nos officines, quand La Condamine nous en fit mieux connaître l'origine. Louis XIV avait payé 2,000 louis à Talboth pour qu'il en révélât les propriétés, et Nicolas de Blégny avait, par ses ordres, publié en 1682 un traité destiné à apprendre la manière de l'administrer. Le Jardin du Roi, même s'il fût resté un simple jardin de plantes médicinales, aurait donc été forcé d'enrichir sa culture d'une multitude de végétaux exotiques et d'ouvrir ses serres à des espèces inconnues à nos climats.

Les botanistes, à mesure qu'ils étudiaient les plantes, s'apercevaient davantage de l'importance de la connaissance de leurs organes pour en bien fixer la classification, et prenaient un intérêt plus vif aux recherches destinées à nous en faire pénétrer les fonctions. De la sorte, l'organographie et la physiologie végétales prenaient dans les travaux de l'Académie une extension qui ne devait faire que s'accroître. A la fin de la première moitié du dix-huitième siècle, un membre de cette Compagnie, Guettard, lisait des observations ingénieuses sur les glandes et les poils des végétaux, sur leur transpiration insensible, et sur les plantes parasites. Mais le véritable représentant de la physiologie végétale fut à cette époque Duhamel du Monceau, un des hommes qui ont le plus honoré les sciences au siècle dernier; ses travaux, suivant la remarque de M. Chevreul, réunissent presque tous le mérite de la science abstraite à l'avantage de la science appliquée. Duhamel du Monceau [1] a embrassé dans ses recherches toutes les branches de l'étude des végétaux et de leurs produits, pour les appliquer au progrès de l'agriculture et de l'industrie. Il faisait d'intéressantes observations sur la propriété qu'a la garance de teindre les os en rouge, que M. Flourens a complétées, de nos jours; il vérifiait, de mille manières ce fait, capital, pour la sylviculture, que l'accroissement du tronc et de la racine,

---

[1] Henri-Louis Duhamel du Monceau, né à Paris en 1700, mourut en 1782.

dans les plantes vivaces ordinaires, s'opère par des couches de fibres ligneuses qui se développent et s'interposent à l'extérieur, entre le vieux bois et l'écorce. Une autre fois, il faisait l'anatomie de la poire ou décrivait la curieuse végétation parasite du gui. S'efforçant de saisir les relations qui lient l'état de l'atmosphère aux vicissitudes de la végétation, il observa, pendant plus de dix années, tant à sa campagne qu'en différents autres lieux voisins de la capitale, les alternatives météorologiques et en dressa de consciencieux tableaux. Il avait surtout en vue de rechercher l'influence de l'état atmosphérique sur la croissance des plantes, question sur laquelle l'Académie appelait, dès 1729, son attention, en le chargeant d'étudier le phénomène du prompt accroissement des végétaux dans les temps de pluie. Duhamel du Monceau fut un des types les plus accomplis de l'agronome savant, et il éleva par ses travaux l'économie rurale, longtemps dominée dans notre pays par la routine et l'empirisme, à la hauteur qui lui a valu de constituer une des sections de la nouvelle Académie des sciences. Ses connaissances pratiques, il les faisait servir à mille questions d'intérêt public. Il s'occupa de la culture des céréales et de la meilleure manière de conserver les grains ; il fut le premier en France à répandre la pomme de terre ; il étudia les engrais. Mais c'est surtout dans la sylviculture qu'il a marqué sa place, et son *Traité des arbres* est resté classique. Le roi voulait le donner pour successeur à Du Fay dans la direction du Jardin des Plantes ; malheureusement, au moment où celui-ci sentit sa fin approcher, Duhamel du Monceau était en Angleterre à faire des expériences sur les bois de construction. En vain les Jussieu plaidèrent sa cause; le chimiste Hellot persuada à Du Fay d'oublier les petites inimitiés qui s'étaient élevées entre lui et Buffon, et de le désigner en mourant au choix du roi [1]. Duhamel du Monceau fut donc écarté par un rival qui devait bientôt l'éclipser. Buffon aussi tenta, bien qu'avec moins de suite et de pénétration, des expériences sur la force des bois et traita, à propos du rétablissement des forêts, d'une question de cette sylviculture dont son concurrent embrassait toutes les branches. Nommé, pour le consoler de son échec, inspecteur général de la marine, Duhamel du Monceau concentra dès lors davantage son attention sur ce qui touchait à la connaissance des bois. Il avait lu, en 1730, à l'Académie un mémoire sur les arbres qui peuvent se greffer. En 1744, il reprit ses recherches sur les marcottes et les boutures; deux ans auparavant, il avait publié ses expériences sur la résistance des bois. Il s'attacha à bien distinguer ceux qu'il convient d'employer dans l'architecture navale, et, pénétrant plus avant dans la science de l'ingénieur maritime, il étudia le mode le plus avantageux de ventilation des vaisseaux et des édifices. Un si grand nombre de travaux ne lui laissèrent pas le loisir d'agrandir autant le domaine de la physiologie végétale qu'il l'aurait pu. Toutefois sa *Physique des arbres*, publiée à la fin de sa carrière, prouve avec quel soin et quelle sagacité il

---

[1] Voy. ce qui est rapporté dans la *Correspondance inédite* de Buffon, publiée par M. H. Nadault de Buffon, t. I, p. 31.

avait observé la vie végétale. Cette vie, elle n'avait été en France l'objet que de travaux isolés; des savants, engagés dans d'autres études, n'y avaient jeté qu'en passant des traits de lumière; Perrault, qui remarquait la séve descendante, Mariotte, qui appliqua sa science hydraulique à l'étude du mouvement des liquides dans les végétaux, La Hire, qui signalait l'action du soleil pour faire dégager des bulles d'air de la matière verte submergée [1], Dodart, qui analysait tant de végétaux et tentait de pénétrer la cause pour laquelle la tige s'élève vers le ciel et les racines descendent vers la terre, n'avaient encore posé que deux ou trois assises de l'édifice dont Hales donna tout d'un coup l'ensemble dans sa *Statique des végétaux* [2], publiée en 1727, et que Buffon fit passer dans notre langue. L'œuvre du savant anglais marquait une nouvelle ère pour la physiologie végétale, mais plus d'un quart de siècle devait s'écouler avant que la physique et la chimie fussent assez avancées pour vivifier les principes contenus dans l'ouvrage de Hales; et durant la première moitié du dix-huitième siècle, avec Duhamel du Monceau, avec Guettard, avec les débuts de Buffon, nous en sommes encore à cette première phase de la culture où l'on sème, mais ne récolte pas. Le microscope, inventé en 1620 par Drebbel et Janssen, perfectionné en 1660 par Hook, avait permis à Grew et à Malpighi de fonder la science. Le dix-huitième siècle eut grand'peine à

[1] Vingt ans plus tard, Homberg appela l'attention sur la matière verte de Priestley.
[2] Étienne Hales, né en 1677, mort en 1761, devint associé étranger de l'Académie en 1753.

dépasser leurs travaux, et la France fut obligée de toujours s'en inspirer pour marcher dans une voie où n'étaient pas allumés les phares qui en éclaireraient les écueils.

La zoologie, dont le domaine ne devait pas moins s'agrandir que celui de la botanique, manquait encore de ces collections qui présentent réunis sous nos yeux les êtres que le voyageur doit aller chercher aux lieux les plus éloignés. Ceux qui exploraient les contrées lointaines s'attachaient plus à enrichir les herbiers et à embellir les jardins, qu'à ramasser des peaux d'animaux et préparer des échantillons pour être empaillés ou conservés dans l'alcool; d'ailleurs la taxidermie était encore grossière; l'art de préparer les reptiles, les poissons, les mollusques, les animaux articulés ou rayonnés, en était à ses débuts; tout au plus parvenait-on, par des dessins, à donner en Europe une idée de la faune étrangère. C'est ce qu'avait tenté à Magdebourg un habile entomologiste hollandais, Jean Goedart, qui unissait à un génie observateur un rare talent de peintre. Dans un livre, publié en 1672, il décrivit et représenta les insectes sous toutes leurs métamorphoses. Une Allemande, Marie-Sibylle Mérian, épouse d'un peintre de Nuremberg, appelé Graf, publia plus tard, dans cette ville, un livre également destiné à nous apprendre les transformations des insectes, dont de belles figures en taille-douce donnaient une idée fort exacte. Elle se rendit ensuite à Surinam, et, dans un âge déjà fort avancé, entreprit sur les insectes de la Guyane un travail analogue à celui qu'elle avait fait pour l'Europe. Swammerdam à Utrecht, et Ray à Londres, agrandissaient par leurs travaux la science des arachnides et des insectes encore confondus dans une seule et même classe. On le voit, hormis en entomologie, où les échantillons sont d'un transport facile, les dessins d'une exécution plus aisée, la zoologie était peu avancée au commencement du dix-huitième siècle. De même que l'on étudiait la botanique séparément de la physiologie végétale, la zoologie, réduite à de pures descriptions extérieures, demeurait distincte de la connaissance de l'organisation intime des animaux; celle-ci était abandonnée aux anatomistes, qui n'y cherchaient qu'un moyen d'éclairer la structure du corps humain. Telle était encore la division du travail, quand Réaumur jeta sur la nature organique ce regard perçant et scrutateur qui descendait jusqu'aux détails; Buffon vint après, qui saisit l'ensemble; les nombreux matériaux, les informations de toute sorte qu'il mit éloquemment à profit, étaient épars avant lui. Sauf l'étude de quelques questions relatives à l'histoire générale des vertébrés, des mollusques et des radiaires, Réaumur se voyait fermées les voies les plus fécondes de la zoologie; les insectes seuls avaient été assez étudiés pour qu'il pût songer à en écrire l'histoire complète; il ajoutait à des indications précises, à des observations exactes déjà faites, les siennes propres, poursuivies pendant plusieurs années avec une admirable persévérance et une rare sagacité. Il lut à l'Académie des sciences, sur l'entomologie, une série de mémoires qu'il recueillit en volumes, et qui ont donné naissance à ses *Mémoires pour servir à l'histoire des insectes*, magnifique monument élevé à l'honneur de la Compagnie dont il était une des lumières. Réaumur ne se contentait pas d'étudier avec un soin curieux les habitudes, les instincts, les métamorphoses de ces petits êtres que nous rencontrons partout, sur la terre, dans le bois, sous les feuilles, à la surface des eaux ; il appelait les observations de naturalistes plus exercés que lui, comme il avait appelé dans ses recherches de philosophie naturelle celle des physiciens; il fit agréger à l'Académie, à titre de correspondants, tous ses collaborateurs, par exemple le P. Bertier, qui habitait Aix en Provence, Clozier, chirurgien des haras, Sarrazin, médecin de Québec, que Tournefort s'était donné pour correspondant, dès 1699, l'ingénieur Charpentier de Cossigny, qui avait fait de lointains voyages, Poivre, qui avait été intendant des îles de France et Bourbon. Le Suédois Charles de Geer et le Suisse Charles Bonnet fournissaient à son Histoire des insectes de précieux matériaux, insérés par extraits dans les Mémoires de l'Académie. Le grand ouvrage de Réaumur, dont le premier volume parut en 1734, et qui comprend six tomes, annonce dans l'observation de la nature un progrès marqué. On n'avait jamais pénétré aussi avant dans son secret[1], saisi avec plus de sagacité l'industrie de certains vers et des teignes, les mœurs des mouches et des pucerons, et mieux décrit le chant des cigales, les différentes formes que

---

[1] « Personne, dit Cuvier de Réaumur, dans l'éloge de Daubenton, n'avait porté plus loin la sagacité dans l'observation, personne n'avait rendu la nature plus intéressante par la sagesse et l'espèce de prévoyance des détails dont il avait trouvé des preuves dans l'histoire des plus petits animaux. »

l'insecte prend, en passant de l'état de larve à celui de papillon. Malheureusement Réaumur mourut avant d'avoir terminé sa publication, laissant dans ses manuscrits une foule d'observations curieuses qui ont encore pour nous presque tout l'attrait de la nouveauté[1].

En même temps que ce grand naturaliste dotait l'entomologie d'un traité si complet, il préparait une histoire des oiseaux. Il s'était formé un cabinet d'histoire naturelle qui était le seul qu'on connût encore à Paris, et qui a fourni le noyau des collections du Muséum. C'est là qu'aidé de deux collaborateurs intelligents, l'anatomiste Hérissant et le physicien Brisson, qui appartinrent tous deux à l'Académie des sciences, il entreprenait sur l'ornithologie de l'Europe des études dont profita Buffon. Brisson continua plus tard ses recherches, et, dans la seconde moitié du dix-huitième siècle, fit paraître une *Histoire naturelle des oiseaux*, qui, jointe à celle qu'on doit au voyageur P. Barrère, de Perpignan, représente assez fidèlement l'état de la science du temps.

Hors cela, la zoologie n'était en France que l'objet d'études passagères et d'observations capricieuses; l'Allemagne, la Suède et surtout l'Angleterre, l'Italie même, nous avaient singulièrement devancés. Du Fay, qui par occasion s'était fait zoologiste, comme il s'était fait botaniste, lisait à l'Académie un curieux travail

---

[1] Voy. Flourens, *De quelques fragments inédits de l'histoire des insectes de Réaumur*, dans le *Journal des Savants*, 1860, p. 137 et suiv. — Réaumur n'a point traité des coléoptères, et n'a parlé que fort imparfaitement des sauterelles; la section relative aux abeilles et aux fourmis est restée en partie inédite.

sur la salamandre, rempli de faits intéressants touchant les espèces et les métamorphoses de ce reptile; il y faisait connaître la propriété qu'elle a de vivre, non dans le feu, comme on le croyait au moyen âge, mais dans la glace. Maupertuis, dont l'instruction n'était guère moins variée que celle de Du Fay et dont l'esprit chercheur se portait sur toute chose, s'occupait aussi, à la même époque, des salamandres et des scorpions qu'il avait vus à Montpellier. Mais ce n'était là que des passe-temps pour les académiciens, et quand Linné et Buffon entreprirent leurs grands travaux d'ensemble, les Mémoires de l'Académie des sciences ne purent leur fournir qu'un bien petit nombre de documents. La zoologie des vertébrés trouvait, comme je viens de le dire, ses historiens à l'étranger. On se bornait parmi nous à suivre la méthode et les livres de l'Anglais Jean Ray, véritable créateur des méthodes zoologiques. Les ouvrages de Catesby, de Lister, de George Edwards, publiés plus tard dans le même pays, pénétrèrent d'abord peu dans les bibliothèques françaises; celui du Suédois Artedi, précurseur de Linné, ne fut guère plus répandu parmi nous. La science resta sensiblement stationnaire.

La conchyliologie n'avait alors dans l'Académie aucun représentant attitré, et le seul Français qui se soit, à cette époque, occupé avec succès de cette branche de la zoologie, Dézallier d'Argenville, ornithologiste aussi exercé que malacologiste habile, n'appartenait pas à la Compagnie. Son livre (*Histoire naturelle éclaircie dans deux de ses parties, la lithologie et la conchyliologie*) n'a pas été sans utilité pour Linné, lorsqu'il voulut donner une place aux coquilles dans son *Systema naturæ*. C'était aussi un savant étranger à l'Académie, Laurent Joblot, qui, le premier, au commencement du dix-huitième siècle (1718), donnait en France de bonnes observations faites au microscope sur les polypes et les infusoires; il y devançait quelques-unes des découvertes de Trembley; car ce n'est qu'en 1740 que parurent les travaux du naturaliste genevois, sur la reproduction par bouture des animaux inférieurs. Les faits avancés par Joblot avaient à peine été remarqués, ou l'on y avait peu cru; quand Trembley annonça à l'Académie ses découvertes, le doute ne fut plus possible, bien qu'un étonnement général se produisît. On avait sans doute déjà constaté que certaines parties du corps repoussent chez quelques animaux, la patte chez l'écrevisse, un lobe chez l'étoile de mer, mais des animaux qui se scindent entre deux êtres divers et vivants, cela bouleversait les idées et ouvrait sur la nature des horizons dont la profondeur faisait un abîme.

Une autre question, qui tenait aussi à ces secrets passages de la végétation à la vie, occupa l'Académie. Le voyageur Peyssonel avait constaté la nature animale du corail; mais Réaumur, Linné même s'entêtaient à repousser le fait. B. de Jussieu eut l'idée, après les expériences de Trembley, que cette création ambiguë pourrait bien n'être qu'une agrégation de polypes; il se rendit en 1741 sur les côtes de la Manche, vérifia les observations du naturaliste genevois sur les alcyons, les eschares, les tubulaires, et vit se reproduire les contractions signalées par Trembley. Réaumur dut à la fin se départir de son obstination, et ces corps que Marsigli avait décrits comme des fleurs, ces agrégats de polypes qu'il avait confondus avec les végétaux, prirent, du consentement de tous, place dans le règne animal. Il fallut encore un siècle pour que l'éponge fût à son tour rendue définitivement à la faune des mers.

L'anatomie, la physiologie, qui n'avaient d'abord été étudiées que dans l'intérêt de l'art de guérir, commençaient à être cultivées pour elles-mêmes. A l'origine des sciences, l'homme n'y a cherché qu'une utilité pratique. Ce sont les besoins de la navigation, c'est l'espoir de percer l'avenir dont on plaçait les signes dans le firmament, qui donnèrent naissance à l'astronomie ; c'est la recherche des vertus médicinales et alimentaires, des propriétés textiles et tinctoriales des plantes, qui a engendré la botanique ; ce sont les nécessités de l'industrie manuelle, c'est, plus tard, l'espoir chimérique de produire des métaux précieux, qui nous ont conduits à l'étude des substances minérales et ont créé la chimie. Il a fallu que la curiosité humaine s'aiguisât dans ces investigations de la nature, pour qu'elle arrivât à nous inspirer un goût désintéressé de la science, et à nous faire aimer les découvertes, lors même qu'elles ne se traduisent pas en applications immédiates. Cette passion du vrai, cette avidité de savoir, cette impatience de pénétrer dans la connaissance des lois physiques, marquent l'ère véritablement scientifique. Alors la nature est contemplée pour la seule satisfaction que donnent le spectacle de ses phénomènes et la détermination de ses lois. Il en est de cette étude comme de la pratique de la vertu, elle ne saurait être solide qu'à la condition d'être désintéressée ; mais son excellence fait que ceux-là même qui l'ont cherchée par amour y trouvent bientôt des fruits et des avantages qu'ils ne s'étaient point proposés. L'anatomie et la physiologie, cultivées par le seul désir de connaître la structure interne du corps humain, apportèrent au médecin et au chirurgien des pratiques et des méthodes dont ils firent leur profit. Ces deux sciences, l'une qui décrit notre charpente osseuse et son enveloppe charnue, l'autre qui en scrute le mouvement et les fonctions, n'intéressaient que médiocrement des praticiens qui se passaient, pour expliquer l'action de leurs remèdes, de l'observation du cadavre, se réglaient sur Hippocrate et Galien, comme certains artistes ont étudié la peinture, non d'après nature mais sur les cartons des maîtres. Les chirurgiens seuls maniaient le scalpel, et l'ignorance des médecins était telle en anatomie, que bon nombre se voyaient réduits à appeler un homme spécial pour explorer et palper le malade. Ce furent donc les chirurgiens qui ramenèrent à l'anatomie, et c'est chez eux que s'est développée surtout cette curiosité désintéressée pour les merveilles du microcosme, qui en a arraché tant de secrets.

A la fin du dix-septième siècle, trois hommes étaient, à l'Académie des sciences, à la tête des études anatomiques, Jean Méry, Joseph Guichard Duverney[1] et Alexis Littre. J'ai déjà parlé des deux premiers et de

---

[1] Il ne faut pas le confondre avec Pierre Duverney, anatomiste, qui entra à l'Académie en 1701 et s'en retira en 1715. On doit à celui-ci d'assez nombreuses communications, qui sont consignées dans le recueil de la Compagnie.

leur rivalité; je dois cependant revenir sur leurs travaux, pour mieux faire comprendre la place qu'ils occupent dans l'histoire des sciences.

Méry était arrivé à un moment où la découverte de Harvey, encore contestée, n'avait point livré toutes ses conséquences. Aussi, le problème de la circulation, dans ce qu'il avait de plus délicat, l'occupa-t-il de préférence. Si Méry nous a laissé une description attentive de l'oreille humaine, s'il a cherché à nous mieux faire connaître quelques détails de notre frêle structure, ce n'est pas là qu'il a dépensé le plus d'efforts et consommé davantage de cette ardeur qu'il portait dans l'amphithéâtre comme dans la dispute. La circulation du sang dans le fœtus semblait contredire la théorie du célèbre médecin de Charles Ier. Méry voulut éclairer cette question, et la dissection d'une tortue lui suggéra l'idée que chez l'embryon, le sang prenant une route plus courte, circule dans le poumon, est renvoyé par les veines pulmonaires au ventricule aortique et passe ensuite par le trou ovale dans le ventricule droit qui le ramène au cœur. Cette hypothèse séduisit la plupart de ses confrères, Littre, Dodart, Morin, Bourdelin, Rouhault; mais elle trouva dans J.-G. Duverney, appuyé par Tauvry, un rude adversaire. Duverney avait abandonné la médecine pour se livrer tout entier à l'anatomie; son coup d'œil était pénétrant et sa main exercée; il s'était rencontré bien souvent sur la route de Méry; il avait comme lui étudié l'organe de l'ouïe, et nous lui devons la découverte des glandes cérumineuses de l'oreille. Nul n'était plus fait pour avancer la science, s'il n'avait pas eu, comme le remarque

Cuvier, un esprit mobile, trop enclin à quitter de premières études pour passer à d'autres qui promettaient des choses nouvelles. Duverney faisait sentir tout ce qu'il y avait d'invraisemblable dans la théorie de son antagoniste. La dispute se continua dans l'Académie comme à la Faculté. Littre produisit des expériences qui lui semblaient décisives en faveur des idées de Méry, lequel, poursuivant avec plus de zèle que jamais l'étude de la circulation, cherchait à démontrer, par l'expérience de Hook, que l'air se mêle réellement au sang dans le poumon, mais que, ne pouvant sortir par les orifices des vaisseaux cutanés, il est ramené par les veines et circule ainsi dans le corps [1]. Ignorant la composition de l'air et l'action de l'oxygène sur le sang, que devaient nous révéler Priestley et Lavoisier, il se débattait contre des obstacles impossibles pour lui à surmonter. Duverney étudiait de son côté le phénomène de la circulation générale, et mettait en évidence la structure et la différence des vaisseaux chylifères et lymphatiques, faisant voir qu'ils appartiennent à un seul et même ordre.

Littre approfondit davantage les nombreux problèmes que soulève l'explication de la vie. C'était un anatomiste infatigable; nul homme n'avait fait en France autant d'autopsies. Dans le seul hiver de 1684, il avait ouvert plus de deux cents cadavres [2]. Lors de

---

[1] Voy. Sprengel, *Histoire de la Médecine*, trad. Jourdan, t. IV, p. 152 et suiv.

[2] Littre a communiqué à l'Académie le résultat de l'autopsie d'un grand nombre de sujets morts de cas extraordinaires ou présentant des particularités remarquables.

son renouvellement, en 1699, l'Académie l'admit comme élève. A peine entré dans la Compagnie, il s'y posa en champion des idées de Méry, sur la circulation. Mais ce ne fut pas dans cet ordre de recherches qu'il a marqué le plus brillamment sa trace. Son scalpel délicat sut décrire avec une rare exactitude les glandes de l'urètre, dont la composition et le rôle physiologique étaient aussi l'objet des études de Méry et de Duverney. De ces glandes, il passa à d'autres ; il s'occupa de presque toutes celles du corps humain, porta également son attention sur le cerveau, dont il éclaira certaines particularités anatomiques, dans un mémoire lu à l'Académie en 1707.

Avec la grande querelle de la circulation, une autre question, qui touchait à un problème encore plus difficile, émut la docte Compagnie et souleva bien des débats. C'était celle de la génération. Aux théories proposées par Hippocrate et Aristote, avaient succédé, depuis les observations de Harvey, de Jean de Hoorne, de Regnier de Graaf, de J. Swammerdam, et de Malpighi, des vues plus justes d'où était sorti le système de l'évolution. On reconnaissait que l'homme n'est pas tout formé dans la semence du mâle, que s'il préexiste en germe, ce n'est qu'après l'acte de la fécondation, qu'il commence cette série de développements aboutissant à sa forme définitive. Ce germe initial, on ne le cherchait plus chez le mâle, mais dans l'œuf de la femelle. Telle était la théorie régnante, dans les écoles et les académies, quand les observations microscopiques de Leeuwenhoeck vinrent fournir contre elles des armes redoutables. Le naturaliste néerlandais avait découvert dans la semence des corpuscules animés, comparés par lui, pour la forme, aux têtards de grenouilles. On crut avoir là l'*homunculus* des anciens anatomistes, et quelques-uns revinrent à l'idée de la préexistence et de l'emboîtement des germes. Cependant les partisans de l'œuf humain ne se rendaient pas; de part et d'autre on s'opposait des difficultés; les uns se demandaient comment les œufs de la femme pouvaient sortir de l'épaisse et forte membrane qui enveloppe l'ovaire; plusieurs allaient jusqu'à contester l'exactitude des observations de Graaf, qui assurait avoir rencontré ces œufs microscopiques dans les trompes de Fallope; et puis, comment, se disait-on, en outre, nettement établir la distinction entre les œufs stériles et les œufs fécondés qu'on avait prétendu faire? La découverte de Leeuwenhoeck semblait couper court à ces difficultés; c'étaient, supposait-on, les animalcules qui s'insinuaient dans les œufs pour y porter le sexe et la vie dont ils étaient pourvus.

On était encore au fort de la dispute en 1701. Méry, attaché à des idées surannées, reproduisit une opinion déjà proposée par un professeur de Padoue, Jérôme Barbatus, et attaqua le système de l'évolution. Les œufs de la femme ne lui semblaient être qu'une sorte de vers intestinaux, des hydatides. Duverney s'éleva, comme de coutume, contre l'opinion de Méry, et trouva, cette fois, dans Littre, un puissant auxiliaire. L'un et l'autre montrèrent par quelle voie passent, après la fécondation, les ovules mystérieux, et confirmèrent ainsi la découverte de Graaf, qui devait renouveler l'embryogénie. C'était cependant peu encore, pour la solution d'un problème dont les brouillards, quoique devenus moins denses, n'en obstruent pas moins la vue.

Deux théories se trouvaient en présence, celle des ovistes et celle des spermatistes; les uns et les autres admettant la préexistence des germes, mais en reportant l'origine à un sexe différent. L'Académie était partagée, comme tout le reste de l'Europe savante. Les ovistes s'appuyaient de l'autorité de Swammerdam, de Malpighi, et trouvèrent plus tard un éminent défenseur dans Häller; les spermatistes en appelaient non-seulement à Leeuwenhoeck, mais à Hartsœker, à Boerhaave. Chaque école faisait à sa rivale des objections dont celle-ci ne pouvait se tirer. Comment, disait l'une, ces véhicules qui entourent et protégent les ovules dans l'ovaire, et que l'on désignait par le nom de leur découvreur, de Graaf, se rompent-ils, pour les laisser échapper et se rendre dans l'oviducte, puis descendre dans la matrice? Comment la présence de l'homme hâte-t-elle et facilite-t-elle ce transport? On ignorait, en effet, et on ignora, bien des années, ce qu'il fallait répondre. Et les spermatozoïdes? qu'était-ce, au fond, demandait l'autre école? Le fait, c'est qu'on n'en pouvait dire que ce qu'avait vu Leeuwenhoeck, c'est-à-dire peu de chose. Il fallut que Spallanzani, et un siècle plus tard, Prévost et Dumas, Wagner, Lallemand, vinssent pour nous en apprendre davantage. Cent cinquante années de recherches ont été nécessaires pour établir que ces singuliers filaments ne sont point des animaux véritables, ayant des sexes, leur mode d'accouplement, leurs amours, leurs métamorphoses et même leur industrie[1], que c'est la partie animée de la semence, qui a sa vie, ainsi que l'œuf dont il détermine la fécondation par un contact matériel.

Buffon, reprenant l'idée de métamorphose proposée par Perrault, crut mettre fin à la dispute par sa théorie des molécules organiques, idée plus ingénieuse peut-être que solide, d'après laquelle la vie animerait une matière particulière; cette matière organique n'attendrait qu'un milieu favorable pour prendre les formes et les proportions, les mouvements et les caractères d'un être vivant, d'un animal. Ainsi, suivant Buffon, la vie aurait dans la nature son domaine incommutable, inaliénable, pouvant, comme nos domaines, s'agrandir ou se restreindre, mais sans jamais s'anéantir; elle s'échapperait de l'être où elle surabonde pour porter ailleurs ses rejetons. Cette hypothèse hardie, justifiée par un fait qui n'a pu être ébranlé, à savoir que l'être vivant ne saurait naître que de ce qui a la vie, mais par lequel son auteur prétendait justifier le phénomène plus qu'hypothétique des générations spontanées, eut son temps et sa vogue comme toutes les autres; elle n'appartient déjà plus à l'époque qui nous occupe, et c'est par anticipation que je la mentionne ici. Dans la première moitié du dix-huitième siècle, les physiologistes n'étaient pas si avancés, et il ne s'agissait que de décider qui, de l'œuf ou du sperme, est notre premier ancêtre. L'ovisme plaisait par sa simplicité, et avait l'avantage de faire rentrer notre espèce dans la loi

---

[1] Telles avaient été les idées de Leeuwenhoeck, de Hartsœker et de Nicolas Andry.

générale des êtres ; le spermatisme offrait quelque chose de plus piquant et de plus étrange qui séduisait davantage l'imagination. Les gens du monde eux-mêmes interrogeaient avec curiosité les médecins, sur ce qu'on appelait les vers de la semence, afin de connaître par quel état ils avaient commencé ici-bas. Étienne Geoffroy, qui remarqua après Hartsœker que l'enfant ne possède pas de spermatozoïdes, et qui mettait ainsi sur la trace de ce fait important, que la semence n'est féconde qu'à la condition d'en contenir, publia en 1704, sur ce sujet, une thèse en latin. « Elle piqua tellement, nous dit Fontenelle, la curiosité des dames, et des dames du plus haut rang, qu'il fallut la traduire en français, pour les initier dans des mystères dont elles n'avaient pas la théorie. » Quant au fond même du problème, à l'origine du principe vital, l'incertitude était, on le suppose bien, encore plus prononcée. Y avait-il préformation d'un germe à peu près complet, évolution d'un germe d'abord informe, épigénèse, c'est-à-dire formation graduelle d'un germe né de matières préexistantes? On ne s'entendait pas là-dessus, et l'on ne s'entend pas encore aujourd'hui complétement, bien que la dernière hypothèse ait acquis beaucoup de probabilité.

Un académicien qui n'était pas physiologiste, mais qui pensait que ce n'était pas à la physiologie qu'il fallait demander le mot de l'énigme, Maupertuis, hasarda une solution dans un livre un peu trop osé pour avoir trouvé place dans le Recueil. La *Vénus physique* parut clandestinement. L'auteur, s'attachant au système de l'épigénèse, proposait de remplacer le *pneuma*, l'*archée*, la *force plastique* des anatomistes, par une attraction élective dont la découverte de Newton lui avait suggéré l'idée. L'Académie se garda de parler du livre de Maupertuis, et elle laissa à chacun le soin de résoudre à son gré une question dont tout le monde, à l'inverse de ce que Fontenelle disait des dames, avait la pratique, sans en connaître la théorie.

Le problème de la génération se reposa devant la Compagnie savante, dans la discussion sur les monstres, comme on le verra bientôt. Méry, Littre, Duverney morts, la lice anatomique ne resta pas vide dans l'Académie, et de nouveaux champions vinrent s'y mesurer avec autant d'ardeur et de vivacité. Je citerai d'abord un chirurgien qui, après avoir longtemps mené une vie errante, prit son dernier domicile à l'Académie, François Pourfour du Petit[1]. Le système nerveux était une des questions les plus épineuses que la science de l'homme physique offrît alors aux investigations du scalpel. Pourfour du Petit en fit l'objet des travaux les plus assidus. Il étudia avec une rare patience la contexture du cerveau, sut reconnaître les divisions du cervelet, et réfuta l'opinion qui en faisait le siége du sentiment. Puis, passant de l'appareil cérébral aux organes des sens qui y ont leur siége, il s'appliqua à démêler l'organisation délicate et variée de l'œil, dont la complication désespérait les anatomistes. Il nota les changements que subit avec l'âge la choroïde, se livra à des recherches mathématiques sur les effets des diffé-

---

[1] Pourfour du Petit, né à Paris en 1664, mort en 1741, fut admis à l'Académie des sciences en 1722; il avait d'abord exercé la profession de chirurgien des armées. Méry mourut cette même année 1722; Littre, trois ans après, en 1725, et Duverney en 1730.

rentes courbures de l'œil, découvrit les vaisseaux de cornée transparente. La véritable nature du cristallin avait été reconnue ; on avait cessé, depuis Képler, de le considérer comme l'organe de la vision ; le grand astronome allemand ayant démontré que le cristallin est destiné à réfracter les rayons lumineux, et que les objets se peignent sur la rétine, la cataracte, mieux étudiée, n'apparaissait plus comme un effet d'une humeur condensée, mais comme le résultat de l'opacité du cristallin[1]. Pourfour du Petit compléta l'étude de cette partie de l'œil par des observations qu'il avait pu faire pendant des opérations de la cataracte[2].

D'autres anatomistes poursuivirent au sein de l'Académie ces recherches anatomiques, à l'exposé desquelles furent consacrées bien des séances pendant la première moitié du dix-huitième siècle. Jean-Louis Petit, J.-C.-A. Helvétius, Ferrein, Sauveur Morand, J. Senac, Lecat, Winslow, se partagèrent avec des succès divers les nombreuses questions soulevées par l'étude du corps humain. Les progrès de la science avaient morcelé la tâche ; les travailleurs s'éparpillaient sur un terrain dont la culture réclamait des efforts assidus, pour ne se réunir que dans ces discussions d'importance majeure, où les vieilles théories étaient attaquées ; à la façon de tirailleurs, ils reprenaient leur rang, dès qu'un corps d'armée ennemi paraissait.

[1] Voy. Renouard, *Histoire de la Médecine*, t. II, p. 259.
[2] Voy. sur les travaux de P. du Petit, Magdeleine de Saint-Agy, *Histoire des sciences naturelles professée au Collège de France par G. Cuvier*, t. III, p. 240 ; ouvrage qui m'a servi plus d'une fois de guide.

Jean-Louis Petit, fils d'un médecin distingué, avait pour ainsi dire appris l'anatomie au berceau. A sept ans il était un des auditeurs des leçons de Littre ; à neuf, il préparait des cadavres. Son vaste savoir, sa prodigieuse expérience étaient précieux à ses confrères de l'Académie des sciences, et sa nombreuse clientèle ne l'empêcha pas de prendre une part active à leurs travaux[1]. Il lut à la Compagnie divers mémoires et fit de fréquentes communications, tant sur l'anatomie que sur la médecine et la chirurgie. Il faut surtout citer son travail sur les fonctions de la bouche, et sa dissertation sur la manière d'arrêter les hémorrhagies.

J.-C.-A. Helvétius, le fils du propagateur de l'ipécacuanha, le père du célèbre auteur du livre *De l'Esprit*, prit une part moins active aux travaux de la Compagnie[2]. Il y lut cependant quelques mémoires qui ont contribué aux progrès de l'anatomie. Telles sont les observations sur la membrane interne de l'intestin grêle appelée membrane veloutée, sur celle qu'on appelle nerveuse et celle qu'on nomme musculaire ou charnue : observations qui parurent en 1721. Déjà, dans un livre spécial, publié à la même époque, et qui eut un certain retentissement, il avait proposé des vues nouvelles sur les vaisseaux névro-lymphatiques et prouvé par des injections leur existence; Helvétius avait tiré de là toute une théorie de l'inflammation. Il n'étudia pas avec moins de persévérance la structure

---

[1] J.-L. Petit fut admis comme adjoint en 1716; il était né à Paris en 1674, il mourut en 1750.
[2] J.-Claude-Adrien Helvétius, né en 1685, fut admis comme élève en 1715, devint associé en 1718, et mourut en 1755.

des poumons. Ses communications où, comme dans presque tous les écrits des médecins de cette époque, les hypothèses se mêlaient à de réelles découvertes, rencontrèrent dans l'Académie de nombreux contradicteurs. Helvétius croyait avoir constaté que les vésicules pulmonaires ne sont que la continuation de la tunique dont les poumons sont enveloppés à l'intérieur, que cette tunique externe se continue à son tour avec la membrane interne de la plèvre. Il ajoutait, ce que des investigations postérieures ont confirmé, que l'air ne passe pas d'un lobule du poumon dans l'autre, et que les cellules d'un même lobule communiquent entre elles. Ainsi compris, l'appareil respiratoire lui fournissait toute une explication de la circulation pulmonaire. Le sang, disait-il, s'épaississait au milieu des poumons sous l'influence du froid de l'air extérieur. Un célèbre médecin vénitien, Michelotti, correspondant de l'Académie, écrivait à Fontenelle, pour combattre cet ingénieux système qui séduisait quelques-uns de ses confrères. Mais il n'opposa à Helvétius que des idées encore plus fausses. Selon Michelotti, le sang artériel est plus épais que le sang veineux, et ce dernier n'a conséquemment pas besoin de se rendre aux poumons pour s'y épaissir; le défaut d'air donne seul au sang sa densité et sa noirceur. On discuta beaucoup; on se traita fort durement. Et comment se serait-on entendu, alors qu'on n'avait point la moindre idée de l'oxygène et de son action sur le sang. Ce qu'il y avait de fondé dans les idées anatomiques d'Helvétius fut mis hors de contestation par le grand Morgagni; le reste appartient à l'histoire des erreurs que l'esprit humain a dû traverser avant d'arriver à la connaissance du vrai.

La polémique joua aussi un grand rôle dans la vie académique d'Antoine Ferrein. Ce médecin, passionné pour l'anatomie, l'avait étudiée malgré sa famille, qui le destinait à une autre carrière; il quitta Montpellier de dépit de s'être vu préféré Fizès à la chaire qu'il briguait à la Faculté [1]. Il se rendit à Paris, y ouvrit des cours qui obtinrent du succès et ne tarda pas à en appeler à l'Académie pour la question sur laquelle il avait été d'opinion opposée à son concurrent. Il s'agissait de savoir si, pendant la systole, le cœur se raccourcit, la pointe se rapprochant de la base et se recourbant en avant. Fizès le niait absolument : L'Académie, saisie du point en litige, les débats ne tardèrent pas à prendre cette vivacité que les anatomistes apportaient dans toutes leurs discussions. Winslow, dont l'autorité était la plus écoutée, se déclara pour Fizès; Pierre Bassuel, Hunauld, successeur de Duverney, prirent le parti de Ferrein. Des expériences vinrent enfin établir l'exactitude de l'assertion de celui-ci. Winslow dut avouer qu'il s'était mépris; mais Fizès, qui déclinait la compétence des médecins d'une Compagnie rivale [2], ne se rendit pas; il remit sa défense à un de ses élèves, Jérôme Queye, qui produisit à l'appui de son système une expérience curieuse faite sur le cœur de la tortue.

---

[1] La Faculté de Montpellier avait présenté Ferrein en première ligne; la cour fit nommer Fizès, qui ne venait qu'après lui sur la liste des candidats proposés.

[2] Voy., sur la rivalité des deux Facultés au dix-septième siècle, *Lettres de Guy-Patin*, publiées par Réveillé-Parise, t. 1, p. 209 et suiv.

La discussion se ralluma; elle dura longtemps[1], et ne fut terminée qu'après que le grand physiologiste Haller eut publié ses découvertes sur la circulation du sang, qui devaient clore du même coup une autre querelle dont j'ai parlé plus haut, celle de la circulation chez le fœtus[2].

Ferrein était entré en triomphateur à l'Académie[3], où la majorité lui avait donné raison; il y continua ses luttes et trouva au Collége royal et, plus tard, au Jardin du Roi, où il remplaça Winslow, les moyens de défendre, par un enseignement public, les doctrines qu'il voulait faire prévaloir à Montpellier. La contradiction convenait à son esprit; elle aiguisait sa sagacité autant que son scalpel. Il proposa d'abord ses vues sur la formation de la voix humaine, qu'il appuya d'expériences ingénieuses, mais qui ne furent pas décisives; il s'attaqua ensuite à combattre les belles découvertes de Malpighi, de Ruysch et de Boerhaave sur la texture musculaire de toutes les parties du corps.

Sauv. Morand semble s'être donné pour tâche principale d'entretenir l'Académie de ce qui était de nature, en anatomie ou en physiologie, à l'étonner par son étrangeté et sa bizarrerie. C'est ainsi qu'il a consigné,

---

[1] On peut encore rattacher aux travaux de l'Académie sur la circulation, la communication du marquis de Courtivron, faite en 1744, intitulée : *Observations sur les effets de la frayeur sur la circulation du sang*, destinées à prouver que cette passion ne ralentit pas la rapidité de la circulation.

[2] Cette question fut reprise à l'Académie avec les lumières que fournissaient les découvertes nouvelles, par Bertin, dans des mémoires qu'il lut de 1759 à 1765.

[3] Il fut admis en 1741; il avait alors quarante-huit ans.

dans le Recueil de cette Compagnie, le fait singulier d'un homme ayant vécu, neuf jours après avoir reçu un coup d'épée qui traversait le ventricule droit du cœur. Toutes les conformations monstrueuses d'hommes ou d'animaux étaient pour lui l'objet de communications; une fois il dissertait sur les nains, une autre fois il faisait connaître l'étrange conformation d'un jeune Droüart, du quartier Sainte-Marguerite, à Paris, qu'on avait pris pour une fille et habillé en conséquence, mais dont les signes de la virilité, en partie dissimulés sous la peau, n'échappèrent pas au coup d'œil de l'habile anatomiste. Morand signalait chez ce garçon une certaine disposition féminine dans quelques parties et les fit ressortir avec complaisance; car il n'était pas absolument convaincu que des êtres ne pussent réunir les deux sexes; il en avait cru trouver la preuve dans une carpe, qui présentait d'un côté les œufs et de l'autre la laite, et dont il entretint ses confrères. C'est que Ferrein n'avait point encore renvoyé au pays des chimères les hermaphrodites dont on avait fait naguère tant de bruit. Un des plus curieux mémoires de Morand traite de l'histoire de la femme d'un ouvrier de Joigny, qui avait porté, trente et un ans, dans ses flancs le corps inanimé de son enfant; elle avait refusé de s'en laisser délivrer, par l'opération césarienne, au moment de l'accouchement. Une communication du même académicien, d'un caractère plus médical, eut le privilége de piquer vivement l'intérêt de la Compagnie.

Une demoiselle Stephens avait imaginé contre la pierre un remède dont on vantait fort l'efficacité; le Parlement anglais en acheta le secret. On sait tout ce qu'avait de terrible alors l'opération de la taille; une pareille découverte était donc un bienfait pour l'humanité, et la Faculté de Paris n'entendait pas que l'Angleterre s'en réservât le privilége. On se mit donc à rechercher en quoi pouvait consister cette panacée des calculeux. Il ne s'agissait en réalité que d'un mélange de coquilles d'huîtres et de savon d'Espagne. Les investigations des médecins établirent la puissance dissolvante qu'a l'eau de chaux, de potasse, mêlée à du savon contre certains calculs. Vichy, que la nature avait dotée d'eaux minérales d'une composition analogue au remède de mademoiselle Stephens, bénéficia de cette découverte et vendit aux malades une eau qu'elle n'avait pas besoin de payer aussi cher que le Parlement anglais. Morand fit, sur l'emploi du remède en renom, des observations nombreuses qu'il communiqua à ses confrères de l'Académie. Il soutint que les eaux calcaires et alcalines n'ont pas la même vertu chez les jeunes calculeux que chez les vieux, et signala les dangers du remède. Peut-être, à son insu, craignait-il de voir se perdre, pour l'honneur de sa profession, cet art de la taille, où il excellait, et dont il avait été prendre des leçons dans le pays même qui achetait à une femme le moyen de le remplacer.

Jean Senac[1], sans prendre aux travaux de l'Académie une part aussi active que les médecins que je viens de nommer, lui communiqua cependant quelques-uns de ses mémoires sur le mouvement de certains muscles; il y préludait à l'important ouvrage qu'il donna en 1749

---

[1] Il fut admis à l'Académie en 1723.

sur les mouvements du cœur, et où fut définitivement établie la découverte de Ferrein.

L'Académie trouvait dans ces disputes anatomiques, chez un de ses correspondants, Lecat[1], chirurgien de l'Hôtel-Dieu de Rouen, un contradicteur souvent redoutable. On doit à ce praticien de bons travaux sur les veines; il avait surtout fait une étude particulière des appareils des sens. Partisan convaincu de l'existance du fluide nerveux, il en cherchait l'intervention dans les organes que son scalpel excellait à analyser. Il soutint la connexion des enveloppes du cerveau (dure-mère, pie-mère) avec les membranes de l'œil (sclérotique, choroïde, rétine), contre Winslow, dont la grande réputation comme anatomiste n'effrayait pas sa hardiesse. Encore imbu de quelques-uns des systèmes de la philosophie du moyen âge, il échappait par la subtilité aux arguments pressants qui lui étaient souvent opposés par ce Winslow, esprit plus positif, bien que moins pénétrant. Danois d'origine, petit-neveu de Stenon, dont il popularisa l'anatomie du cerveau dans son *Exposition anatomique du corps humain*, Winslow avait été admis à l'Académie en 1707, comme élève de Duverney. Manquant de connaissances physiologiques, s'en tenant à la superficie des organes, il n'était point fait pour découvrir, à l'inspection du cadavre, le secret des fonctions qui se sont exercées pendant la vie; mais il avait de l'ostéologie, de la myologie, de l'angéiologie,

[1] Lecat, né à Blérancourt (Aisne) en 1700, mourut en 1768; il fut secrétaire perpétuel de l'Académie des sciences de Rouen, et obtint en 1762 des lettres de noblesse.

une connaissance profonde, et il les enseigna, pendant près de cinquante ans, avec un incontestable succès. Nul de son temps n'étudia, avec plus d'attention, la structure des os, et, ainsi que le remarque Cuvier [1], il ne fut surpassé dans les branches de l'anatomie qu'il a cultivées que par un anatomiste de Leyde, moins âgé que lui de quinze années, Albinus [2]. Winslow ne s'en tint pas, comme on l'avait fait avant lui, aux parties les plus mobiles des articulations; il scruta, dans tous leurs modes d'action, le jeu des os, des muscles et des tendons; il fit voir que le mouvement en apparence le plus simple, le moins compliqué, exige encore le concours et l'intervention d'une multitude de muscles, et cela, par la raison que les muscles doivent, pour agir, trouver un point fixe. Ses communications à la Compagnie sur ce sujet étaient fréquentes; il s'y attachait à montrer comment la connaissance de l'anatomie importe aux faits les plus ordinaires de la vie et peut nous fournir d'utiles enseignements sur des actes journaliers, sur nos habitudes et nos gestes. En 1739, il cherchait à expliquer, par des vues ingénieuses, si elles ne sont pas toujours justes, la disposition naturelle que nous avons à faire certains mouvements avec les deux mains ou avec les deux pieds à la fois, plus facilement en sens contraire que dans le même sens, et la difficulté éprouvée à faire, avec les deux pieds ou les deux mains, des mouvements en sens opposé. Déjà, en 1711, quand

---

[1] Magdeleine de Saint-Agy, *ouv. cit.*, t. III, p. 222.
[2] Voy. ce qui est dit plus loin des observations d'Albinus sur la couleur des nègres.

il était encore au début de sa carrière académique, il avait expliqué, par des mouvements particuliers de l'omoplate et du bras, les tours merveilleux que faisait un saltimbanque à la foire Saint-Germain et que des esprits crédules tenaient déjà pour un miracle.

La mode, dont les fantaisies sont si souvent en opposition avec les principes les plus simples de l'hygiène et du bon sens, eut, dans Winslow, un adversaire qui aurait pu devenir redoutable, si les salons avaient consenti à écouter sa voix. Certains habillements d'alors, et notamment les corps à baleine, offraient, pour la santé et le libre jeu des organes, des inconvénients graves et des dangers que cet anatomiste signala en 1740 et 1741, dans deux mémoires lus à l'Académie. Il appela l'attention des médecins sur un autre péril. On se hâtait trop souvent, à la même époque, de porter en terre ceux qui donnaient des signes de mort. De là, de déplorables erreurs : des gens enterrés vivants, des malheureux déposés dans les amphithéâtres et livrés au scalpel, quand la vie ne les avait point encore abandonnés. On sait qu'un événement de ce genre arriva au chirurgien Lassone, et le dégoûta de l'anatomie, bien qu'il eût été assez heureux pour rappeler à la vie l'infortuné abandonné aux carabins. Winslow signala tous ces dangers et insista sur l'incertitude des signes de la mort, dont il ne voulut point reconnaître un seul d'infaillible, hors la complète putréfaction. Mais, pour ne pas trop effrayer un public, déjà ému par l'annonce de ces terribles méprises, et ne pas faire poursuivre les fossoyeurs comme des assassins, il évita de publier sa dissertation en français et l'écrivit en latin, ce qui était encore, au reste, la langue officielle de la Faculté [1]. Les belles dames du temps, moins curieuses des choses de la mort que de celles de la naissance, n'en demandèrent pas la traduction, comme elles l'avaient fait pour la thèse d'Étienne Geoffroy.

Winslow fut mêlé à une discussion qui occupa une grande place dans l'Académie, pendant la première moitié du dix-huitième siècle, celle que souleva l'origine des monstruosités. Cette querelle datait de loin; elle avait déjà profondément divisé l'Académie, peu après sa réorganisation par Pontchartrain.

On croyait naguère que les monstres sont, soit l'œuvre des démons, soit des prodiges destinés à manifester la toute-puissance ou la colère de Dieu. De là l'usage barbare de les étouffer, à leur naissance, et de leur arracher la courte vie que peut leur laisser la nature. Le célèbre anatomiste Riolan s'était élevé contre ces préjugés cruels; mais, transigeant avec eux, il avait proposé de reléguer les monstres loin des regards. Quand les anatomistes crurent un peu moins au diable ou aux caprices de la volonté divine, ils ne s'en tinrent pas aux vieilles superstitions, et cherchèrent à pénétrer l'origine de ces monstres qu'on écartait des yeux avec horreur. L'idée que des anomalies d'organisation pouvaient résulter de germes originairement monstrueux, se présenta à l'esprit de Régis, cartésien, qui, pour s'être frotté de physique et de médecine, avait obtenu une place à l'Académie; son hypothèse ne trouva

---

[1] Voy. Portal, *Histoire de l'Anatomie et de la Chirurgie*, t. IV, p. 509.

d'abord ni défenseurs ni contradicteurs sérieux ; mais plus tard, la question s'étant présentée aux anatomistes de l'Académie, chacun proposa ses vues, et la dispute s'engagea pour longtemps. Littre, en 1701, Duverney, en 1706, Méry, en 1716, la ramenèrent successivement à l'ordre du jour de la Compagnie. Duverney inclinait pour l'hypothèse de Régis ; Méry voyait surtout dans les monstruosités l'effet de causes purement accidentelles. Mais ce fut seulement en 1724 que le débat prit une grande vivacité entre de nouveaux contendants. Louis Lémery ouvrit le feu ; ce chimiste s'était occupé avec succès de l'ostéogénie, c'est-à-dire du mode de formation des os, et avait fait paraître, dès 1709, une dissertation où se trouvait décrit le développement des fibres osseuses dans le cartilage. Cette question touchait déjà à l'origine de notre organisme, puisque les os sont la charpente sur laquelle il repose. Toutefois, en ce point, la science n'allait pas bien loin. Duhamel du Monceau lui fit faire un pas considérable, en montrant, par l'analogie de ce qui passe pour le développement de l'arbre où l'aubier produit les couches de bois, que le périoste produit les couches des os. On douta néanmoins, pendant un siècle, de l'exactitude des vues du savant agronome. Il fallut les nouvelles expériences de M. Flourens, en 1851, pour établir que l'os se forme dans le périoste, et qu'il n'est que le périoste ossifié. Depuis[1] on a fait voir que le périoste conserve le pouvoir de produire de l'os partout où il est susceptible d'être greffé. Mais je re-

---

[1] C'est ce qu'a montré M. Ollier.

viens à Lémery. Ses études l'avaient graduellement conduit à rechercher le mode de formation du fœtus, et il avait rencontré sur son chemin le problème des monstruosités. Winslow, en 1733, s'éleva résolûment contre cette manière de voir ; Lémery répliqua ; la discussion devint de plus en plus acharnée, et la mort de ce dernier, arrivée en 1743, y mit seule fin ; elle avait conséquemment duré dix-neuf ans. Le bruit qu'elle fit dans le monde scientifique fut tel, qu'il frappa, par delà nos frontières, les oreilles du grand Haller, auquel était réservé de jeter les bases d'une étude vraiment méthodique des monstruosités ; il y intervint en 1738. Winslow consacra onze années de sa vie et cinq mémoires à développer et à défendre l'hypothèse des germes originairement anormaux. Lémery, qui ne voulait admettre que des causes accidentelles, en rédigea neuf pour la réfuter. Chaque fois que quelque médecin, Morand, Antoine Petit, ou tout autre, apportait à l'Académie la description d'un nouveau monstre, le feu recommençait. Ce n'est pas cependant que Winslow exclût absolument le système des accidents, qu'il acceptât pour tous les cas celui des *extraordinaires originels*, mais il trouvait son contradicteur trop exclusif. Mairan, alors secrétaire perpétuel, venait au secours de Winslow, quand il pliait sous les arguments pressants de Lémery, et Haller dut lui prêter aussi le secours de son imposante autorité. C'est que, dans ce débat, Lémery avait pris une route meilleure, sans que pourtant sa direction fût tout à fait juste : « En prétendant, écrit l'historien de cette querelle, M. Isidore Geoffroy-

Saint-Hilaire[1], que les monstres sont issus de germes ou d'œufs d'abord normaux, produits seulement par un trouble survenu postérieurement à la fécondation, Lémery soutenait une thèse excellente et dont la seule apparition dans la science était pour l'avenir le présage assuré de nombreuses et importantes découvertes. Mais il se trompait gravement lorsqu'il voulait expliquer toutes les circonstances de l'organisation des monstres par la pression ou d'autres causes semblables ; lorsqu'il admettait partout des accidents, ce mot étant pris bien plutôt dans son sens vulgaire que dans son acception philosophique ; lorsqu'enfin il était conduit par cette idée à ne voir dans les êtres anormaux que les produits aveugles et désordonnés du hasard. » Haller lui-même, qui se rapprochait d'abord des opinions de Winslow, qui avait assisté à une partie de la discussion, et continué l'étude du problème, à son retour en Allemagne, dans son traité *de Monstris*, revint sur ses premières idées ; il fit de larges concessions à Lémery, et, tout en s'efforçant de rester fidèle à son antagoniste, ne le défendit que faiblement. C'est en vain que, dans la seconde moitié du dix-huitième siècle, un autre grand anatomiste allemand, Meckel, que l'Académie avait inscrit parmi ses associés étrangers, voulut ressusciter l'hypothèse des anomalies originelles et recommencer une discussion à laquelle plus de trente auteurs avaient pris part ; la science était trop avancée pour pouvoir rétrograder, même

---

[1] *Histoire générale et particulière des anomalies de l'organisation*, t. III, p. 491.

avec un esprit aussi puissant que Meckel, et la tératologie, dégagée désormais des hypothèses, allait, grâce aux deux Geoffroy-Saint-Hilaire, nous montrer que la nature est immuable dans ses lois, même alors qu'elle semble le plus s'en écarter.

Cette question de la génération n'était peut-être pas encore la plus délicate que l'anatomie pût soulever au sein de l'Académie. La merveilleuse structure du corps humain, explorée chaque jour avec plus d'attention, l'admirable machine qui fonctionne avec tant de justesse et d'à-propos, qui la fait mouvoir? Devait-on chercher simplement dans la vie qui l'anime la cause de son mouvement? Cette cause tenait-elle à un principe surnaturel, et ce principe avait-il un organe et un siége? Terrible problème qui n'était plus déjà de la physiologie et que les médecins évitaient généralement d'aborder, laissant au sentiment et aux croyances de chacun le soin de le résoudre. La théologie, d'ailleurs, le tenait pour exclusivement de son domaine, et la Faculté n'aimait pas à avoir affaire aux théologiens, qui procèdent par anathèmes beaucoup plus que par analyses. Cependant un célèbre chirurgien que la Faculté de Paris avait appelé de Montpellier, et auquel l'Académie ouvrit ses portes, La Peyronie, s'imagina un jour pouvoir trancher la question et avoir découvert où l'âme réside. Le chirurgien de Montpellier arrivait tout imbu des doctrines métaphysiques de l'école où il s'était formé. Ce n'était point un docteur Sidrac, comme nous le dépeint Voltaire, dans sa spirituelle *Histoire des oreilles du comte de Chesterfield*, qui se souciait fort peu de savoir où l'âme était logée, et qui doutait qu'elle habitât nulle part. Le confiant anatomiste n'avait pas touché l'âme de son scalpel, mais à l'inspection d'un certain point du cerveau, il s'était imaginé reconnaître qu'elle avait passé par là. On l'écouta avec intérêt, toutefois il ne convainquit personne. Descartes avait eu la même présomption ; il faut dire pour son excuse qu'il ne disséqua jamais de sa vie. Un chirurgien qui supposait pouvoir être plus heureux se montrait encore moins clairvoyant.

Dans ces discussions anatomiques, on tirait des arguments et des preuves de l'étude de tous les êtres ; on ne se bornait pas aux autopsies des cadavres, on avait aussi recours à l'inspection des animaux. Lors du débat qui s'éleva entre Méry et Duverney, sur la circulation du sang du fœtus, les deux adversaires prirent des sujets de comparaison dans l'organisation des tortues. L'anatomie zoologique grandissait ainsi à l'ombre de l'anatomie humaine. Vers la fin de sa vie, Duverney s'occupa avec passion de la structure et des mœurs des limaçons ; il consacrait, au Jardin du Roi, des nuits entières à observer ces petits animaux. Le résultat de ses recherches se trouve consigné dans les archives de l'Académie des sciences. Le même Duverney fit connaître avec assez d'exactitude la circulation dans les poissons et les reptiles ; Méry donna l'anatomie de la moule, et dota par là la science d'une des premières descriptions anatomiques qui aient été faites d'un mollusque. Avec moins de pénétration et d'étendue dans les vues, Morand, Hérissant continuèrent, vers le milieu du dix-huitième siècle, ces études sur la structure intérieure des animaux. En 1739, le premier exposait l'anatomie de la sangsue ; en 1748, le second lisait à l'Académie un mémoire sur le mouvement du bec des oiseaux, et, plus tard, décrivait les organes de la digestion du coucou et le mode de production de la voix des quadrupèdes et des oiseaux. L'heure n'était point encore venue où l'anatomie comparée devait fournir à la zoologie les fondements de sa méthode et constituer une science dont les aperçus régénéreraient l'étude de la nature organisée. Le principal représentant de l'anatomie comparée, à cette époque, était d'ailleurs un étranger, le Hollandais Swammerdam, que la Compagnie s'honorait sans doute de compter parmi ses correspondants, mais qu'elle ne rencontrait pas à ses séances, où il eût excité les anatomistes à scruter davantage les analogies de structure des êtres et à en suivre, pour l'histoire de chaque organe, la série ascendante.

Une autre science, fille de l'anatomie comparée, était également au berceau ; je veux parler de la paléontologie. Les fossiles n'avaient été retirés qu'en bien petit nombre des profondeurs du sol et ne furent guère le sujet d'observations sérieuses avant la fin du premier quart du dix-huitième siècle. En 1725, Antoine de Jussieu présenta à l'Académie un travail où se trouvaient rapprochées des formes actuelles de la flore et de la faune, les empreintes végétales et animales qu'on avait observées sur certaines pierres. Vers 1709, un professeur de Berlin, Scheuchzer, avait signalé des empreintes de ce genre et les avait décrites dans deux ouvrages ; les trois Baier avaient aussi fait connaître quelques fossiles. Le mémoire d'Antoine de Jussieu marquait un pas important fait dans la connaissance de la création primordiale; mais l'habile naturaliste manquait des données précises qui lui eussent permis de distinguer les caractères différentiels des espèces fossiles et des espèces actuelles dont il constatait l'identité générique. Les fossiles eux-mêmes étaient d'autant moins connus qu'on ne savait point encore nettement les distinguer des incrustations confondues avec eux sous le nom vague de pétrifications. Tout ce qui semblait acquis à la science, c'est que les fossiles ne sont point, comme on se l'était longtemps imaginé, des jeux de la nature, de bizarres productions de ses forces occultes. C'est de Daubenton seulement que date la paléontologie vraiment scientifique; c'est lui qui dissipa les dernières erreurs du vulgaire, en montrant que les débris organiques de mammifères déposés dans le sol ne sont point les ossements des géants d'avant le déluge et que la colère de Dieu avait anéantis. Je reviendrai, en traitant de l'histoire de l'Académie, pendant la seconde moitié du dix-huitième siècle, sur les travaux de Daubenton. Je me borne à dire ici que la Compagnie fut tenue au courant des découvertes de fossiles, qui commençaient à se multiplier, par un de ses correspondants, frère d'un médecin et botaniste de Montpellier, l'abbé Sauvages de La Croix. Cet amateur, qui partageait ses loisirs entre l'étude de la nature et celle du patois languedocien, sut tirer de ses études lithologiques quelques vues applicables à la théorie de la Terre. Cette théorie, elle était alors encore plus enfouie dans les profondeurs du sol que les fossiles qui en devaient fournir les éléments. Non-seulement la géologie n'était pas née, mais elle n'était pas même conçue. On se contentait, pour expliquer la formation du globe, de paraphraser la Genèse et d'ajuster à son texte des hypothèses, plus ou moins chimériques, que leur apparence scientifique faisait prendre pour des découvertes. C'est ce qui avait lieu surtout en Angleterre, où la Bible était l'objet d'un culte aussi fervent que la science [1]. En France, un seul homme avait hasardé une théorie dégagée des influences théologiques, théorie à la fois ingénieuse et bizarre, dont il avait puisé l'idée en Égypte. Mais si De Maillet se montrait plus indépendant, il n'était pas moins hypothétique, et son *Telliamed* [2] est resté simplement comme un témoignage de la curiosité qu'inspirait à des esprits libres le problème de la création. Le livre auquel l'auteur n'osa mettre son nom fut imprimé en Hollande ; il trouva sa voie, mais cette voie n'était pas celle de l'Académie.

Le système de De Maillet a été le point de départ de ces cosmogonies téméraires, dont la philosophie du dix-huitième siècle ne s'effrayait pas, et sur lesquelles l'Académie ne jetait les yeux qu'à la dérobée. Hommes d'expérience et d'observations positives, bien qu'encore mal servis par leur adresse, leurs appareils et leurs informations, les académiciens affectaient beaucoup de réserve, quand il s'agissait d'embrasser d'un seul regard l'ensemble de l'univers et de pénétrer dans les plans de Dieu. La philosophie du dix-huitième

---

[1] Voy. Alex. Bertrand, *Lettres sur les révolutions du globe*, 6º édit. introd.

[2] Voy. ce que dit Cuvier de cet ouvrage dans son *Discours sur les révolutions du globe*.

siècle, durant la première moitié de cette période, était aux abords de l'Académie; elle n'y avait point encore pénétré. Buffon, en publiant les *Époques de la nature*, magnifique essai d'une généralisation de tous les faits physiques appliquée à l'explication de l'origine de la Terre, rompit avec les habitudes timides qui retenaient ses confrères; il montra que les plus hautes questions de la métaphysique et de la religion sont étroitement liées à l'étude des phénomènes naturels, et malgré le soin qu'il mit à dissimuler la hardiesse et l'hétérodoxie de ses vues, son livre n'en est pas moins un des symptômes les plus significatifs du triomphe des idées nouvelles, au sein d'une Compagnie qui en avait été si longtemps effrayée. Fontenelle les avait longtemps caressées, il est vrai, mais sans les laisser approcher; tandis que dans la seconde moitié du dix-huitième siècle à laquelle appartient Buffon, elles régnaient aussi bien à l'Académie des sciences qu'à l'Académie française. Cette invasion de la philosophie dans les deux Compagnies savantes coïncidait avec une extension de leur popularité. A dater environ de 1740, les travaux de l'Académie des sciences occupèrent une place considérable dans le mouvement intellectuel. La géométrie, renouvelée par l'analyse newtonienne, avait acquis une vogue encore plus grande que celle dont elle jouissait au siècle précédent. « Fontenelle et Maupertuis, qui vivaient beaucoup dans le monde, écrit Cabanis, en retraçant l'histoire d'une autre science, y contribuèrent peut-être encore plus par leur conversation que par leurs ouvrages. Maupertuis, avec son imagination ardente, avec ses vues audacieuses et sou-

vent gigantesques, entraînait les imaginations oisives, toujours avides d'impressions nouvelles. Fontenelle, par ses vues fines, par sa manière de simplifier les objets les plus compliqués, de rapprocher les plus distants, de traduire en langue vulgaire les vérités les plus éloignées des idées reçues, faisait croire à ses auditeurs, comme à ses lecteurs, qu'ils entendaient et savaient ce qu'il avait fait passer ainsi rapidement, mais avec netteté, devant leurs yeux [1]. »
La philosophie sentait la nécessité de rapprocher les diverses connaissances humaines, pour en tirer des données générales sur lesquelles elle pût construire; elle comprenait que c'était seulement par une vue comparative de tous les phénomènes de l'univers, qu'on pourrait arriver à résoudre les grands problèmes dont la théologie lui avait, pendant des siècles, interdit l'accès; elle s'y lançait avec toute la confiance et l'inexpérience du jeune homme trop longtemps retenu sous une discipline étroite et rigide, et qui commence à voler de ses propres ailes.

La méthode analytique et inductive, portée des sciences mathématiques et physiques dans l'histoire, la morale et le droit public, devenait un lien qui renouait entre elles toutes les études. Les savants cherchaient à allier la variété des connaissances à la spécialité des recherches, et passaient souvent, avec une égale facilité, des mathématiques à la littérature, comme Maupertuis et D'Alembert; de la physique à l'éloquence, comme Buffon; de l'analyse ou de la méde-

---

[1] *Révolutions de la médecine*, c. 9; *OEuvres*, t. 1, p. 200.

cine à l'économie politique, comme Condorcet ou Quesnay. La Condamine n'était pas seulement un homme versé dans toutes les sciences mathématiques et physiques, un intrépide observateur de la nature, c'était aussi un faiseur de vers agréables, un beau diseur et un homme de salon. Sans s'exposer pour la défense des doctrines nouvelles, il faisait cependant profession de philosophie et fréquentait les réunions de madame Geoffrin, à laquelle, à son lit de mort, il envoyait demander un confesseur qui ne crût point à la présence réelle; il mettait autant de curiosité à assister aux prétendus miracles des convulsionnaires[1] et à celui plus accepté du sang de Saint-Janvier[2], qu'à observer la nature équinoxiale et les phénomènes du firmament.

Il y avait bien encore des hommes spéciaux confinés dans une seule étude, tels que le mathématicien Fontaine; mais ces hommes fréquentaient eux-mêmes les littérateurs et les philosophes. Clairaut était l'ami de Diderot, et Mairan, l'abbé Nollet, les amis de Voltaire, qui avait été l'un des premiers protecteurs du géomètre Cousin.

On érigeait même en principe la nécessité pour un philosophe de ne rester étranger à aucune science. « L'esprit philosophique fait tant de progrès en France depuis quarante ans, écrivait Voltaire à madame Du Châtelet, en lui dédiant sa tragédie d'*Alzire*, que si Boileau vivait encore, lui qui osait se moquer d'une femme de condition, parce qu'elle voyait en secret

---

[1] Voy. *Correspondance de Grimm et Diderot*, t. III, p. 134.
[2] Voy. son voyage en Italie fait en 1755, et publié dans les *Mémoires de l'Académie des sciences pour* 1757, p. 383.

Roberval et Sauveur, il serait obligé de respecter et d'imiter celles qui profitent publiquement des lumières des Maupertuis, des Réaumur, des Mairan, des Du Fay et des Clairaut ; de tous ces véritables savants qui n'ont pour objet qu'une science utile, et qui, en la rendant agréable, la rendent insensiblement nécessaire à notre nation. Nous sommes au temps, j'ose le dire, où il faut qu'un poëte soit philosophe et où une femme peut l'être hardiment. » En parlant ainsi, Voltaire ne faisait qu'exprimer l'opinion de son siècle, et ambitieux lui-même de réunir le titre de géomètre à celui de poëte et d'historien, il s'était fait expliquer par madame Du Châtelet la physique de Newton, que Maupertuis avait enseignée à l'aimable marquise, et avait pris avec elle des leçons de géométrie de Samuel Kœnig. Une de ces querelles, fréquentes entre les géomètres d'alors, remplissait l'Académie et les salons qui se piquaient de philosophie. Il s'agissait de savoir comment on doit estimer la force des corps en mouvement, ce que Leibniz appelait *force vive*, donnant le nom de *force morte* à celle des corps qui n'ont aucune tendance à se mouvoir ; force morte qui n'agit alors que par leur pression. On était d'accord sur la manière d'estimer la force d'un corps qui, en vertu de sa pesanteur, ou d'une pression, tend au mouvement ; les principes admis de la statique voulaient que la force du corps fût proportionnelle à la vitesse qu'il aurait, si ce mouvement était effectué. Mais la règle était-elle applicable aux corps qui sont dans un mouvement actuel ? C'était là le sujet de la dispute. On avait cru jusqu'en 1686 que les corps ainsi en mouvement continuaient de suivre la loi des simples vitesses. Leibniz taxa cette opinion d'erronée, et entreprit d'établir que, dans le cas supposé, la force est non proportionnelle à la simple vitesse, mais au carré de la vitesse. L'opinion de Leibniz fut traitée d'abord comme une hérésie et combattue avec vivacité par les cartésiens français. L'Angleterre aussi s'y montra fort opposée ; mais Jean Bernoulli vint appuyer de son autorité la doctrine de Leibniz, et l'Allemagne tout entière se rangea sous son drapeau. Il y avait déjà plus de quarante ans que la querelle était commencée, quand madame Du Châtelet, qui avait la vanité de se faire un nom au milieu des géomètres, descendit dans la lice, et, forte de l'opinion d'un génie tel que Leibniz, forte du concours que lui prêtaient encore les mathématiciens de la Hollande et de l'Italie, elle entreprit de confirmer le principe nouveau de la proportionnalité au carré des vitesses. Mairan, attaché aux idées de Descartes, se déclara son adversaire ; Voltaire, devenu géomètre à son tour, vit là une occasion de faire preuve de sa science de fraîche date ; et comme sans doute il croyait plus aux beaux yeux de la marquise qu'à son infaillibilité en géométrie, il se rangea du côté de Mairan, dans un mémoire qu'il adressa en 1741 à l'Académie des sciences sur les forces motrices des corps, et où il soutenait le principe que les forces vives sont en même raison que les forces mortes, comme l'avaient cru Descartes et Newton. Mairan, charmé de rencontrer un auxiliaire qui, s'il était un assez pauvre mathématicien, avait sur l'opinion une puissance que n'auraient jamais eue ses propres calculs, prodigua au poëte philosophe les éloges les plus outrés. « Notre siècle, écrit-il, ainsi que les beaux siècles de Rome et de la Grèce, peut compter des philosophes parmi ses plus grands poëtes. M. de Voltaire a présenté cette année à l'Académie un mémoire intitulé : *Doutes sur la mesure des forces motrices et sur leur nature*, où il paraît être fort au fait de la fameuse question des forces vives, ce qui n'est pas commun, et avoir médité avec succès sur la nature du mouvement, ce qui est encore plus rare. »

Voltaire avait habilement choisi son sujet, pour se donner un vernis de géomètre, car il s'agissait plutôt d'une question de métaphysique que d'un problème de mécanique, quoiqu'on eût multiplié de part et d'autre les expériences et les calculs. D'Alembert montra très-bien plus tard que cette grande querelle des forces vives n'était qu'une question de mots. En fait Leibniz n'était pas fondé à changer la définition de ce qu'on entendait par forces. Il est plus naturel de désigner ainsi l'effet produit dans un temps déterminé. Or le motif pour lequel on ne parvenait pas à s'entendre tenait précisément à ce que chacun entendait la force à sa manière [1].

Une discussion non moins vive sur un point qui tenait aussi à la métaphysique de la mécanique s'éleva à la même époque, et quoique d'un caractère plus géométrique, elle occupa les philosophes. Maupertuis, qui la souleva en 1744, était d'ailleurs encore plus philosophe que mathématicien. « Le mouvement est, comme

[1] Voy. sur cette question les intéressantes considérations de M. Cournot, *Traité de l'enchaînement des idées fondamentales dans les sciences et dans l'histoire*, t. I, p. 131.

il le remarquait dans son *Essai de cosmologie*, le plus grand phénomène de la nature, le plus merveilleux. On ne saurait le nier que par des raisons qui détruiraient ou rendraient douteuse l'existence de tous les objets hors de nous; qui réduiraient l'univers à notre propre être, et tous les phénomènes à nos perceptions. » Rechercher les lois qui président au mouvement, c'est donc pénétrer presque jusque dans la dernière raison des choses, et, à cette profondeur, la physique et la métaphysique se confondent. Entre les principes fondamentaux de la dynamique, l'astronome breton fit ressortir celui de la moindre action, fondé sur la notion de l'extrême simplicité des lois de la nature. *Lorsqu'il arrive quelque changement dans la matière*, disait Maupertuis, *la quantité d'action employée pour ce changement est toujours la plus petite qu'il soit possible;* ou, si l'on veut donner à cet énoncé philosophique une forme plus mathématique, on dira : Lorsque plusieurs corps agissant les uns sur les autres éprouvent un changement dans leur mouvement, ce changement est toujours tel que la gravité d'action dépensée par la nature pour le produire est un minimum; et cette action a pour mesure le produit de la masse par l'espace et la vitesse.

Le philosophe géomètre s'imaginait avoir fait par ce principe une découverte fondamentale pour toutes les sciences, et il en attendait de grands éloges. Ce fut à l'Académie de Berlin, où il régnait comme président, qu'il l'exposa avec pompe. Mais il trouva dans cette Compagnie un contradicteur plus tenace qu'il ne l'aurait rencontré peut-être à l'Académie des sciences de

Paris. Samuel Kœnig, son *pauvre ami*, l'attaqua avec force, et nia de plus que le savant français l'eût énoncé le premier. Maupertuis, qui ne supportait pas la contradiction, montra plus d'humeur que de logique dans sa réponse, et accusa la bonne foi de Kœnig; mais il n'était qu'au commencement de ses peines. Engelhard réclama aussi l'honneur de la découverte, et rappela qu'il y avait longtemps qu'il avait enseigné le principe de la moindre action sous le nom de *loi d'épargne*, tandis que Mérian, Formey, et surtout Euler, qui croyaient l'honneur de l'Académie de Berlin engagé, soutenaient la vérité de l'énoncé de Maupertuis et son droit de priorité [1]. Ce fut seulement en 1749 qu'un officier irlandais, au service de la France, admis dans l'Académie des sciences pour ses beaux travaux sur la géométrie et la balistique, D'Arcy, ramena chez nous le débat en attaquant Maupertuis, qui répondit avec autant de courtoisie que son collègue en avait mis à le contredire. Mais le philosophe breton, maître à l'Académie de Berlin, par le coup d'État qui forçait Kœnig à se démettre de son titre d'associé, fut battu dans sa patrie, où il vint mourir des blessures qu'avait reçues son amour-propre.

Tous ces débats augmentaient la popularité d'une assemblée dont les travaux se rendaient accessibles à un plus grand nombre d'esprits cultivés. Son empire, ou plutôt sa direction, était de moins en moins contestée. Les sciences tendaient à se faire une large

---

[1] Voy. Christian Bartholmèss, *Histoire philosophique de l'Académie de Prusse*, t. 1, p. 334 et suiv.

place à côté des lettres dans l'instruction des gens du monde. Cependant l'éducation scientifique des colléges restait encore fort limitée. L'histoire naturelle n'était connue que de quelques amateurs et n'avait dans l'Université aucune chaire; la physique n'était guère plus répandue sur les bancs des écoles, les instruments étant alors trop rares et trop dispendieux pour que les expériences pussent être répétées devant les élèves en philosophie de chaque collége. De là assez d'ignorance scientifique dans les classes même instruites, ce qui donnait aux jugements de l'Académie une autorité plus absolue. Au milieu du dix-huitième siècle, l'industrie n'était pas assez développée pour avoir constamment affaire aux sciences qui devaient lui fournir tant de procédés nouveaux, tant de perfectionnements ingénieux. Celles-ci conséquemment ne descendaient pas, tous les jours, comme de notre temps, aux applications mécaniques et industrielles; elles avaient moins à se mêler des intérêts commerciaux, et se tenaient davantage dans la sphère sereine de l'abstraction et de la théorie. Avant de se livrer aux recherches scientifiques, les membres de l'Académie avaient presque tous reçu une forte éducation littéraire; ils avaient étudié simultanément les mathématiques et la philosophie, ce qui avait imprimé des habitudes moins spéciales, moins particulières à leur esprit; ils cherchaint surtout les faits généraux. Peut-être une telle disposition leur donnait-elle dans la pratique une infériorité sur les savants d'aujourd'hui; le grand nombre de connaissances auxquelles ils appliquaient leur activité les empêchait parfois de pénétrer dans des détails qu'ils étaient cependant appelés à examiner au sein de l'Académie. Jean-Jacques, dans ses *Confessions*, raconte qu'admis en 1742 à lire devant la Compagnie un mémoire sur son système de notation musicale en chiffres, il trouva dans ses commissaires des gens de mérite et de savoir, mais auxquels manquait malheureusement la connaissance de ce qu'ils avaient à juger, c'est-à-dire de la musique. D'un seul coup d'œil, Rameau, qui n'était pas de l'Académie, mais qui savait à fond la matière par la pratique, découvrit le côté faible du système de Rousseau, dont les académiciens n'avaient pu se faire une idée.

Ce qui arriva au philosophe de Genève dut se produire aussi pour bien d'autres. Mais ces défaillances accidentelles du corps savant ne portaient aucune atteinte à sa vitalité, encore moins à son prestige. Les académiciens conservaient toute leur dignité et évitaient de la compromettre, en acceptant des positions étrangères à leurs aptitudes et qui les eussent mis trop en vue du public. Ils trouvaient dans la considération personnelle une position plus grande peut-être que celle qu'on croit de nos jours rencontrer dans l'importance et le nombre des fonctions. Une foule de places n'absorbaient pas leur activité, et il leur restait du loisir pour l'étude, même après être arrivés au faîte des honneurs scientifiques. Une pension les faisait subsister, sans qu'ils eussent besoin de demander à des cours multipliés ou à des occupations administratives un revenu nécessaire à l'entretien de leur famille. Ils vivaient d'ailleurs modestement; car s'ils fréquentaient les grands, la noblesse ou la finance, ils ne tenaient pas maison et payaient en savoir et en esprit l'accueil libéral qui leur était fait. Moins de brigue dans la sollicitation des emplois, moins de devoirs de société amenaient une moindre perte de temps, et ils pouvaient travailler davantage, sans se fatiguer autant que le font les académiciens d'aujourd'hui.

On s'explique ainsi la grande activité de la Compagnie et l'illustration croissante qui environnait ses travaux. Les sciences s'apprêtaient déjà à disputer aux lettres le pas dans la marche intellectuelle de l'humanité. Plus on avançait dans l'étude de la nature, de la composition des corps, de l'organisation des êtres, plus on était frappé d'admiration, et plus on se sentait d'orgueil d'être en état d'assister à un spectacle si majestueux. Aussi le savoir d'un secrétaire perpétuel suffisait-il difficilement à exposer des résultats si nombreux et si complexes. Malgré la singulière souplesse de son esprit, Fontenelle avait senti la tâche au-dessus de ses forces, quand l'âge s'appesantit sur sa frêle et délicate complexion. Par trois fois il voulut se démettre, et il écrivit en 1737 au cardinal de Fleury, pour lui demander la vétérance, qu'il avait déjà réclamée sept années auparavant. Il était alors octogénaire. Le cardinal, qui prétendait qu'on ne devait pas être vieux à un âge où il se croyait encore jeune pour les affaires, ne fit à sa proposition qu'une réponse évasive. Fontenelle dut attendre encore trois ans pour avoir son congé, que le cardinal lui accorda en 1740, mais en faisant ses réserves. Il aurait fallu au secrétariat de l'Académie l'activité d'un jeune homme, le savoir et l'expérience d'un vieillard. On pensa que la seconde qualité était encore plus importante que la première, et Mairan, presque aussi âgé que Fontenelle[1], fut choisi pour le remplacer. C'était, il est vrai, un homme singulièrement laborieux ; sans avoir le style de son prédécesseur, il écrivait cependant d'une manière agréable ; plus sérieusement versé dans les sciences physiques et mathématiques, il pouvait en parler, sinon avec autant d'esprit, au moins avec plus de compétence. Mais les fonctions étaient trop lourdes pour son âge, et l'Académie trop jeune pour ses idées, puisées à la source tarie du cartésianisme. Il se démit promptement, laissant quelques éloges qui ne sont pas sans mérite. Grandjean de Fouchy, esprit assez lettré, mais astronome médiocre, que Mairan fit agréer pour le remplacer, et peut-être aussi pour le faire regretter, n'avait rien de ce qui convenait à ses fonctions. La science était devenue trop étendue pour qu'il fût en état d'en embrasser l'ensemble ; ses problèmes trop élevés ou trop délicats pour qu'il pût y atteindre ; il n'exerça aucune influence sur ses confrères. Condorcet, cherchant à louer dans l'éloge de ce savant la manière dont il s'était acquitté de son rôle de secrétaire perpétuel, ne trouve à dire que ces mots : « Dans ses éloges, M. de Fouchy fut moins ingénieux que Fontenelle, mais il eut presque toujours le mérite de ne pas chercher à l'être. » Fatigué de fonctions qu'il avait exercées pendant trente années, et qui devenaient de plus en plus au-dessus de ses forces, Grandjean de Fouchy sentit la nécessité de se donner un adjoint, et il jeta les

---

[1] Dortous de Mairan, né à Béziers en 1678, mourut en 1770, âgé de près de quatre-vingt-treize ans.

yeux sur ce même Condorcet, qui venait d'être admis à l'Académie. Il s'en fit aider pour la composition de ses derniers éloges. Ce choix, tout spontané, déplut à bon nombre de ses confrères, qui objectaient qu'une pareille adjonction tendait à créer une sorte de survivance. Ils auraient préféré Sylvain Bailly, astronome distingué, à la fois écrivain éloquent, homme de goût, érudit ingénieux et parleur disert. Grandjean de Fouchy tint bon, soutenu qu'il était par D'Alembert et ses amis. La Compagnie était, en effet, alors divisée, comme cela est si souvent arrivé depuis, en deux partis. Chacun d'eux avait à sa tête un homme auquel la supériorité de son esprit, l'éclat de sa réputation donnaient un crédit qui paralysait complétement l'action qu'aurait pu avoir le secrétaire perpétuel : c'étaient Buffon et D'Alembert. Le premier, héritier de Réaumur malgré lui ; le second, émule de Clairaut, dont il recueillit l'héritage scientifique. Ils avaient des tendances opposées et des caractères divers. Buffon, plein de lui-même et de la haute position qu'il avait conquise, dominait par la grandeur de ses vues les naturalistes plus exacts dont il utilisait les travaux ; trésorier de la Compagnie, et investi, à ce titre, d'attributions étendues, il fut, pendant la durée des fonctions de Grandjean de Fouchy, le véritable secrétaire perpétuel. Mais, s'il était fait pour représenter dignement l'Académie, il n'avait pas tout ce qu'il fallait pour la conduire. Comme bien des gens altiers vis-à-vis des inférieurs, il se montrait flatteur adroit du pouvoir et souple avec les grands [1].

[1] Voy. Humbert-Bazile, *Buffon, sa famille, ses collaborateurs*, publié par H. Nadault de Buffon, p. 96 et suiv. — On peut voir

Malgré la hardiesse qu'il avait laissé percer dans ses théories et qui lui valut d'être attaqué en commun avec les novateurs, en pleine Académie française par le dévot Lefranc de Pompignan [1], il évitait de se compromettre par la fréquentation des philosophes, gens mal en cour et peu disposés à courber la tête sous le joug des opinions officielles. On comprend donc que Bailly, qui avait la même réserve calculée [2], qui, de plus, par ses spéculations sur les temps primitifs, appuyait le système adopté dans les *Époques de la nature*, à l'auteur duquel il rendait un éclatant hommage, fût le candidat de Buffon. Esprit plus exact et plus sévère que le grand naturaliste, D'Alembert, auquel la géométrie avait donné une clarté et une énergie de conception et de style toute différente de la pompe de Buffon, méprisait les condescendances de son confrère et sympathisait peu avec le candidat de celui-ci ; il devait naturellement préférer Condorcet, mathématicien comme lui, partisan avoué de la philosophie nouvelle, qui n'avait sans doute pas son génie, mais imitait de loin sa précision et son esprit. D'Alembert l'emporta, et Condorcet fut élu. Buffon se montra cruellement mortifié; et quand, plus tard, D'Alembert parvint encore à faire préférer, dans une autre Académie, l'Académie française, son protégé à

---

dans cet ouvrage le chiffre, considérable pour le temps, des traitements et des pensions que Buffon avait su obtenir. Cf. ce qui est dit dans le même ouvrage, p. 61, des opinions de Buffon.

[1] Dans son discours prononcé le 10 mars 1760. Voy. Morellet, *Mémoires* publiés par Lemontey, t. I, p. 85.

[2] Bailly, quoique lié avec les *Encyclopédistes*, avait refusé de prendre part à leur grande publication.

Bailly[1], le grand naturaliste ne put dissimuler sa colère ; il cessa de paraître aux séances des deux Compagnies, et, retiré soit au Jardin du Roi, soit à Montbard, il ne vécut plus guère qu'avec ses pensées et ses intimes amis[2]. Des traits de ce genre se sont offerts dans l'histoire d'autres académiciens. Des esprits superbes, tel qu'était celui de Buffon, supportent plus difficilement un échec qu'une contradiction, et la supériorité de leur esprit ne les sauve pas des faiblesses de la vanité blessée. Condorcet aussi était une intelligence orgueilleuse, mais son orgueil avait un caractère plus digne, une allure plus indépendante. Intelligence à idées arrêtées et quelque peu systématiques, il possédait assez de con-

---

[1] D'Alembert disait après le vote, qu'il était plus heureux de cette victoire que s'il eût trouvé la quadrature du cercle.

[2] Voy. *Buffon, sa famille, ses collaborateurs*, publ. par H. Nadault de Buffon, p. 58 et suiv. — Humbert-Bazile était trop lié par la reconnaissance pour juger avec impartialité son ancien protecteur ; mais on découvre à certains mots qui lui ont échappé, à quelques anecdotes rapportées par l'arrière-petit-neveu du grand naturaliste, tout ce qu'il y avait d'impérieux dans le caractère de celui-ci. La brouille qui éclata plus tard entre lui et Bailly, parce que l'astronome, admis enfin parmi les quarante, n'avait pas voulu voter pour son candidat, est à elle seule une preuve de la domination absolue que voulait exercer Buffon sur ceux qui l'entouraient : *Nous ne nous verrons plus*, dit-il à Bailly ; mot dur qui nous fait voir que si, comme son panégyriste s'efforce de l'établir, le grand homme avait le cœur sensible, ce n'est pas là que se trouvaient les fibres qui l'étaient davantage. Un caractère aussi dominant et aussi altier nous donne la raison des déconvenues académiques de Buffon. Tout ce que rapporte Humbert-Bazile de ses dernières années, accuse un homme profondément blessé de n'avoir pu s'imposer en maître à ses confrères. Ajoutons que Buffon, qui a pu être plein de bienveillance pour des personnes dont il n'aurait su se passer, ne leur a pas rendu dans ses écrits une justice suffisante et a souvent dissimulé ce qu'il leur devait.

naissances pour exposer toutes les découvertes, assez de netteté dans les conceptions pour s'en rendre compte. Il releva des fonctions qui tendaient à perdre leur importance et leur lustre ; il acheva d'assurer dans l'Académie la prépondérance des nouveaux principes de politique et de philosophie qu'aurait repoussés J.-B. Duhamel, que Fontenelle approuvait en secret, mais n'osait confesser, et auxquels Grandjean de Fouchy avait laissé faire leur chemin, sans y prendre garde.

La célébrité de l'Académie des sciences allait grandissant. Les candidatures se multipliaient et les élections devenaient parfois fort laborieuses. Bien souvent, ce n'était qu'après de nombreux scrutins que la majorité parvenait à se former. Cette majorité, arrachée par la fatigue et l'ennui, était-elle toujours l'expression du vœu de la Compagnie ? Quelques esprits, désireux d'apporter à toutes choses la sévérité et la rigueur des principes mathématiques, se le demandaient et songeaient aux moyens de corriger ce que le mode d'admission pouvait avoir de défectueux. Un géomètre qui devait acquérir un nom justement estimé dans les sciences, Borda, fit même de cette question, à deux reprises différentes, en 1770 et en 1781, l'objet d'un travail particulier ; il proposa un mode nouveau plus compliqué, mais assurément plus propre à révéler les préférences de l'Académie. Le système de Borda ne fut pas adopté, quoiqu'il eût appelé de sérieuses réflexions sur l'insuffisance d'un procédé d'élection que la tradition a perpétué.

Les choix faits à l'étranger étaient plus heureux, parce que la notoriété commandait le vote et que l'influence des rivalités personnelles n'intervenait pas. Néanmoins, quoique des préférences non justifiées aient plus d'une fois ouvert les portes de l'Académie des sciences à des hommes qui écartèrent de plus dignes, quoique ceux-ci aient attendu fréquemment plus qu'il ne convenait à l'honneur de la Compagnie, on doit reconnaître cependant que tous les génies que la France a comptés au siècle dernier dans les sciences, tous les hommes qui se sont fait un nom, en les cultivant ou en les protégeant, ont été admis, soit à titre d'associé ou de pensionnaire, soit en qualité de membre honoraire. Si l'Académie française, où les influences de salon et de coterie ont maintes fois opprimé les lettres, a à se reprocher d'avoir fréquemment préféré des écrivains médiocres, des grands seigneurs et des hommes de cour, à des écrivains tels que Molière, Regnard, Lesage, Gilbert, J.-J. Rousseau et Beaumarchais, si l'on a pu écrire l'histoire d'un quarante et unième fauteuil, presque aussi bien occupé que les quarante fondés par Richelieu, il serait difficile de rencontrer un nom vraiment illustre dans la science, que l'Académie des sciences n'ait pas inscrit sur la liste de ses membres ou de ses correspondants. J'ai déjà cité plusieurs des savants étrangers qui entretinrent avec la Compagnie un commerce de découvertes. Daniel Bernoulli, de cette famille où le génie géométrique était une sorte de patrimoine héréditaire, prit en 1748, comme associé étranger, la place laissée vacante par la mort de son père Jean, et mit sa finesse comme calculateur au service de ses confrères de Paris. Il eut pour émule un autre associé de l'Académie, Euler, plus exclusivement analyste que lui, et que Condorcet a caractérisé par ces mots : « Génie puissant et inépuisable, qui, dans sa longue carrière, a parcouru toutes les parties des sciences mathématiques et reculé les bornes de toutes. » Le grand Newton échangea avec la Compagnie, dont il était associé, plusieurs lettres touchant sa théorie de la lumière et lui proposa quelques expériences. Boerhaave adressa à l'Académie, qui le comptait aussi au nombre de ses associés, diverses communications, en particulier sur le mercure. On rencontre encore au nombre des associés qui ont entretenu des relations étroites avec leurs confrères de Paris, le médecin naturaliste et voyageur irlandais Hans Sloane, auquel la botanique et la matière médicale doivent d'importants progrès, et qui a légué à Londres cette bibliothèque et ces riches collections qui formèrent le noyau du *British Museum*. Le recueil de l'Académie renferme plusieurs communications de cet illustre savant, par exemple, des observations sur la castration des poissons, sur les sapins fossiles, sur les odeurs communiquées au corps animal, sur les effets qu'a la garance sur les os du porc. Le comte de Marsigli, qui protégeait en Italie les sciences avec autant d'intelligence et d'ardeur que Sloane les cultivait en Angleterre, qui fonda l'Institut de Bologne et se fit un nom dans la botanique et la zoologie, avait noué avec l'Académie des sciences des relations, grâce auxquelles rien n'échappait à celle-ci de ce qui se découvrait au midi des Alpes. La Compagnie lui dut des communications sur les analyses de plantes marines et sur la pierre de Bologne. Un autre savant italien, le marquis Poleni, géomètre et antiquaire, qui prit la place de Marsigli, comme intermédiaire entre les sociétés scientifiques de France et celles d'Italie, suivait avec autant d'intérêt et d'empressement les travaux de la docte assemblée de Paris.

Ce qui contribuait le plus à établir des relations entre l'Académie des sciences et les savants étrangers, c'étaient les concours ouverts chaque année par la Compagnie; les travaux couronnés étaient publiés dans un recueil spécial faisant suite aux Mémoires et qui commença à paraître en 1721. L'idée de ces prix appartenait à un conseiller au Parlement, M. Rouillé de Meslay, qui, cette année-là, avait dans ce but fait don d'une somme à l'Académie. Les savants les plus éminents de l'étranger ne crurent pas déroger, en venant briguer l'approbation d'une assemblée illustre, et l'on trouve, dans le *Recueil des prix*, des mémoires composés par quelques-uns des hommes de génie dont j'ai cité plus haut les noms. Euler fut quatre fois couronné pour des questions de physique et de mathématiques. Le marquis Poleni concourut quatre fois et remporta trois fois le prix. Daniel Bernoulli l'obtint dix fois. L'Académie des sciences de Paris n'était pas la seule qui ouvrît de pareils concours. Depuis un siècle, diverses villes de France avaient reçu du roi la confirmation des académies qui s'y étaient fondées et où l'on cultivait à la fois la physique, la géométrie et les belles-lettres. Caen, Arles, Soissons, Villefranche-en-Beaujolais, Nîmes, Angers, Montpellier, Bordeaux, Lyon, etc., avaient établi successivement leurs académies, dont les concours appelaient également et obtinrent quelquefois les mémoires d'hommes distingués.

Ces relations incessantes de l'Académie des sciences avec les intelligences les plus remarquables de l'étranger assuraient au loin son influence. D'autres moyens achevaient de l'étendre. Afin d'encourager les communications qui lui étaient adressées par ses associés et ses correspondants, l'Académie décida qu'elle en ferait, sous le titre de *Recueil des savants étrangers*, l'objet d'une publication à part, qui a commencé en 1750. Depuis 1702, chaque année, la Compagnie faisait paraître un volume de Mémoires contenant, d'une part, les mémoires lus par les académiciens, de l'autre l'histoire de l'Académie par le secrétaire perpétuel. Cette histoire comprenait deux parties : l'histoire générale de l'Académie où se trouvait exposé tout ce qui avait été fait et dit de remarquable dans ses assemblées et donné l'analyse des mémoires imprimés, la seconde renfermant les éloges des académiciens morts pendant l'année. C'est Fontenelle qui valut à cette publication, presque inconnue du public, sous le secrétariat de Duhamel, et rédigée d'ailleurs par celui-ci d'une manière incomplète, une véritable vogue. Les préfaces qu'il a placées en tête de l'histoire de la Compagnie pour 1666 et pour 1699 sont des modèles accomplis. Ces Mémoires n'étaient pas la seule publication que dirigeât l'Académie ; elle cumulait alors les attributions qui ont été assignées depuis au Bureau des longitudes et celles que s'est données la Société d'encouragement. Elle faisait imprimer la *Connaissance des Temps*, recueil astronomique dont ne sauraient plus se passer aujourd'hui nos marins. Ce furent Picard et Lefebvre qui en rédigèrent les premiers volumes en 1679.

J'ai dit plus haut que, sous le ministère de Colbert, l'Académie avait été chargée de composer une description de tous les arts et métiers, afin d'introduire, dans les procédés en usage chez les artisans, les perfectionnements indiqués par la théorie. On fut longtemps à réunir les éléments de cette grande publication technologique, après la mort de Filleau des Billettes [1], habile mécanicien, qui s'en était sérieusement occupé; elle avait langui plusieurs années, quand Réaumur lui imprima une impulsion nouvelle et en fit commencer la rédaction définitive. En 1761, parut l'*Art du Charbonnier*, par Duhamel du Monceau, que ses connaissances étendues en agriculture et en chimie avaient parfaitement préparé à cette tâche, et qui donna plus tard l'*Art de l'épinglier, du cirier, du chandelier, du cartier*, etc. De Fougeroux y travailla ensuite avec ardeur, donna l'*Art du Tonnelier, du Coutelier, de l'Ardoisier, du Carrier*, etc. Un corespondant de l'Académie, de Fourcroy de Ramecourt, travailla aussi à la collection; on lui doit: l'*Art du Tuilier, du Briquetier, du Chaufournier*. Mais le membre de l'Académie qui prit la part la plus active à cette encyclopédie des arts manuels, ce fut le chimiste Baumé, que l'Académie s'adjoignit en 1773, et qui a composé plus de quarante traités : *l'Art du Confiseur, du Parfumeur, du Ferblantier, du Fumiste, de l'Artificier, de l'Orfévre*, etc. La publication de ces divers traités s'est continuée jusqu'à la suppression de l'Académie en 1793.

[1] Né à Poitiers en 1634, nommé pensionnaire en 1699, mort en 1720.

Ainsi investie d'une sorte d'enseignement et de direction dans les arts mécaniques et industriels, la Compagnie savante se vit bientôt assaillie de demandes de brevets, de sollicitations pour des encouragements. La réclame, bien qu'elle ne fût pas encore propagée par les cent voix de la presse, était déjà née au dix-huitième siècle. L'Académie des sciences devenait ainsi complice involontaire d'un achalandage de boutique ou de spéculations hasardées. « Le moindre artisan, écrit Mercier dans son *Tableau de Paris*, se munit aujourd'hui d'une approbation de cet illustre corps, qui descend, ce me semble, à des objets quelquefois indignes de lui. Par exemple, les souliers d'homme sont d'un noir très-luisant ; on vend un vernis élastique qui donne ce luisant ; l'auteur l'appelle *cire coquette*, et voilà ce vernis qui est approuvé par l'Académie des sciences ! »

Ceux même qui s'élevaient le plus contre le sacerdoce scientifique dont l'Académie était investie, qui déblatéraient contre elle, sentaient cependant si bien son autorité, qu'ils en recherchaient avidement les éloges, et recouraient pour cela quelquefois à la ruse. Marat, ce charlatan, ce fou sanguinaire, que la haine de toute supériorité et un orgueil insensé jetèrent dans les excès révolutionnaires, s'était imaginé être un physicien, de force à détrôner Newton. Il avait accablé d'injures Laplace qui le traitait d'imbécile et Volta qui doutait de son infaillibilité ; et cependant il entendait obtenir l'approbation de l'Académie. Voici comment il y parvint. Il fit une traduction nouvelle des *Principes d'optique* de Newton, en les accompagnant de notes ou altérant le texte, de façon à renverser la théorie du grand homme. Puis à force de sollicitations, il obtint du grammairien Beauzée, dont il connaissait la faiblesse de caractère, de mettre son nom à cette machine de guerre, sans doute en lui en cachant la destination. Le livre parut, fut soumis à l'Académie, qui donna son approbation de confiance à un membre de l'Académie française. Alors Marat revendiqua son œuvre, et se targua d'un jugement donné, les yeux fermés, mais qui n'eut pas moins son effet [1].

C'étaient surtout les machines qui étaient soumises à l'examen des académiciens, tant par quelques-uns de leurs confrères, que par des inventeurs étrangers à la Compagnie. De là, sous le titre de *Machines de l'Académie*, la fondation d'un recueil, qui ne comprend pas moins de sept volumes; on y trouve décrites et exposées toutes les inventions mécaniques qu'elle avait prises sous son patronage et qu'elle croyait utile de propager. Pitot, Camus y avaient donné la description de plusieurs de leurs inventions; mais non contente de recevoir des plans et des modèles de machines nouvelles, l'Académie en provoquait encore l'envoi par des sujets de prix, purement mécaniques. C'est ainsi qu'elle mit au concours la meilleure construction du cabestan, sujet qui l'occupa à plusieurs reprises et donna lieu à de nombreuses communications. Jean Polen, l'officier de marine De Pontis, l'abbé Fénel, firent expérimenter leurs projets devant l'Assemblée. L'ingénieur Gallon, de Cherbourg, correspondant de

---

Voy. Brissot, *Mémoires* publiés par F. de Montrol, t. I, p. 354, 358.

Grandjean de Fouchy, M. de Montigny, président des trésoriers de France, que l'Académie s'était donné pour adjoint, lui présentèrent des projets importants. On allait jusqu'à lui soumettre les inventions les plus modestes et d'un caractère purement domestique. Deux mécaniciens, qui entretinrent plusieurs fois la Compagnie des instruments qu'ils construisaient, Navarre et Marius [1], lui soumirent de nouveaux systèmes de parapluie.

Au milieu du dix-huitième siècle, l'âme de la publication des machines de l'Académie, c'était Vaucanson [2]. Jamais peut-être homme ne posséda à un plus haut degré l'art de combiner et de régler les ressorts et les rouages, de façon à produire un effet déterminé. Ses automates l'ont rendu célèbre dans toute l'Europe [3]; mais son génie inventeur s'était surtout exercé à des recherches mécaniques plus utiles, si elles n'étaient pas si merveilleuses. Vaucanson n'avait pas seulement une surprenante sagacité pour découvrir des mécanismes nouveaux, il excellait encore à les décrire, car ses conceptions avaient autant de clarté et de précision que de puissance. Nommé inspecteur des manufactures de soie, il s'attacha à perfectionner les métiers et à discerner les moyens de donner aux étoffes la variété dans le dessin et la solidité dans le tissu. Entré à l'Académie en 1746, il fournit au *Recueil des machines* la descrip-

[1] Marius fut à la fin de sa vie adjoint à l'Académie des sciences; il mourut en 1720.
[2] Jacques Vaucauson, né à Grenoble en 1709, mort en 1782.
[3] La description du flûteur, du tambourineur et du canard fut publiée par l'Académie en 1742.

tion de divers mécanismes utiles aux arts, tels qu'un métier pour les ouvrages de tapisserie, une grue à charger et à peser les fardeaux, une machine à moirer les étoffes et surtout un moulin à organsiner, des plus ingénieux. Le principe de cette machine est une chaîne sans fin qui donne le mouvement au moulin. Vaucanson y joignit un appareil pour former la chaîne de mailles toujours égales, que Condorcet a décrit dans l'éloge qu'il nous a laissé du grand mécanicien.

Bien que la réorganisation de 1699 eût donné aux travaux une plus grande notoriété, ils étaient loin cependant d'atteindre encore à la publicité qu'ont de nos jours ceux de l'Académie des sciences. Le règlement voulait que les personnes étrangères à la Compagnie ne pussent assister aux assemblées ordinaires que conduites par le secrétaire, et si elles avaient à proposer quelque découverte ou quelque machine nouvelle. Les séances étaient donc toutes privées; et comme on n'en publiait pas de comptes rendus officiels, rien ne sortait des procès-verbaux que quelques rapports, de temps à autre imprimés, et les mémoires, qui n'attendaient pas, ainsi que cela a lieu actuellement, des années pour voir le jour de la publicité. Ce secret gardé sur les travaux de l'Académie ajoutait à son prestige; un auditoire malicieux ou jaloux ne pouvait surprendre les académiciens dans leurs faiblesses, leurs erreurs ou leur laisser-aller. La science avait donc son étiquette comme la cour, étiquette destinée à dissimuler au vulgaire la trop fréquente impuissance du génie et la petitesse des esprits même les plus grands.

Si l'on excluait le vulgaire de ces assises scientifiques hebdomadaires, en revanche on admettait les princes étrangers qui tenaient à honneur de visiter les corps savants. Ces éminents personnages ne faisaient point de voyage à Paris, sans aller rendre leurs devoirs à ceux qu'on appelait alors les princes de l'intelligence. Le dix-huitième siècle a été, on le sait, l'âge d'or des savants et des hommes de lettres ; ils avaient fait entériner, à force d'esprit et de génie, leurs lettres de noblesse ; tous les grands seigneurs s'honoraient de les recevoir et de les fêter, cherchant, il est vrai, plutôt en eux des auxiliaires pour un prestige qui commençait à abandonner la naissance, que des amis qui éclairassent leur jugement et ornassent leur intelligence. Aussi D'Alembert, en écrivant au marquis d'Argenson, à la fois membre honoraire de l'Académie des sciences et de celle des inscriptions, qui a été secrétaire d'État de la guerre et surintendant des postes, se plaignait-il que les Mécènes fussent de son temps trop multipliés pour la gloire et le bien des lettres. Il ajoutait que le vrai moyen d'honorer le mérite, en le protégeant, est de s'honorer soi-même par la manière dont on le distingue. Un écrivain qui nous a laissé un des tableaux les plus vrais de la société française au dix-huitième siècle, le comte de Ségur, montre dans ses *Mémoires*[1] quel était le vrai motif pour lequel les grands seigneurs recherchaient tant la compagnie des savants et des littérateurs. « La cour seule, écrit-il, conservait son habituelle supériorité ; mais, comme les

---

[1] T. 1, p. 90.

courtisans en France sont encore plus serviteurs de la mode que les serviteurs du prince, ils trouvaient de bon air de descendre de leur rang et venaient faire leur cour à Marmontel, à Raynal, avec l'espoir de s'élever par ce rapprochement dans l'opinion publique. »
En 1768, quand le jeune roi de Danemark se rendit en France, on l'accabla, comme c'était l'usage, de fêtes, de bals et de spectacles. Mais, au milieu de ces divertissements de commande, il n'eut garde d'oublier les savants français, qui n'avaient pourtant pas été mis dans le programme. Le monarque voulut avoir à dîner les philosophes en renom et se rendit successivement aux séances des trois académies. A l'Académie des sciences, D'Alembert, averti de sa visite, lut un discours ainsi intitulé : « *Le plus grand bonheur d'une nation est que ceux qui la gouvernent soient d'accord avec ceux qui l'instruisent*[1]. » C'était une leçon pour le prince, où le géomètre français montrait ce qu'il aurait été s'il eût accepté l'offre de Catherine II, quand elle le demandait pour précepteur de son fils. Sa Majesté danoise prit la leçon de bonne grâce. A cette époque, les souverains se laissaient aisément donner de pareilles leçons par les philosophes, ne soupçonnant pas que le peuple se chargerait un jour de les appliquer. Deux années plus tard, Gustave III, qui n'était encore que prince royal, vint à Paris où il devait apprendre son avènement à la couronne de Suède. Il voulut aussi visiter l'Académie

---

[1] Voy. le discours de D'Alembert dans la *Correspondance littéraire* de Grimm, t. VI, p. 214.

des sciences. D'Alembert, l'orateur attitré, prononça l'inévitable discours, et, comme le prince s'intéressait, disait-on, aux progrès de la chimie, Macquer, Sage et Lavoisier firent chacun une lecture. La séance se termina par des démonstrations anatomiques. Le démonstrateur était une demoiselle Bihéron, atteinte pour l'anatomie et pour la chirurgie, d'une passion qui l'avait fait prendre part au martyre des convulsionnaires, véritables opérations chirurgicales [1]; elle était parvenue à fabriquer ces cadavres artificiels et inodores dont le docteur Auzoux a cru être l'inventeur. La pauvre fille amusa peu le prince; l'Académie réclama pour elle sa protection et ses encouragements. On n'a pas dit si Gustave III nomma mademoiselle Bihéron démonstrateur d'anatomie à Stockholm ou à Upsal.

En 1777, l'empereur d'Autriche, qui voyageait sous le nom de comte de Falckenstein, voulut également assister à une séance de l'Académie des sciences, et la chimie, alors fort à la mode, en fit les frais, comme dans la visite de Gustave III. Lavoisier montra à Joseph II comment l'acide carbonique, ou, comme l'on disait dans le langage chimique du temps, l'*air fixe* est impropre à entretenir la vie. Il asphyxia un moineau dans un bocal qui en était rempli. L'Assemblée croyait le petit animal mort, et elle fut fort étonnée, lorsque Sage, ayant approché du bec de l'oiseau de l'ammoniaque fluor, le moineau se ranima peu à peu, battit des ailes, puis prit sa volée. Le savant français avait

---

[1] Voy. la *Correspondance littéraire* de Grimm, t. VII, p. 454. Cf., t. III, p. 19. Le directeur des femmes atteintes de convulsions, à Saint-Médard, les perçait de clous aux pieds et aux mains.

profité de la circonstance pour mettre en évidence la vertu de l'alcali volatil contre l'asphyxie, la seule bonne observation qu'il ait à peu près faite en chimie. Enfin, en 1782, Paul Ier, qui voyageait avec sa femme sous le nom de comte du Nord, et qui avait reçu à Versailles la plus somptueuse hospitalité, fit, à son tour, sa visite aux trois Académies. Malgré la sévérité des sujets qui devaient être traités devant lui, la princesse son épouse l'accompagna à l'Académie des sciences le 6 juin. Condorcet leur adressa un discours où l'on reconnaît le philosophe, mais point le futur conventionnel qui condamnerait un roi à la peine la plus forte après la mort. Paul Ier alla voir chez lui D'Alembert et eut constamment La Harpe dans sa société. Ce n'était pas la première visite qu'un tsar faisait à la Compagnie. Son ancêtre Pierre Ier, lors de son voyage à Paris en 1717, où il vint, nous dit Fontenelle, avec la curiosité du génie, s'était rendu aux séances de l'Académie. Dès qu'il fut de retour dans ses États, il fit écrire à l'abbé Bignon par Areskins, Écossais, son premier médecin, qu'il acceptait le titre de membre que la Compagnie lui avait conféré, « et quand celle-ci lui eut rendu grâces avec tout le respect et la reconnaissance qu'elle devait, écrit encore Fontenelle, il lui en écrivit lui-même une lettre qu'on ose à peine appeler une lettre de remercîment, quoiqu'elle vînt d'un souverain qui s'était accoutumé depuis longtemps à être homme. »

L'Académie reçut Paul Ier comme elle avait reçu Pierre le Grand; elle ne voulut pas tenir une pure séance d'apparat; elle communiqua au prince quelques-uns de ses travaux, mais elle eut la singulière idée, pensant sans doute qu'en Russie on aime les odeurs fortes et pénétrantes, de faire assister le tsar à des expériences sur la nature du principe odorant et sur la manière de détruire les exhalaisons fétides, expériences qui paraissent avoir plus impressionné l'odorat que l'esprit de Sa Majesté moscovite.

Quoique dans les hautes régions de la société française, la science fût plutôt un passe-temps qu'une affaire sérieuse, quoique plusieurs des Académiciens honoraires fussent souvent, comme le maréchal de Richelieu, des gentilshommes d'un savoir purement *métallique* [1], l'importance qu'elle avait conquise inspira à quelques grands seigneurs l'idée de s'y adonner complétement. Le prince de Conti prit du goût pour l'astronomie et construisit une machine horaire. Les travaux du duc de Chaulnes et du comte de Lauraguais n'ont point déparé le Recueil de l'Académie. Il est vrai que, si l'on en croit Diderot [2], ce dernier faisait faire ses découvertes en chimie par les autres et qu'il les retenait prisonniers jusqu'à ce qu'ils eussent achevé ses expériences. Un gentilhomme d'excellente maison, le chevalier de Louville, s'était senti pour l'astronomie une telle vocation, que, rompant avec les préjugés de sa caste, il avait renoncé au brevet de colonel qu'il tenait du roi, et ne s'était plus occupé que d'observations d'étoiles et de calculs. La noblesse de robe, plus sou-

---

[1] *Metallic learning*, comme dit lord Chesterfield, faisant allusion à la rapacité du maréchal. Voy. *The letters of Philip Dorm. Stanhope Earl of Chesterfield*, edit. by lord Mahon, t. IV, p. 325.

[2] Voy. ce qui est raconté dans les *Mémoires, correspondance et ouvrages inédits de Diderot*, t. II, p. 61.

vent que celle d'épée, consacrait ses loisirs à des recherches sérieuses sur quelques points des sciences physiques ou mathématiques. Dionis du Séjour, Bochart de Saron, Guyton de Morveau, les premiers astronomes, le dernier chimiste, ont marqué leur place dans la science et honoré l'Académie; l'un était conseiller au Parlement de Bourgogne, les deux autres appartenaient au Parlement de Paris. De Borda, du présidial de Dax et correspondant de l'Académie, se livrait à la physique. Le président Joubert du Bosc, de la Cour des aides de Montpellier, également correspondant de l'Académie, lui fit de fréquentes communications sur l'histoire naturelle; enfin le plus illustre de tous ces magistrats amis des sciences, Lamoignon de Malesherbes, adressa à la Compagnie, dont il était membre honoraire, d'intéressantes notes sur des points de botanique et de sylviculture[1].

Le mouvement scientifique, qu'on a vu déjà si puissant et si prononcé durant la première moitié du dix-huitième siècle, ne fit que s'accélérer encore pendant la seconde; des découvertes importantes étendirent le champ des sciences physiques et mathématiques, au point d'en faire un vaste empire, ayant une multitude de provinces et de gouvernements, qui produisaient chacun ses fruits spéciaux; presque tous les ans, l'esprit humain entrait en possession de vérités nouvelles.

Des branches de nos connaissances, qui n'étaient auparavant qu'en bourgeon, devinrent alors de magnifi-

---

[1] Voy. ce que dit Chateaubriand, *Mémoires d'Outre-tombe*, t. I, p. 373 et suiv.

ques rameaux, bientôt ramifiés à leur tour. Rien dans la nature n'échappa aux investigations, quoiqu'elles fussent parfois insuffisantes ou maladroites. Le calcul s'étendit à tout ce qu'il pouvait embrasser ; l'expérience s'installa là où l'on avait supposé que l'expérimentation ne pouvait atteindre. Pour se faire une idée de l'immense domaine qu'exploitait l'Académie, dans la seconde moitié du dix-huitième siècle, il faut reprendre le tableau que j'ai tracé précédemment, et le conduire jusqu'au moment où la Convention supprima cette Compagnie.

Frappé du spectacle intellectuel dont il était environné, D'Alembert écrivait[1] : « Une génération nouvelle s'est élevée qui achèvera la révolution commencée dans les sciences ; car, quand les fondements d'une révolution sont jetés, c'est presque toujours dans la génération suivante qu'elle s'achève ; rarement en deçà, parce que les obstacles périssent plutôt que de céder ; rarement au delà, parce que les barrières, une fois franchies, l'esprit humain prend un essor rapide, jusqu'à ce qu'il rencontre un nouvel obstacle qui l'oblige de s'arrêter pour longtemps. » La remarque était juste ; les principes découverts par Newton et ses émules portèrent leurs fruits, et D'Alembert lui-même ouvre cette génération à laquelle il annonçait qu'était réservé l'honneur d'achever la grande œuvre. L'analyse infinitésimale s'élançait plus librement à la solution d'une multitude de problèmes que n'auraient osé aborder les anciens géomètres, s'ils les avaient

---

[1] *Éléments de Philosophie*, ch. XX.

soupçonnés, tandis que les mathématiques élémentaires prenaient un langage plus précis et plus clair, adoptaient des notations plus simplifiées, qui en facilitaient l'enseignement. Un membre de l'Académie des sciences, professeur aux écoles de marine et d'artillerie, Bezout, faisait paraître en 1764 et 1770 des cours de mathématiques supérieurs à ceux de Camus, où était exposé avec une remarquable lucidité tout l'ensemble des vérités géométriques indispensables à l'étude de la haute analyse. Vers la même époque, dans un Mémoire adressé à la Compagnie, il proposait quelques perfectionnements pour la résolution des équations, un des points fondamentaux de l'algèbre, dont un autre géomètre, académicien comme lui, Vandermonde, élève de Fontaine, donnait des méthodes nouvelles plus simples et moins longues. Mais ce n'était pas à l'Académie des sciences de Paris, que cette branche de l'algèbre rencontrait son véritable maître. En 1770 et 1771, Lagrange, alors à Berlin, proposait des moyens qui rendaient les essais moins pénibles et moins prolongés, faute d'une méthode générale et précise, pour résoudre, les équations d'un degré supérieur. Chez nous Legendre, en 1785, apportait les derniers perfectionnements à une partie moins transcendante de l'algèbre, l'*analyse indéterminée*, qu'il enrichissait de plusieurs propositions importantes. L'attention des géomètres commençait au reste à se détourner de l'algèbre ; ils sentaient qu'ils possédaient dans l'analyse infinitésimale un instrument plus puissant dont les méthodes perfectionnées permettraient de trouver des solutions refusées aux calculs purement algébriques.

Cette analyse infinitésimale qui était si redevable à Clairaut et à Fontaine, elle dut encore à D'Alembert des perfectionnements nouveaux ; il en éclaira surtout la métaphysique. Ce grand homme passait tour à tour de l'étude d'un instrument analytique et de ses applications aux grandes questions de mécanique terrestre ou céleste. Des émules, tels qu'Euler et Lagrange, excitaient son ardeur, comme l'avait déjà excitée Clairaut. C'était un concours, une émulation constante entre des génies d'un tour d'esprit différent, de facultés diverses, possédant chacun leur genre de supériorité. Moins exercé comme analyste qu'Euler, D'Alembert suppléait, par la pénétration de son esprit, à la facilité de calcul ; impatient d'arriver à des résultats où il craignait de se voir dépasser, il ne prenait pas assez le soin d'apporter à la rédaction de ses mémoires mathématiques la clarté et l'élégance qui brillent dans ses autres écrits. Lagrange, que la France devait bientôt enlever à Berlin, et que l'Italie avait fait la faute immense d'abandonner, déployait dans ses recherches une force d'abstraction et une généralité de vues qui dépassaient D'Alembert et souvent même Euler. Méditant longuement sur chaque sujet, aussi grand par la fécondité de l'invention que remarquable par la précision du langage, il associait les habitudes des géomètres du siècle précédent aux idées libres et indépendantes de celui où il vivait. Hardi penseur comme D'Alembert, modeste et réservé comme Euler, il mérita l'amitié de ces deux grands hommes et sut gagner leur confiance. Euler avait deviné l'illustration qui lui était réservée, et s'était presque incliné devant l'éclat naissant de sa gloire. Aussi, à la mort du géomètre bâlois, D'Alembert désigna-t-il Lagrange au roi de Prusse comme le seul digne de lui succéder.

L'Académie eut sa part à la fin du dix-huitième siècle, dans ces progrès de l'analyse infinitésimale, grâce aux travaux de Condorcet, de Monge, de Cousin, de Legendre, de Charles. Les considérations de Laplace et de Condorcet sur *les équations aux différences mêlées* où intervenaient à la fois les fonctions de l'algèbre et de l'analyse ; le mémoire où Legendre donnait un moyen ingénieux et simple de diminuer les difficultés de la recherche des intégrales doubles, si utiles pour trouver la grandeur des solides et pour calculer leurs attractions ; le travail où Cousin, complétant de premiers essais de D'Alembert sur la *théorie des limites*, appropriait à l'analyse les considérations dont les anciens avaient fait usage pour éviter celle de l'infini dans la mesure des courbes, furent les derniers efforts des géomètres de l'Académie dans cette branche des mathématiques.

Des calculs nouveaux agrandissaient le champ des mathématiques et promettaient de s'appliquer à des questions dont le calcul intégral et différentiel ne pouvait offrir que des solutions imparfaites, donner que des évaluations approximatives. Le calcul des variations prenait naissance ; l'idée première en appartient à Lagrange. Legendre, géomètre profond et analyste consommé, étendait de bonne heure son domaine, et, en 1786, il lisait à l'Académie un mémoire sur le moyen de distinguer dans ce calcul les *maxima* des *minima*. Lagrange jetait aussi les fondements de sa théorie des *fonctions analytiques*, inspirée par le désir de donner au calcul infinitésimal une origine purement analytique, à la fois simple et rigoureuse, tirée des développements des fonctions en séries. La géométrie elle-même agrandissait ses horizons, et en même temps qu'avec Monge elle appliquait avec plus de symétrie et de finesse l'algèbre à l'étude des surfaces, elle généralisait l'emploi des projections et systématisait, pour représenter sur une surface plane le contact et les intersections des lignes et des corps dans l'espace, des procédés dont faisaient depuis longtemps usage les charpentiers et les tailleurs de pierre. Le même Monge devenait le législateur de cette science nouvelle, la géométrie descriptive, déjà entrevue par un jésuite, le P. Courcier, par un moine mathurin, le P. Derand, par Jousse et par Frézier[1]. Vandermonde complétait la *géométrie de situation*, imaginée par Leibniz; il adaptait une notation plus simple à l'art de calculer les rapports de position des différents corps dans l'espace, et en faisait l'application à ce célèbre *problème du cavalier*[2] déjà traité par Euler.

Le calcul des probabilités pénétrait de plus en plus dans la statistique, qu'il élevait presque à la hauteur d'une science exacte. Entre les mains de Dionis du Séjour, de Condorcet et de Laplace, il fournissait à l'administration la solution de questions qu'elle était impuissante à découvrir. En 1781, Condorcet lisait à l'Académie un mémoire sur les principes de ce calcul,

---

[1] Voy. Montucla, *Histoire des Mathématiques*, t. III, p. 15.

[2] Ce problème consiste à faire parcourir au cavalier sur l'échiquier toutes les cases, sans passer deux fois par la même.

et six ans plus tard, pour le populariser, il en ouvrait un cours au *Lycée*. A cette époque, une heureuse occasion se présenta de montrer au gouvernement quels services il pouvait retirer de la statistique ainsi régénérée par le calcul. Les agents du fisc dressaient, tous les ans, pour les différentes provinces, des états de population qu'ils envoyaient au ministre des finances. La pratique de chaque jour mettait en évidence tout ce que ces états avaient d'incomplet et de fictif. Déjà en 1779, Morand, ne se fiant pas à leurs évaluations, avait entrepris de démontrer, par un examen critique des témoignages à sa disposition, que la population du royaume avait considérablement augmenté, depuis quarante années. Dionis du Séjour voulut faire davantage; il eut la pensée d'appliquer au recensement du royaume les procédés de la physique, qui constate les faits par l'expérience et en tire les conséquences par le calcul. Il proposa de prendre pour base d'un relevé de la population l'année commune des naissances, déduite pour chaque localité du relevé des registres de paroisse. Ayant constaté que la proportion des nouveau-nés à celle des vivants est sensiblement représentée par le chiffre 26, le nombre moyen des naissances de chacun des groupes de population marqués sur la carte de Cassini, multiplié par ce facteur, lui fournit les éléments dont l'addition représenterait la population totale de la France. Aidé de Laplace et de Condorcet, Dionis du Séjour se livra de 1783 à 1788, à cet aride travail, qui fut la première tentative d'un recensement systématique. Mais ce n'était encore là qu'une évaluation bien approximative, et l'administration, intéressée à posséder des chiffres rigoureux, ne s'en contenta pas longtemps. Marchant dans la même voie, l'astronome suédois Wargentin, actif correspondant de l'Académie, communiquait à ses confrères de Paris les tableaux de mortalité qu'il dressait pour son pays, et fournissait aux statisticiens français de précieux éléments de comparaison.

Ces applications des mathématiques à des questions sociales faisaient concevoir aux géomètres l'espérance de pouvoir bientôt soumettre à leurs formules les faits de l'ordre moral, et Daniel Bernoulli se trouvait déjà d'accord avec Maupertuis pour admettre que la méthode algébrique y trouverait une branche inconnue [1].

La mécanique, pour étendre ses théories, trouvait dans la géométrie des moyens aussi puissants qu'étaient les machines pour les appliquer. D'Alembert découvrait un principe fécond qui allait ramener toute la mécanique des fluides à un seul point d'analyse. Après les découvertes de Clairaut, il ne s'agissait que de passer des lois que celui-ci avait formulées, à celles du mouvement des fluides, pour faire de l'hydrodynamique un simple corollaire de la statique. D'Alembert franchit ce pas difficile, en traitant de la théorie de la résistance des fluides, afin de répondre à l'appel fait par l'Académie de Berlin au concours de 1750; et en 1752, dans son *Essai d'une nouvelle théorie sur la résistance des fluides*, il donnait les équations rigoureuses et générales du mouvement des fluides com-

---

[1] Voy. ce qu'écrit D. Bernoulli à Euler en 1742, dans Fuss, *Correspondance mathématique et physique de quelques célèbres géomètres du dix-huitième siècle*, t. II, p. 494.

pressibles ou incompressibles, résistants ou élastiques. Borda, conduit par ses découvertes, mais s'appuyant de principes différents de ceux sur lesquels s'étaient basés D'Alembert et Daniel Bernoulli, reprit la théorie de l'écoulement et du mouvement des fluides.

« L'application du calcul aux questions de la mécanique rationnelle, à celle où l'on considère les corps sous un point de vue abstrait, ne suffit pas à nos besoins, écrivait, à la fin du dix-huitième siècle, Condorcet[1]; il faut y ajouter celle des théories mécaniques à la physique, c'est-à-dire aux corps tels qu'ils existent dans la nature. Cette application qui demande un mélange adroit de calculs et d'expériences, de raisonnements et de démonstrations, est pour ainsi dire une science particulière, très-étendue, très-utile, et qui semble former la liaison entre les sciences de calcul et les sciences d'observations. Elle exige la réunion du génie des mathématiques à une sagacité et à une finesse d'esprit non moins rares que le génie. Ce fut le domaine de Daniel Bernoulli, et il y a régné longtemps sans partage. ». Ces paroles nous montrent combien il restait encore à faire à cette époque pour ajuster aux calculs des géomètres l'expression des phénomènes que nous présente la nature, pour leur appliquer des formules qui, par leur abstraction, s'élevant au-dessus de ces mille variations des corps et des forces, les frottements, les affinités, les changements de température et d'état électrique, peuvent traduire analytiquement le jeu des

---

[1] Voy. Condorcet, *Discours sur les sciences mathématiques*, dans ses *OEuvres*, publiées par O'Connor et Arago, t. I, p. 467.

machines matérielles et pesantes que l'homme construit et dont il se sert. L'art de l'ingénieur, celui de l'officier avaient besoin, afin d'apprécier d'une manière plus précise la résistance des matériaux, la force des engins, la dépense des mécanismes, la quantité de leur action, d'une analyse mathématique fine et prudente qui tînt compte de tant de causes de perturbation et pût au besoin leur trouver une expression algébrique propre à les faire entrer dans le calcul. On ne faisait en France que s'essayer dans cette voie; l'École polytechnique n'avait point été encore fondée pour former des ingénieurs et des officiers géomètres. Cependant au sein de l'Académie, un savant général qu'elle avait nommé associé libre en 1747, le marquis de Montalembert[1], abordait avec l'expérience du praticien diverses questions de balistique, où il déployait cet esprit créateur qui lui fit chercher un système de fortifications nouveau. Le comte d'Arcy, de son côté, empruntait à l'Angleterre sa véritable patrie[2], l'idée d'expériences où il vérifiait les théories d'Euler et de

---

[1] Le marquis de Montalembert, né à Angoulême en 1714, qui servit avec distinction dans la guerre d'Allemagne et de Bohême, avait fait construire, dans l'Angoumois et le Périgord, des forges qui fournirent à la France des canons et des projectiles et furent acquises par l'État ; il survécut à la Révolution, et proposé à l'Institut pour une place dans la section de mécanique, il se retira devant la candidature du général Bonaparte. Il est mort le 29 mars 1800.

[2] Patrice, comte d'Arcy, dit le chevalier d'Arcy, qui fut maréchal de camp dans l'armée française, né à Galway, en Irlande, en 1725, mort en 1779. Il donna un premier mémoire sur l'artillerie en 1750, continua ses expériences pendant dix années, et en présenta l'exposé complet en 1760 ; il imagina un pendule balistique, imité de celui de Robins.

Robins[1]. Perronnet, le plus grand ingénieur français de son temps, tout occupé de ses constructions, ne prit qu'une faible part aux travaux de l'Académie qui l'avait appelé ; il ne lui a laissé aucun mémoire digne d'une réputation légitimée par d'autres travaux. Mais Monge fit ce que Perronnet aurait dû faire ; son esprit pratique cherchait partout les moyens d'étendre au travail des ouvriers le bienfait de la géométrie ; dans un beau mémoire *sur les remblais et les déblais*, lu en 1781, il en montrait la théorie mathématique et prouvait, que du fond de son cabinet, le mathématicien peut dicter des lois à l'art de l'ingénieur, même sans l'avoir jamais appliqué.

La machine à vapeur, dont l'idée première appartient à un correspondant de l'Académie des sciences, D. Papin, mort oublié à l'étranger, s'était exilée avec son inventeur, et la découverte de Watt, qui lui donna la puissance et la vie, ne pénétra pas dans l'ancienne Académie des sciences. Le marquis de Jouffroy, qui donnait à Lyon, en juillet 1783, le premier spectacle d'un bateau à vapeur, n'obtenait même pas le titre de correspondant de cette Compagnie, qui laissa passer l'honneur de la découverte à l'américain Fulton. L'Académie n'envoya aucun de ses membres assister à l'expérience de Jouffroy [2].

[1] Cette théorie ne commença à se répandre que vers 1745. Voy. la lettre de Jean Bernoulli à Euler, dans Fuss, *Correspondance mathématique et physique de quelques géomètres du dix-huitième siècle*, t. II, p. 89.

[2] Voy. Figuier, *Exposition et histoire des principales découvertes scientifiques modernes*, t. I, où est donné le procès-verbal de l'expérience du marquis de Jouffroy.

Entre les machines dont les progrès, durant la seconde moitié du dix-huitième siècle, accusent davantage ceux de la mécanique appliquée, il faut placer les instruments d'horlogerie. Toutes les machines destinées à mesurer le temps, à en représenter les divisions, subirent alors des perfectionnements qui montraient à quel degré peuvent être poussées l'habileté et la délicatesse du travail manuel, quand elles sont stimulées par la science. La profession d'opticien et d'horloger avait pris, tant en Angleterre qu'en France et en Allemagne, un caractère réellement scientifique ; plusieurs de ceux qui l'exerçaient contribuèrent par leurs inventions à l'avancement de la physique. Graham, Dollond, Ramsden en Angleterre, s'étaient fait un nom, le premier par son pendule compensateur, le second par ses lentilles achromatiques, le troisième par son micromètre et sa balance. En France, les portes de l'Académie ne s'étaient point encore ouvertes à un Bréguet, à un Berthoud, mais des hommes tels que Lepaute et Pierre Leroy s'acquéraient dans l'Académie une estime qui valait presque autant qu'une élection. Leroy en particulier, dont un fils, Julien-David Leroy appartint à l'Académie des Inscriptions, à titre d'architecte érudit, et dont un frère Jean-Baptiste Leroy, fut membre de l'Académie des sciences, ajouta encore comme horloger à l'illustration que son père, Julien Leroy, avait attachée à son nom. Déjà l'Académie des sciences avait donné tous ses encouragements aux montres du chef de cette dynastie d'horlogers français, dont Voltaire disait que *lui et le maréchal de Saxe avaient battu les Anglais*. Le recueil des machines de l'Académie s'ouvrit à la description des inventions de son fils Pierre, notamment à celle d'une pendule à sonnerie à une seule roue et d'un échappement à détente ; mais là où P. Leroy dépassa peut-être tous les horlogers de son temps, ce fut dans l'exécution d'une horloge destinée à marquer le véritable lieu du soleil, ou le temps vrai ; avant lui on n'était parvenu qu'à faire indiquer à ces chronomètres le temps moyen. Sans avoir le génie de Julien ni de Pierre Leroy, Lepaute rivalisa souvent heureusement avec ces deux illustres horlogers, et son nom fut aussi porté par une famille dont divers membres cultivèrent avec succès la mécanique des horloges. Celles que construisit Lepaute et son frère Jean-Baptiste contribuèrent autant au progrès de l'astronomie qu'à celui de la science des machines. Le traité d'horlogerie qu'il a laissé lui aurait mérité un fauteuil à l'Académie des sciences, qui donnait une approbation admirative à ses belles horloges des Tuileries, du Palais-Royal, du Jardin des Plantes, à celle de l'hôtel de ville de Paris, à celle enfin du propre local des séances de la Compagnie, construite par son frère Jean-Baptiste. La pendule à une seule roue que Lepaute présenta à l'Académie et qui fut l'objet d'un rapport des plus favorables de l'astronome Lalande, trouva aussi sa description dans le recueil des *Machines*, où les instruments chronométriques tendaient de plus en plus à prendre la place des machines plus matérielles et plus puissantes qui ont occupé nos premiers mécaniciens. C'est que l'astronomie et la physique, l'art nautique et l'art de la guerre, réclamaient des instruments plus perfectionnés pour servir des observations et des méthodes de jour en jour plus précises et plus délicates. L'astronomie avait surtout besoin, pour mesurer le temps et observer les astres, d'instruments qui n'exposassent pas à des erreurs fréquentes et à des évaluations inexactes. Les lunettes achromatiques étaient devenues une nécessité indispensable dans les observatoires. Un membre honoraire de l'Académie, qui appartenait à une antique famille noble où le goût des sciences et des lettres est héréditaire [1], le duc de Chaulnes chercha à en obtenir de plus parfaite et fit des essais, qu'il communiquait à ses confrères, en même temps qu'il inventait une machine parallactique, plus solide et plus commode. Ce difficile problème de l'achromatisme des lunettes, qui fixa un instant l'attention de D'Alembert et d'Euler, fut aussi très-avancé par un astronome dalmate, Boscovich, que le pape avait mandé à Rome pour y professer les mathématiques dans le Collége romain. La France voulut s'attacher ce savant jésuite, et M. de Vergennes lui donna, après la suppression de son ordre, la place de directeur de l'optique de la marine; l'Académie l'inscrivit parmi ses correspondants; mais une fois fixé à Paris, Boscovich y rencontra des contradicteurs et des rivaux, et notre pays ne jouit pas longtemps des fruits de son génie, qu'il alla porter à l'Autriche dont il a été le Cassini [2].

[1] D'Albert d'Ailly, duc de Chaulnes, de la famille des D'Albert, à laquelle appartiennent les Luynes, était né en 1714; il fut nommé académicien honoraire en 1743.
[2] Le P. Boscovich quitta Paris en 1783, se rendit à Milan, et fut chargé par l'empereur de dresser la carte de la Lombardie et de mesurer un degré du méridien; il mourut en 1787.

Tout était à renouveler à l'Observatoire royal de Paris; et l'on attendit jusqu'au règne de Louis XVI pour remédier au mal. L'édifice tombait en ruine, faute de réparations; les instruments manquaient. J.-D. Cassini, qui avait succédé à son père, Cassini de Thury, dans les fonctions de directeur général, obtint enfin les fonds nécessaires du baron de Breteuil, alors ministre, et alla commander en Angleterre les appareils et les télescopes qu'on n'avait pas [1]. Sans être encore pourvus d'instruments assez puissants et assez sûrs, les astronomes ajoutèrent aux observations de leurs devanciers; ils en corrigeaient, en rectifiaient les éléments, et épiaient toutes les occasions de vérifier, par des observations faites dans le ciel, les théories des géomètres. Le grand astronome anglais Halley avait fait remarquer que l'observation des instants précis auxquels commencerait et finirait le passage du centre de la planète Vénus sur le disque du soleil, dont le rayon apparent serait alors diminué d'une quantité égale au rayon apparent de la planète, pourrait fournir le moyen d'évaluer la parallaxe du soleil. Depuis l'époque à laquelle Halley faisait cette remarque, c'était en 1677, le phénomène ne s'était pas produit; les astronomes durent attendre jusqu'en 1761 pour satisfaire leur curiosité. A l'approche du moment, ce fut un concours universel de tous les astronomes de l'Europe; ceux de la France en particulier se signalèrent par leur ardeur à observer un fait si important et si décisif pour les éphémérides célestes. Tandis que, à Paris, chaque

---

[1] Voy. J.-D. Cassini, *Mémoires pour servir à l'histoire des sciences et à celle de l'Observatoire royal de Paris* (Paris, 1810), p. 43 et suiv.

astronome braquait sa lunette sur les deux astres, Messier, que l'Académie devait s'adjoindre, neuf ans plus tard, à l'Observatoire royal de Paris, Grandjean de Fouchy, au cabinet de physique du roi au château de la Muette, Jeaurat, à l'observatoire de l'École militaire, où il était professeur, Lalande, à celui du Luxembourg, tandis que le cardinal de Luynes s'apprêtait à observer le passage de l'astre dans son palais archiépiscopal de Sens, deux expéditions avaient été organisées par l'Académie, pour aller sur des points éloignés du globe, observer le même phénomène ; le roi de Danemark préparait tout pour le faire étudier à Drontheim, en Norvége, et l'empereur d'Allemagne appelait dans le même but Cassini de Thury à Vienne. Pingré, habile astronome, qui s'était formé à l'Observatoire de l'Abbaye-Sainte-Geneviève, partit pour l'île Rodrigue, puis se rendit au Cap Français. Chappe d'Auteroche, qui avait été avec Jeaurat un des collaborateurs de la carte de France, et auquel on devait une traduction des Tables astronomiques de Halley, se dirigea sur la Sibérie. Legentil, autre académicien, s'embarqua pour l'Inde. L'observation du passage de Vénus sur le disque du soleil était des plus délicates ; elle présentait bien des difficultés dont tous les observateurs n'étaient pas assez habiles pour triompher. Favorisé par un ciel serein, Chappe d'Auteroche put s'acquitter de sa tâche ; il profita de son séjour à Tobolsk pour calculer exactement la longitude de cette ville. Pingré mit aussi son voyage à profit pour faire d'autres observations non moins utiles. L'état du firmament n'avait pas favorisé l'observation tant attendue ;

heureusement le curieux phénomène devait se reproduire huit ans plus tard. Le 3 juin 1769, Vénus passa encore sur le disque du soleil. Maraldi le jeune observa ce passage à l'Observatoire royal ; Lalande, à l'Observatoire du collége Mazarin ; Jeaurat, à l'École militaire ; Grandjean de Fouchy, au cabinet de physique du roi, à Passy. Celui-ci s'adjoignit en cette circonstance un associé de l'Académie, De Bory[1], qui s'était déjà fait connaître en 1751 par un voyage sur la côte d'Espagne effectué en vue de fixer la position astronomique des caps Finistère et Ortegal. Sylvain Bailly, dont les travaux commençaient à jeter quelque éclat, rendit également compte à l'Académie de ses propres observations. Dans l'attente où l'on était du retour du phénomène, de nouvelles expéditions avaient été préparées, qui permirent de l'observer aux extrémités du globe. Tandis que les Anglais envoyaient dans la mer du Sud Cook, qui allait y découvrir des îles nouvelles, Pingré s'embarquait pour le cap Français. Chappe, accompagné de deux officiers de la marine espagnole, partait pour la Californie. Celui-ci fut assez heureux pour remplir sa mission, mais il n'eut pas le bonheur d'en pouvoir venir rendre compte à ses confrères. Il mourut, loin de la France, le 1er août 1769. Legentil, qui était resté dans l'Inde, put reprendre des observations incomplètes, faites lors du premier passage de Vénus. La durée des

---

[1] De Bory a lu divers mémoires à l'Académie, notamment un mémoire sur la manière d'augmenter la superficie habitable de la ville de Paris, sans en reculer les limites, en supprimant l'un des bras de la Seine. Il était chef d'escadre et avait été gouverneur général des Antilles françaises. Il mourut en 1801, membre de l'Institut.

passages obtenue dans des lieux si distants, à Taïti, en Californie, à Cajaneborg, dans la Laponie suédoise, s'élevait à plus d'un quart d'heure, et cette différence de durée, que l'on put connaître à quelques secondes près, fournit le principal élément de la détermination de la distance des deux cordes d'arc, d'où la parallaxe du soleil put ensuite se déduire par des moyens susceptibles d'une grande exactitude. On trouva de la sorte que $8'',6$ représentent la parallaxe horizontale du soleil, pour le cas où cet astre se trouve à sa moyenne distance de la Terre.

Un autre phénomène céleste, la présence de la lune tout entière sur le disque du soleil était annoncé pour le 1er avril 1764. Les lunettes étaient prêtes, les astronomes de l'Académie, Grandjean de Fouchy, Cassini de Thury, Maraldi, Lemonnier, Dionis du Séjour, Jeaurat, à leur poste. Mais le temps fut pluvieux et la Compagnie cruellement déçue.

En 1782, le passage de Mercure sur le soleil vint encore fournir une de ces occasions où tous les astronomes de l'Académie se trouvaient unis par une communauté de travaux et d'ardeur; tandis que Lemonnier, Cassini, D'Agelet, Messier, y portaient une attention, exercée par une longue observation des phénomènes célestes, Méchain en faisait à l'hôtel de Noailles, chez le duc d'Ayen, l'objet d'une étude minutieuse, qui lui fournissait le sujet d'un beau mémoire qu'il lut à la Compagnie; le duc de La Rochefoucauld, continuant la tradition des grands seigneurs astronomes, aidé de Rochon, de Desmarets et de Patricauld, observait le même phénomène à La Rocheguyon, sinon avec autant d'intelligence, au moins avec autant d'empressement.

Ces grands faits astronomiques, qui ne se produisent qu'à certains intervalles, n'étaient pas les seuls qui occupassent les académiciens. Chaque jour, ceux qui s'étaient voués à l'astronomie observaient soigneusement l'état du ciel, soit en vue de dresser des éphémérides plus exactes du soleil et des planètes, soit afin de compléter et de rectifier la carte des cieux, Flamsteed, Cassini, La Hire, Halley, Tobie Mayer, Lemonnier, Lacaille, ont successivement donné des tables solaires, et celles de ce dernier furent regardées comme les meilleures, jusqu'à ce que Delambre et De Zach eussent introduit dans les leurs encore plus d'exactitude. Flamsteed avait, le premier, essayé de dresser un catalogue d'étoiles; mais, ne possédant que des instruments imparfaits et ayant négligé, malgré les conseils de Newton, les observations du baromètre et du thermomètre, l'astronome anglais ne donna de la position des astres qu'un tableau inexact. Bradley, doué du génie de l'exactitude, composa un catalogue infiniment préférable, et laissa dans les registres de Greenwich la plus précieuse collection d'observations d'étoiles qui ait été jamais formée. Lalande, non moins laborieux que Bradley, mais sans avoir ni sa sagacité ni sa pénétration, voulut rivaliser avec le grand astronome. Il promena avec une persévérante attention son télescope dans toutes les parties du firmament; il calcula la position, aussi exacte qu'on pouvait alors l'obtenir, de chaque étoile, et arriva à en décrire 50,000. Il ne se borna pas à compter ces myriades de mondes dont s'étonne notre imagination et qui rapetissaient assez à ses yeux notre globe, pour qu'il ne crût pas nécessaire de lui donner un créateur intelligent[1] ; il étudia encore plusieurs des phénomènes apparents que ces mondes nous offrent, notamment les étoiles périodiques dans leur éclat, dont Algol nous fournit un si curieux exemple. Plongeant son œil investigateur dans l'hémisphère boréal, il fixait, de l'observatoire de l'École militaire, la position de 8,000 astres. Du même observatoire, D'Agelet, en 1784 et 1785, étudiait les étoiles filantes, incertain si c'étaient des météores ou des astres qui s'éteignent à nos regards. Messier, à l'observatoire de la marine, en scrutait avec ardeur d'autres, les comètes, dont la course moins rapide, mais pourtant aussi singulièrement accélérée, commençait à se plier à nos calculs, grâce aux travaux de Lacaille, Pingré et Dionis du Séjour.

La nouvelle statistique du ciel dépassait toutes les limites prévues ; malgré la rigueur apparente de cette multitude d'observations dues à l'Angleterre et à la France, il manquait à ce travail une discussion d'ensemble, un contrôle des détails, une rectification des erreurs dues aux instruments qui permissent d'avoir un dénombrement véritable et précis de tous les mondes ; c'est à l'Allemagne que revient l'honneur d'avoir accompli cette grande tâche. L'astronome Bessel s'en acquitta au dix-neuvième siècle, en réduisant tous les résultats obtenus à une même époque. J. Cassini avait dressé en 1714 et 1716 des tables du mouvement des satellites de Jupiter. Lalande, soixante-dix ans plus

---

[1] Lalande faisait, comme on sait, profession ouverte d'athéisme.

tard, corrigea les erreurs de Cassini et calcula de nouvelles tables.

Dans la seconde moitié du dix-huitième siècle, ce ne fut pas tant aux astronomes proprement dits qu'aux géomètres que l'on dut l'avancement de la connaissance des cieux. Sans doute, les travaux de Lalande, de Lemonnier, de Messier, de Méchain, ajoutaient à la science astronomique. Les nombreux mémoires de ces astronomes, surtout du premier, que renferme le recueil de l'Académie, témoignent de leur prodigieuse activité. Mais il n'y avait pas chez ces hommes assez de génie mathématique pour refaire les méthodes et saisir de nouvelles lois dans la mécanique céleste, comme l'ont fait D'Alembert, Lagrange et Laplace. Le premier n'était point observateur et ne possédait guère de l'astronomie qu'une connaissance imparfaite ; cependant ses méditations sur la dynamique le conduisirent à résoudre des problèmes importants pour la détermination des révolutions périodiques de notre système solaire. Le principe qu'il avait découvert, et qui fait la base de son *Traité de dynamique*[1], lui fraya la route vers la solution d'une des questions les plus intéressantes et les plus épineuses que puisse offrir l'astronomie ; le problème du mouvement de la Terre, produit par la précession des équinoxes, avait été traité par Newton, mais d'une manière qui n'avait pas porté la conviction dans les esprits ; Fontaine, quoiqu'il eût entrevu le principe de D'A-

---

[1] Voy. sur ce principe, Cournot, *Traité de l'enchaînement des idées fondamentales*, t. I, p. 172, 173.

lembert, n'osa l'aborder. En 1749, ce même D'Alembert, plus heureux que Newton et Fontaine, dans la solution de la question, démontrait par ses *Recherches sur la précession* que la trace du pôle dans le phénomène de la nutation est une ellipse et non un cercle, comme Bradley l'avait soupçonné.

Lagrange s'en prenait à des problèmes non moins difficiles. En 1764, l'Académie des sciences avait mis au concours la théorie de la libration de la lune. Le géomètre piémontais envoya de Berlin un mémoire qui fut couronné. La solution donnée par D'Alembert du problème de la précession des équinoxes y trouvait une éclatante confirmation. « Il fut enfin démontré, comme le dit Condorcet[1], que non-seulement les phénomènes qui appartiennent à la masse totale des corps célestes, mais ceux qui dépendent de l'action de chacune de leurs parties, sont tels qu'ils doivent être, si chacune d'elles est animée de la force de l'attraction newtonienne. » Lagrange avait déposé dans son mémoire les premiers germes de la grande conception qui servit de base à sa *Mécanique analytique*. De même que D'Alembert avait déduit tous les théorèmes de la dynamique d'un principe unique, Lagrange fit voir qu'une fois admis comme une propriété générale de l'équilibre, le principe des vitesses virtuelles[2], sur lequel s'appuyaient Descartes et Wallis, pour expliquer ce

[1] *Discours sur l'Astronomie*, OEuvres de Condorcet, t. I, p. 491.
[2] Le principes des vitesses virtuelles, est celui-ci : Si un système quelconque de tant de corps ou points que l'on veut, tirés chacun par des puissances quelconques, est en équilibre, et qu'on donne à ce système un petit mouvement quelconque, en vertu duquel chaque point parcoure un espace infiniment petit qui exprimera sa *vitesse*

fait, la solution de tous les problèmes de l'équilibre et même de tous les problèmes de mécanique s'en déduisent facilement et naturellement [1]. L'Académie fut pénétrée d'admiration pour un travail qui dénotait un génie si puissant. Lagrange, en visitant Paris, reçut de cette Compagnie un véritable triomphe ; il fut accueilli avec affection par Clairaut et D'Alembert, qui voyaient en lui leur héritier. La France ne réussit point toutefois encore à se l'attacher, retenu qu'il était en Prusse par les bienfaits du grand Frédéric. Ce ne fut que beaucoup plus tard, que l'Académie eut le bonheur de le compter parmi ses pensionnaires. Un mathématicien estimable et modeste, toujours empressé à encourager les travaux d'autrui, l'abbé Marie, engagea le baron de Breteuil à proposer à Louis XVI d'appeler près de lui un homme dont l'illustration rejaillirait sur son règne. Le ministre approuva l'idée ; le roi agréa la proposition, et Lagrange accepta une troisième patrie. Il fut nommé pensionnaire vétéran en 1787 ; un an après, il publiait sa *Mécanique analytique*, et payait ainsi par le plus beau monument de son génie l'hospitalité française.

Laplace, en entrant dans la Compagnie, n'avait pas été précédé d'une telle illustration ; c'est par degrés et au sein de l'Académie qu'il s'éleva au rang éminent qui

virtuelle, la somme des puissances multipliées chacune par l'espace que le point où elle est appliquée, parcourt suivant la direction de cette même puissance, sera toujours égale à zéro, en regardant comme positifs les petits espaces parcourus dans le sens des puissances, et comme négatifs les espaces parcourus dans un sens opposé.

[1] Voy. Lagrange, *Mécanique analytique*, éd. J. Bertrand, t. 1, p. 20.

lui était réservé, qu'il conquit cette gloire dont les plus vifs rayons devaient se projeter au delà du dix-huitième siècle. En 1784, il donnait un mémoire sur les inégalités séculaires des planètes et des satellites, et en 1787, un autre sur la théorie de l'anneau de Saturne, montrant par ses travaux que les altérations du mouvement de ces deux grandes planètes, qui jusqu'alors avaient échappé au calcul, maniées par des mains plus habiles, pouvaient enfin y être assujetties. A la fin de 1787, le 19 décembre, il découvrait la cause de l'accélération séculaire du moyen mouvement de la lune, que Halley avait reconnue, dont Dunthorne, Tobie Mayer, Lalande, avaient entrepris d'assigner la grandeur. Depuis, une étude plus attentive a convaincu d'habiles géomètres que cette explication, tirée de la diminution progressive de l'excentricité de l'orbite de la Terre, ne pouvait suffire à tout expliquer, tandis que d'autres non moins exercés ont soutenu qu'elle suffisait à tout. L'équation séculaire de la lune[1], est devenue le sujet d'une de ces luttes académiques qui rappellent les débats de l'autre siècle, et prouvent que, dans les hautes régions du ciel, le calcul peut s'égarer comme dans les plus étroits recoins de nos intérêts.

A côté de ces œuvres gigantesques, on ose à peine citer d'autres recherches, par exemple le mémoire de Lalande sur la quantité de l'aplatissement de la Terre, communiqué à l'Académie dans le même temps. Cependant, de ces astronomes et de ces géomètres moins heureusement doués, bien qu'habiles encore, je n'en

[1] Voy. le mémoire de M. Ch. Delaunay, *Sur l'équation séculaire de la lune*, dans la *Connaissance des Temps* pour 1864.

dois point oublier un dont le nom se place naturellement à côté de ceux de Lagrange et de Laplace. Sylvain Bailly, élève de Lacaille, avait entrepris, comme ces deux géomètres, de donner la théorie des satellites de Jupiter. Inférieur pour l'emploi de l'analyse, aux deux illustres mathématiciens, il eut cependant la satisfaction de voir confirmer plusieurs des inégalités qu'il avait indiquées. En 1771, il publia un mémoire sur la lumière réfléchie des mêmes satellites dans leurs diverses situations autour de Jupiter, et trouva, pour mesurer l'intensité de cette lumière, un procédé ingénieux.

Ce ne fut pourtant pas par ces travaux que Bailly s'acquit sa plus grande réputation. Écrivain brillant et investigateur plus audacieux dans le domaine de l'histoire que dans celui de la mécanique céleste, il avait fait paraître en 1775 une *Histoire de l'astronomie*, puis ses *Lettres sur l'origine des sciences*, et ses *Lettres sur l'Atlantide;* il leur dut sa célébrité. Je reviendrai sur ces ouvrages qui ouvrirent à leur auteur les portes de l'Académie des inscriptions, en traitant de cette Compagnie. Je me bornerai à dire ici que l'avocat astronome s'est livré à des calculs chimériques pour démontrer une prétendue civilisation primitive. « Il est aujourd'hui prouvé, écrit M. Biot, que la conjonction générale qui servait de base aux tables indiennes sur laquelle Bailly se fondait, n'est que la simple conclusion d'un calcul rétrograde fait sur les tables mêmes; car nos tables, plus exactes, montrent que cette conjonction est fort loin d'avoir eu lieu au temps marqué par les Hindous. »

Pingré, sur un terrain moins hypothétique, chercha à opérer l'alliance de l'astronomie avec l'histoire; il tira des éphémérides célestes des indications applicables à la chronologie. Mais c'est à l'Académie des inscriptions qu'il alla communiquer le fruit de ses recherches; sa *Chronologie des éclipses de soleil et de lune qui ont été visibles sur la Terre depuis le pôle boréal jusque vers l'équateur durant les seize siècles qui ont précédé notre ère*, est un travail considérable qui accuse un labeur consciencieux et des calculs persévérants. Par sa *Cométographie*, Pingré acheva de prouver qu'il eût pu écrire une histoire de l'astronomie plus exacte, quoique moins attrayante, que celle de Bailly.

Les progrès que faisait l'astronomie servirent puissamment ceux de l'art nautique, qui trouve dans l'observation des astres un guide plus sûr que dans l'estime, qui emprunte aux observatoires leurs chronomètres et consulte les mathématiciens pour le calcul des marées. Les voyages entrepris, en vue d'aller constater au loin le passage de Vénus sur le soleil, avaient été utilisés pour l'avancement de l'hydrographie et de la navigation. On voulait enrichir le dépôt des cartes de la marine, formé par les soins du marquis d'Albert, savant capitaine de vaisseau qui fut de l'Académie des sciences. Bellin, ingénieur hydrographe du roi, avait perfectionné les cartes de Chazelles, et les travaux hydrographiques que dirigea dans la Méditerranée, à partir de 1764, le marquis de Chabert, ajoutèrent beaucoup à la précieuse collection réunie à l'amirauté française. Legentil, au retour de son voyage de l'Inde, avait fait des relevés de longitudes et de latitudes, et dressé pour certains points des calculs de marées. En possession de données plus exactes, Laplace put enfin, quelques années avant la suppression de l'Académie[1], présenter à cette illustre Compagnie son beau mémoire *sur le flux et le reflux de la mer*, où, abordant un problème dont il rappelait toutes les difficultés, il donna la théorie des oscillations de l'Océan et en montra l'accord avec les observations, détermina la loi suivant laquelle s'élèvent et s'abaissent les eaux, assigna les effets de l'attraction de la lune et du soleil, et apprécia l'influence des circonstances locales.

Ce fut surtout Pingré qui contribua à cimenter l'alliance de l'astronomie et de l'art nautique. A son départ en 1760 pour l'île Rodrigue, le marquis de Chabert, délégué par l'Académie des sciences, lui donna des instructions. En 1766, le même astronome accompagna son confrère, le marquis de Courtanvaux, qui voulait expérimenter les montres marines de Leroy, afin d'éclairer le jugement de l'Académie. Il eut pour compagnon Messier; mais c'est lui qui rédigea la relation de ce voyage qui a tant marqué dans l'histoire de l'horlogerie française. Le marquis de Courtanvaux avait fait construire à ses frais la frégate qui devait aller essayer les nouveaux chronomètres. *L'Aurore* partit du Havre, gagna la mer de Hollande, et y séjourna quarante-six jours. Pingré, Messier, et leur savant Mécène, constatèrent que, malgré un roulis violent, les montres de Leroy ne s'étaient écartées que d'un nombre

---

[1] Voy. *Mémoires de l'Académie pour* 1790, p. 45.

assez petit de minutes, du mouvement à terre. En 1768 les montres de Berthoud, qui devaient finir par être préférées à celles de Leroy, étaient l'occasion d'un autre voyage, celui de la frégate *l'Isis* commandée par le comte de Fleurieu; Pingré fut encore l'astronome de l'expédition et se partagea la tâche avec Verdun et Borda. De retour à l'Académie, il reprit avec plus d'ardeur que jamais, ses persévérantes études sur le ciel, qui nous ont valu la *Cométographie française*. Le triomphe des horloges marines dues à nos constructeurs permit d'en mieux étudier l'emploi, comme le montre le mémoire que le marquis de Chabert lut à l'Académie en 1783.

Des navigations entreprises dans des mers lointaines achevaient de nous initier à la connaissance entière du globe. En 1750 et 1751, le marquis de Chabert avait visité par ordre du roi les côtes de l'Amérique septentrionale. En 1766, Bougainville partait sur la frégate *la Boudeuse*, pour aller découvrir plusieurs de ces archipels de la mer du Sud qui devaient bientôt, sous le nom de Polynésie, constituer une nouvelle partie du monde, et planter le drapeau français sur des terres que Cook n'eut l'honneur que de découvrir après lui. Dans son voyage aux terres australes, Kerguelen emmenait les astronomes Rochon et Le Paute d'Agelet, et s'aidait de leurs lumières pour dresser la carte des parties les plus reculées de la Terre. De retour de cette expédition, qui avait duré deux années (1772-1774), D'Agelet apportait à l'Académie une suite intéressante d'observations dont il interrompit la communication, pour aller braver de nouveaux dangers.

Compagnon de La Peyrouse, il en partagea la triste destinée[1]. Citons encore, quoique entrepris dans des mers moins éloignées, le voyage de Borda en 1775 sur *la Boussole*, où cet habile marin, géomètr, physicien, ingénieur, qui se reposait de ses longues navigations et de ses rudes combats contre les Anglais, en enrichissant la science d'une foule d'inventions, reconnaissait la position exacte des Canaries et effectuait l'ascension du pic de Ténériffe.

Ce que l'on pourrait appeler la géographie de cabinet faisait aussi de notables progrès. D'Anville, qui représentait cette science dans les deux académies, substituait aux globes et aux cartes de De Lisle des figures plus exactes et plus sûres; il grossissait nos atlas de deux cent onze cartes. On oubliait Ortélius, Mercator, Hondius, Blaeu et Sanson. Buache, Lemonnier, Lalande continuèrent les travaux de D'Anville[2]. Le premier, cherchant à corriger les erreurs des anciens, introduisait dans les cartes un système de divisions physiques malheureusement peu conforme à la réalité; les seconds appliquaient les calculs géodésiques à des représentations plus exactes de certaines régions du globe. Jamais encore on ne s'était senti

---

[1] Le Paute d'Agelet, membre de l'Académie des sciences, était né en 1751; il partit avec La Peyrouse en 1785.

[2] Voy. notamment dans les *Mémoires de l'Académie*, pour 1790, le mémoire de Lalande *sur l'intérieur de l'Afrique*, où le savant astronome expose l'état des connaissances qu'on avait, il y a quatre-vingts ans, sur ce continent. Il estime à près de 800 lieues de pays ce qu'il restait alors à connaître. Aujourd'hui, après les découvertes de Barth, de Livingstone, de Burton et de Speke, cette partie *incognita* se réduit à peine à 200 lieues.

animé, dans les hautes classes de la société, d'un plus grand zèle pour la science géographique.

De nouveaux secrets de la nature dévoilés par l'expérience provoquaient encore plus le désir de la connaître tout entière. Les principes du newtonianisme étaient admis définitivement dans l'Université de Paris, et il n'y avait plus qu'un petit nombre d'écoles, nous apprend D'Alembert[1], où l'on s'obstinât à enseigner le cartésianisme, même la philosophie péripatéticienne. L'esprit d'expérimentation devenait de plus en plus fécond, et dans l'ordre des phénomènes qui avaient été depuis longtemps constatés, on arrivait, par des observations et des expériences, à mieux saisir ce qui n'avait été qu'entrevu, à appliquer par des instruments ou à traduire par des appareils les faits physiques que l'on avait laissé jusque-là la nature seule produire. La théorie de la chaleur avait fait à l'étranger de grands progrès par les efforts de Black, de Crawford, de Wilcke, de Scheele. Brisson donnait en 1755 un mémoire sur le baromètre portatif qui appelait sur lui l'attention de l'Académie, et lui en ouvrait bientôt les portes. La météorologie devenait populaire, parce que ses phénomènes s'offrent à l'observation de chacun, et qu'il ne faut, pour les enregistrer, que de la patience et de l'attention. Aussi les observations envoyées à l'Académie s'étaient-elles tellement multipliées, qu'on ne savait comment les coordonner; on se perdait au milieu d'un dédale de tableaux donnant la pluie et le beau temps pour toutes sortes de lieux,

---

[1] *Éléments de Philosophie*, c. xx.

toutes sortes d'époques, toutes sortes de moments de la journée. Un oratorien, qui s'était voué dans sa cure de Montmorency à l'étude de la météorologie, et qu'un académicien, Tillet, avait fait inscrire parmi les correspondants de l'Académie, le P. Cotte, fut chargé de cette lourde tâche. Il dut se mettre en commerce épistolaire avec tous les météorologistes de la France, centraliser des observations venues de localités si diverses. Cela nous a valu de l'oratorien un traité de météorologie, qui parut en 1774. Mais ces observations, dues à des personnes fort inégalement exercées[1], n'étaient pas comparables, et la science des phénomènes atmosphériques demeurait encore trop obscure pour qu'il fût possible de rien édifier de sérieux. Le P. Cotte, malgré son zèle, manquait de tout ce qu'il fallait pour jeter les bases d'une connaissance dont les fondations ne s'élèvent point encore au-dessus du sol. J.-D. Cassini reprit, à l'Observatoire royal, des observations qu'il devait conduire avec plus de précision et de méthode. Durant les dernières années de l'Académie, il lui communiquait ce qu'il appelait *l'histoire physique de l'atmosphère*, espérant toujours que de plus habiles saisiraient des lois, là où il n'enregistrait que des phénomènes sans suite et sans règles apparentes. Messier, Pingré lui venaient en aide, et le terrible

---

[1] Il faut citer parmi les meilleures celles d'un correspondant de l'Académie à Toulouse, Marcorelle, baron d'Escael, et qu'il poursuivit depuis 1747 jusqu'à 1771. Ce savant fit à l'Académie, sur la physique météorologique, diverses communications intéressantes ; on lui doit aussi un curieux mémoire sur la fabrication du fromage de Roquefort, qui est consigné dans le tome III des *Savants étrangers*.

hiver de 1788 à 1789 leur donnait l'idée de rechercher l'histoire des grands froids et de demander aux souvenirs populaires cette succession d'observations que la science ne possédait pas encore.

L'hygrométrie, qui tient de si près à la météorologie, avait dans le Génevois Deluc un ouvrier singulièrement intelligent que l'Académie s'attacha à titre de correspondant, et qui envoya successivement à La Condamine et à Lalande ses communications. Deluc inventa, comme on le sait, un nouvel hygromètre dont la description parut en 1755, et fit en France la réputation de cet habile physicien. Un autre instrument dont nous a dotés la physique était réclamé par le commerce, l'aréomètre. Dalibard, lauréat, puis correspondant de l'Académie, avait obtenu un prix en 1749 pour des expériences sur la variation de pesanteur des corps plongés dans différents liquides. De là l'idée d'instruments destinés à faire reconnaître l'inégale densité des liqueurs. Baumé, membre de l'Académie, en imagina un nouveau dont il lut, en 1768, la description à la Compagnie; cette communication suggéra à J.-B. Leroy, et plus tard à Brisson, des réflexions sur les principes d'après lesquels les instruments de ce genre doivent être construits pour être comparables. Quant à l'étude de la chaleur en elle-même, elle languit à l'Académie jusqu'au moment où Laplace vint effacer les essais imparfaits de Black et de Wilcke pour évaluer les chaleurs spécifiques, en présentant à ses confrères son ingénieux calorimètre, où la glace, dont la fusion devait servir de mesure à la capacité calorifique, se trouvait préservée du contact de la température extérieure, par une enveloppe de même nature.

Dans le mémoire de Lavoisier et de Laplace sur la chaleur, qui paraissait dans le recueil de l'Académie en 1780, les deux illustres collaborateurs se posaient enfin nettement cette grande question de la nature de la chaleur, tenue alors pour un fluide, un corps matériel bien qu'impondérable. Sans oser se prononcer, ils émettaient l'idée que la chaleur pourrait bien n'être que la force vive [1] qui résulte du mouvement insensible des molécules d'un corps, et s'évaluer ainsi par la somme des produits de la masse de chaque molécule par le carré de sa vitesse ; mais, comme le remarque un savant professeur [2], ils s'arrêterent en si beau chemin, ils n'eurent pas l'idée de comparer les forces vives calorifiques avec les forces vives ordinaires, et ils laissèrent au dix-neuvième siècle tout l'honneur d'une découverte dont le germe se trouve pourtant dans les aperçus de Daniel Bernoulli sur la constitution des gaz, et à laquelle s'attachent maintenant les noms de J.-R. Mayer, de W. Thomson, de Joule et de Hirn [3].

---

[1] Je rappelle qu'on nomme *force vive* d'un point mobile le produit de sa masse par le carré de sa vitesse.

[2] Voy. les excellentes leçons de M. Verdet sur l'*Exposé de la théorie mécanique de la chaleur*, publiées par la Société chimique en 1863, p. 111.

[3] D'après la théorie mathématique de la chaleur qui a pris aujourd'hui définitivement place dans la science, ce que nous appelons *dégager de la chaleur*, c'est communiquer aux molécules, tant pondérables qu'impondérables d'un ou de plusieurs corps, une certaine quantité de forces vives ; et si les corps changent de volume, c'est accomplir, en outre, un travail équivalent à une somme de forces vives déterminée. Voy. Verdet, *Leçons* citées, p. 33.

La science du calorique était donc trop peu avancée pour captiver beaucoup, à la fin du dix-huitième siècle, l'attention de la Compagnie; sa curiosité était appelée ailleurs. Un phénomène des plus remarquables occupait alors tous les physiciens, l'électricité. Son étude était devenue, nous dit Condorcet[1], une sorte de mode due encore plus aux découvertes qu'on venait de faire qu'à celles que l'on espérait. A peine connu des anciens, qui ne l'avaient constaté que dans sa plus modeste manifestation, il tendait à prendre une place considérable dans l'interprétation des grands faits de la nature; c'était en Angleterre qu'il avait surtout fixé l'attention. Déjà on avait poussé assez avant son étude, et quand Du Fay voulut s'en instruire, il dut aller s'initier dans ce pays aux découvertes de Gray[2]. L'abbé Nollet ne tarda pas à appliquer son esprit ingénieux à cette branche de la physique sur laquelle se multiplièrent bientôt chez nous les expériences. On s'efforçait avant tout de percer la cause mystérieuse de ces attractions et de ces répulsions, de ces chocs et de ces commotions communiqués par les appareils. Pour l'Anglais Hauksbee, la principale cause des phénomènes électriques résidait dans l'air. Un correspondant de l'Académie, le Génevois Jallabert, les attribua à un fluide particulier fort analogue au feu. Wilson les

[1] Lorsque M. le chevalier d'Arcy entra dans l'Académie, dit Condorcet dans l'éloge de ce savant, l'électricité occupait tous les physiciens. Cette espèce de mode, qui fixe successivement les regards du public et les vues des savants sur les différentes parties des sciences, sert à leur progrès, quoiqu'elle soit plus souvent la suite que la cause des découvertes les plus brillantes. *Histoire de l'Académie pour* 1782, p. 59.

[2] Voy. ce que j'ai dit plus haut, p. 98.

rapportait à la présence dans les corps de l'éther, dont la densité aurait été proportionnelle à la combustibilité de ces corps. L'abbé Nollet crut y découvrir l'effet d'une matière effluente et affluente. De là, selon lui, deux sortes d'électricités, l'une qui sort du conducteur électrisé, l'autre qui s'échappe des corps qu'on lui présente. Plus pénétrant observateur que l'abbé Nollet, Du Fay vit mieux les choses, en distinguant deux natures d'électricité, l'une produite par le frottement de la résine, l'autre par le frottement du verre. Ces vues furent confirmées par J.-B. Leroy, et elles prirent place dans la science, malgré les efforts de son contradicteur. Du Fay avait lu ses mémoires *sur l'électricité*, de 1733 à 1737 ; ce fut vingt ans plus tard [1] que Leroy y apporta de nouvelles preuves. Dans l'intervalle, un physicien de Leyde, Muschenbroek, avait découvert la fameuse *bouteille* dont Cunéus paraît avoir eu la première idée, et qui, faute de père certain, a pris, comme quelques enfants trouvés, le nom de sa patrie. On ne saurait dépeindre l'enthousiasme que provoqua la découverte communiquée par Muschenbroek ; chacun voulut vérifier personnellement les redoutables effets de cette singulière bouteille. Effrayé lui-même de l'arme qu'il avait fabriquée, le physicien hollandais écrivit à Réaumur qu'il ne s'exposerait plus, lui promît-on la couronne de France, à recevoir encore une des terribles commotions à laquelle il s'était exposé. Si la bouteille de Leyde causait de pareilles frayeurs, elle allait en revanche cal-

[1] En 1753 et 1755.

mer un peu celles qu'inspirait la foudre, prise encore par bien des gens pour un signe de la colère divine; car elle en donnait le secret. L'étude des effets de l'appareil éveilla le génie d'un Américain, Benjamin Franklin, et lui suggéra une hypothèse ingénieuse pour rendre compte des phénomènes électriques : un fluide impondérable, très-subtil, dont toutes les parties se repoussent, lui parut suffire à tout expliquer. Chaque corps a, selon Franklin, une capacité pour le recevoir. En renferme-t-il la dose que par sa constitution propre il doit en posséder, il est à l'état électrique naturel; cette dose augmente-t-elle, alors se produisent ces effets d'électricité que Du Fay rapportait à l'électricité vitreuse. Pour Franklin, le corps est électrisé dans ce cas positivement. Enlève-t-on, au contraire, au corps une partie de son électricité naturelle, on amène les effets attribués à l'électricité résineuse; on l'électrise en moins ou négativement.

L'hypothèse séduisit la plupart des physiciens, bien qu'Æpinus montrât qu'elle conduisait à un principe diamétralement contraire à l'attraction newtonienne. C'est que cette théorie avait l'avantage de bien faire comprendre les faits jusqu'alors constatés, et qu'elle permettait d'en porter plus loin l'étude. Ce qui demeurait établi et vérifié, c'est qu'il n'y a que deux ordres d'électricités, et qu'on devait chercher, dans leur mutuelle attraction, la clef des phénomènes dont la singularité piquait chaque jour davantage la curiosité. On n'était pourtant qu'au début de leur constatation ! L'étonnement alla croissant. Gray était parvenu à électriser un homme isolé ; mais l'électricité communiquée ne se manifestait que par des attractions et des répulsions alternatives. Du Fay fit un nouveau pas. Suspendu par des cordons de soie, il se soumit à l'action électrique. Un spectateur avance sa main d'une partie du corps du hardi expérimentateur, il en voit sortir des étincelles brillantes, et chaque fois qu'il répète l'épreuve, il éprouve, ainsi que Du Fay, une sensation douloureuse. De la constatation de ce phénomène, on s'éleva à l'explication d'un plus étrange, quoique depuis un temps immémorial observé, mais non encore véritablement connu, l'orage. Le docteur Wall, après avoir produit pour la première fois l'étincelle électrique, l'avait rapprochée de l'éclair. Duhamel du Monceau eut, de son côté, l'idée que ce qu'on appelait la foudre pourrait bien n'être que l'effet de la combinaison dans l'atmosphère des deux électricités. Ce que le physicien français avait soupçonné, Franklin réussit à le démontrer à Philadelphie. Il alla chercher dans le nuage cette force cachée qui se manifeste à nous par des feux soudains et des grondements répétés. Son cerf-volant en rapporta l'étincelle électrique, puis redescendant de la région du tonnerre sur le sol où celui-ci vient s'abîmer en le dévastant, le physicien américain poursuivit avec une ardeur nouvelle ses pénétrantes investigations. A mesure que Franklin avait observé, l'horizon électrique s'était étendu pour lui; le globe lui apparut comme un réservoir commun du fluide dont il avait étudié le double effet ; les mystères de la bouteille de Leyde se dissipèrent à ses yeux ; il s'aperçut que, si la surface d'un corps est électrisée dans un sens, la surface opposée s'électrise dans l'autre, que si on frotte une boule pour l'électriser, l'électricité passe au travers des lames frottées et s'accumule par l'action du frottement. Dix années (1750 à 1760) furent employées à ces découvertes, dont la nouvelle, traversant l'Océan, vint provoquer l'admiration de l'Académie, qui voulut posséder dans son sein leur auteur. Franklin fut élu associé étranger le 19 août 1772.

On ne s'était pas contenté en France d'applaudir au courage intelligent de l'illustre Américain, on s'était empressé de l'imiter. Buffon, le premier, tenta l'expérience du paratonnerre [1]; Dalibard, de sa maison de campagne de Marly, les répéta à l'instigation de Buffon. Au-dessus d'une cabane établie près de sa demeure, était fixé un barreau de fer haut d'environ 40 pieds, isolé par le bas. Dalibard en approcha un conducteur électrique, chaque fois qu'un nuage orageux s'avançait au zénith, et il vit s'en échapper de larges flammes. Romas, assesseur au présidial de Nérac, compléta la démonstration de ces deux savants. Il eut l'heureuse idée d'appliquer un fil électrique dans toute la longueur de la corde qui retenait le cerf-volant; l'étincelle fut telle alors, qu'elle avait les proportions de l'éclair, et il entendit bruire à ses oreilles le grondement de la foudre; une fois même, il fut renversé par le choc électrique. L'Académie fut informée de ces curieux résultats; elle inscrivit le savant magistrat au nombre de ses correspondants, et ouvrit à l'exposé de ses expériences le recueil des *Savants étrangers* [2].

---

[1] Voy. *Correspondance inédite de Buffon*, publiée par Nadault de Buffon, t. 1, p. 276.

[2] Voy. *Savants étrangers*, t. II, p. 293.

Delor, Mazéas, Lemonnier, en France, Canton, en Angleterre, le P. Beccaria, en Italie, Richmann, en Russie, se livrèrent à des expériences analogues. L'enthousiasme pour les nouvelles découvertes inspirait une hardiesse qui allait jusqu'à la témérité, et Richmann périt victime de son imprudence; il eut le sort de Capanée.

Le principe du paratonnerre était trouvé; car, l'effet des pointes sur la foudre une fois constaté, il était aisé de la soutirer pour la conduire là où elle n'est plus à craindre. J.-B. Leroy lut à l'Académie, en 1770, un mémoire sur la manière de disposer l'appareil préservateur, dont il proposa le bienfait dans nos ports et nos arsenaux [1].

Si l'on n'avait plus à redouter, grâce à l'invention du paratonnerre, les orages qui pouvaient fondre sur le local de l'Académie, cette découverte en provoqua au sein même de la Compagnie un, sinon aussi bruyant, du moins bien plus prolongé que les tempêtes qui recèlent la foudre. L'abbé Nollet, dont les faits récemment établis renversaient toutes les idées, s'éleva avec force contre les opinions de Du Fay, et, soutenu plus tard par Brisson [2], s'évertua à démontrer que son fluide affluent et effluent suffisait à l'explication de tous les phénomènes, tandis que Leroy, avec non moins de résolution, défendait la distinction de l'électricité résineuse et de l'électricité vitrée. Celui-ci réunit toutes les raisons propres à convaincre que l'hypothèse d'une con-

---

[1] Voy. le rapport que fit Leroy sur le voyage qu'il entreprit dans nos ports, dans les *Mémoires de l'Académie pour 1787*.

[2] Voy. les notes qu'il a jointes à sa traduction de l'*Histoire de l'électricité* de Priestley, 1771.

densation et d'une raréfaction du fluide électrique s'adaptait parfaitement à l'intelligence des faits observés; et en 1783, il construisait la première machine destinée à produire de l'électricité négative, et en présentait à ses confrères une théorie simple et claire. Dutour, actif correspondant de l'Académie [1], D'Arcy, qui avait imaginé un électromètre à l'aide duquel on pouvait mesurer l'intensité électrique [2], se mêlèrent à la lutte. Les contradicteurs de Franklin ne cédèrent le terrain qu'après que l'illustre Américain fut venu à Paris négocier à la fois l'indépendance de son pays et la reconnaissance de la nouvelle théorie électrique. Les savants français lui firent l'accueil le plus empressé; l'Académie le traita comme un de ses pensionnaires et lui en conféra presque tous les droits. Il n'y avait pas assez d'éloges dans la Compagnie pour le grand physicien, qui, comme disait Turgot, avait arraché la foudre au ciel et la puissance aux tyrans. L'étude de l'électricité entra dans une nouvelle phase; les grands principes étaient établis; on voulut connaître mieux les effets de l'électricité, en mesurer l'intensité, déterminer l'influence qu'elle a sur les combinaisons chimiques. Monge, en 1786, lut un mémoire sur l'effet des étincelles électriques excitées dans ce qu'on appelait alors l'air fixe [3]. L'année précédente, Coulomb, qui allait prendre une place si distinguée parmi les physiciens de

---

[1] Correspondant à Riom depuis 1746. Il a donné, dans le tome III des *Savants étrangers* (1771), un mémoire *sur l'électricité en moins*.

[2] Voy. les *Mémoires de l'Académie* pour 1749.

[3] Voy. ce qui est dit plus loin à propos de l'histoire des découvertes chimiques.

son temps et illustrer les dernières années de la Compagnie, commençait une série de mémoires où il exposait le résultat de ses expériences pour la détermination de la loi des phénomènes électriques. Rechercher la loi d'affaiblissement que subissent les forces électriques avec la distance était un problème fort difficile. Hauksbee, Taylor, Du Fay, Muschenbroek, l'avaient vainement tenté. Coulomb eut l'idée de mettre en équilibre l'électricité et la force de torsion qu'il avait réussi à mesurer avec la plus grande exactitude. Tel est le but de l'instrument ingénieux auquel il a donné le nom de *balance électrique ;* il l'employa avec une adresse merveilleuse à démontrer, par des expériences délicates, variées de différentes manières, que les attractions et les répulsions électriques suivent la loi inverse du carré de la distance. Aucun des électroscopes jusqu'alors inventés, ceux de Henly, d'Achard, de Cavallo, de Bennet, ne pouvaient servir à mesurer avec précision l'intensité de la force électrique ; la plupart présentaient un défaut de sensibilité qui les empêchait d'annoncer la présence de faibles doses d'électricité. Coulomb, dans le sien, sut éviter cet inconvénient.

L'effet produit sur tout corps organisé et en particulier sur le corps humain par une décharge électrique fut, suivant la remarque d'un illustre physicien [1], entre les phénomènes dus à l'électricité, un de ceux qui attirèrent le plus vite l'attention des savants, sitôt après la découverte de la machine électrique et de la

---

[1] A. de Larive, *Traité d'électricité théorique et pratique*, t. III, p. 564.

bouteille de Leyde. A Genève, en 1748, Jallabert eut l'idée de soumettre des paralytiques à un traitement électrique, en tirant des étincelles des différentes parties de leur corps. L'année suivante, deux membres de l'Académie des sciences, Morand et l'abbé Nollet, répétèrent ces essais, et en entretinrent leurs confrères. Depuis cette époque, on les reproduisit à plusieurs reprises et parfois avec succès; mais tant que les progrès de la physique n'eurent pas permis la construction d'appareils d'induction[1], la médecine utilisa peu cet agent, qui se développe en nous, comme dans tous les êtres animés, et intervient dans nos fonctions d'une manière encore inexpliquée.

La propriété de la torpille, de communiquer à celui qui la touche des commotions douloureuses, avait déjà attiré l'attention de Réaumur. Une connaissance plus complète de l'électricité que ne l'avait cet habile naturaliste pouvait seule fournir l'explication du phénomène. Muschenbroek entreprit, en 1760, sur le poisson électrique de Surinam, des expériences nouvelles dont il fit part à ses confrères de Paris, et qui mirent hors de doute la nature électrique de la commotion.

Ainsi s'ouvrait, pour l'électricité, des voies nouvelles que l'Académie eut à peine le temps d'essayer et que le dix-neuvième siècle a parcourues jusqu'à une grande distance.

Une autre branche de la physique commençait à la même époque à pousser des scions vigoureux, qui de-

---

[1] Voy. de Larive, o. c., t. III, p. 570 et suiv.

vaient plus tard devenir des troncs d'où sortirent de nouveaux rameaux. Le magnétisme se dégageait des obscurités qui en avaient, pendant des siècles, dérobé l'importance. On connaissait depuis l'antiquité la vertu de l'aimant, mais on n'y voyait qu'une propriété bizarre; les marins s'en étaient emparés pour conduire leurs bâtiments. On s'était aperçu que l'aimant communique sa vertu à l'acier, et au lieu d'en rechercher la cause, on ne s'était attaché qu'à découvrir les meilleurs moyens d'aimanter les barreaux d'acier. C'est ce qu'avait fait dans l'Académie Du Fay, et c'est ce que répéta plus tard Duhamel du Monceau [1]. Ce savant reproduisit, en les étendant, les belles expériences par lesquelles Knight avait, à la suite de Savery, imprimé aux études du magnétisme terrestre une impulsion nouvelle. Après lui Mitchell fit un pas important, et pressentit la loi de la décroissance de la force magnétique avec la distance. Mais la France ne suivit pas l'Angleterre dans ces découvertes, et demeura longtemps en arrière sur un terrain qu'elle n'abordait qu'en hésitant. Un physicien qui n'appartenait pas à l'Académie, Antheaume, tenta vainement de les populariser en les soumettant à des vérifications nouvelles. Nul parmi nous ne soupçonnait encore la généralité et l'importance d'un phénomène qui n'apparaissait, au début, que comme une propriété spéciale d'une substance minérale; tout au plus les navigateurs avaient-ils porté

---

[1] Voy. son Mémoire dans le tome de 1748, *sur une façon singulière d'aimanter un barreau d'acier, au moyen de laquelle on lui a communiqué une force magnétique quelquefois triple de celle qu'il aurait eue, si on l'eût aimanté à l'ordinaire.*

leur attention sur les mouvements de la boussole, sur la déclinaison et l'inclinaison de l'aiguille aimantée dont ils cherchaient à estimer les variations. L'Académie avait recommandé aux officiers de marine cette étude dans leurs voyages lointains. On dut à cet égard, au commencement du siècle, quelques remarques intéressantes à M. de La Verusse, qui commandait *le Maurepas* dans les mers du Sud, et à Houssaye, qui accompagna le baron de Pallières sur *l'Aurore* aux Indes orientales. J. Cassini les signala à ses confrères. Mais tout était encore obscurité dans l'explication de ces changements dans l'angle que fait, suivant les lieux et suivant les temps, l'aiguille, soit avec le plan du méridien, soit avec l'horizon. L'Académie mit au concours, pour 1744, la question de l'inclinaison, et Euler fut couronné. Ce grand géomètre, jetant sur le problème les premières clartés, entreprit d'assujettir aux principes de la mécanique des attractions dont rien ne révélait avant lui l'origine et dont la nature était à peine définie [1]. Dutour, dans un mémoire *sur le tourbillon magnétique*, qui eut le prix en 1760, poursuivit les mêmes études, et ajouta quelques faits intéressants aux notions incomplètes que les physiciens s'étaient faites du magnétisme terrestre. On en était encore là, quand Coulomb, appliquant à la mesure des forces magnétiques le même procédé qu'il avait imaginé pour mesurer les forces électriques, vérifia la loi énoncée par Mitchell, et nous mena, pour ainsi dire, jusqu'au parvis du sanc-

---

[1] Voy. le tome V *des Prix* (1744) et ce que dit des idées d'Euler Daniel Bernoulli dans la lettre qu'il lui adresse. Fuss, *Corresp.* citée, t. II, p. 643.

tuaire qu'Œrstedt devait nous ouvrir, au siècle suivant. Les plus curieux phénomènes de magnétisme restèrent inconnus à l'ancienne Académie, et la physique, pendant tout le dix-huitième siècle, se vit privée d'une des sources les plus fécondes de ses applications.

L'optique marchait en France à pas plus lents; riche des faits antérieurement établis, elle eût demandé, pour que son domaine s'agrandît encore, des esprits plus pénétrants que ceux qui s'en occupaient. Déjà près de cent ans s'étaient écoulés depuis qu'Huyghens et Newton avaient observé que la lumière qui a traversé un cristal de spath d'Islande ne se comporte plus comme de la lumière directe; mais le dix-huitième siècle devait s'achever, avant qu'on sût que la modification imprimée à la lumière par la double réfraction est identique à celle que la réflexion produit à la surface des corps opaques ou diaphanes : c'était là ce qu'il était réservé à Malus de découvrir au commencement du dix-neuvième. Tant que la polarisation resta inconnue, l'optique se vit parquée dans un champ étroit. Le marquis de Courtivron[1] poursuivait ses travaux sur la dioptrique et la catoptrique, où il appliquait les principes de Newton. En 1788, Haüy, reprenant encore la théorie du grand géomètre anglais, analysait avec une nouvelle précision la double réfraction du spath d'Islande, et confirmait par là les principes newtoniens. Antérieurement, en 1770, l'as-

---

[1] Le marquis de Courtivron, né à Dijon en 1715, fut nommé académicien en 1744, et mourut en 1785.

tronome Jeaurat observait la réfraction et la dispersion dans le crown-glass et le flint-glass, sans beaucoup avancer la connaissance de ces phénomènes.

Les propriétés des rayons lumineux étaient également l'objet d'études nouvelles. En 1775, Rochon, qui imaginait alors son ingénieux micromètre, présentait à l'Académie le résultat de ses expériences sur l'inégalité calorifique des rayons du spectre solaire, et montrait que la chaleur des rayons rouges est huit fois plus grande que celle des rayons violets [1].

L'optique atmosphérique donnait lieu à quelques communications qui trahissaient l'état d'imperfection où se trouvait encore la physique de la lumière. En 1770, Dionis du Séjour signalait un arc-en-ciel lunaire, et essayait d'en expliquer la cause et la différence d'avec l'arc-en-ciel solaire.

Pour compléter la théorie si obscure et si délicate de la vision, D'Arcy se livrait, en 1765, à des observations intéressantes touchant les effets de la sensation lumineuse sur notre œil, et constatait que cette sensation subsiste un certain temps, après que l'objet qui l'a provoquée a disparu [2]. Il évalua la durée infiniment petite des diverses sensations produites par différents corps lumineux; car il ne s'agissait plus seulement de

---

[1] Voy. les *Mémoires de l'Académie pour* 1775.

[2] « Ces expériences, dit Condorcet, prouvent que nos sensations ont une durée plus grande que celle de l'action de leur cause; l'ébranlement produit dans l'organe se prolonge, après que le corps extérieur a cessé d'agir. Ce fait a lieu vraisemblablement pour tous nos sens, et c'est de cette circonstance peut-être qu'on pourra déduire un jour les lois de la composition musicale, si ces lois ont leur base dans la nature. » *Éloge de D'Arcy* dans l'*Hist. de l'Académ. pour* 1779, p. 64.

minutes et de secondes, mais de tierces. La propagation de la lumière est si rapide, que c'est par le calcul encore plus que par le sentiment du temps, qu'il nous est possible d'en décomposer la durée [1].

Les merveilles de l'électricité, qui avaient longtemps fait à l'Académie le fond des études des physiciens, qui avaient passionné jusqu'aux gens du monde et popularisé des expériences confinées d'abord dans les cabinets de physique, furent oubliées, un instant, pour une autre merveille moins féconde dans ses résultats, mais plus frappante pour le vulgaire. Étienne Montgolfier, industriel d'Annonay, observant l'ascension des vapeurs dans l'atmosphère et leur réunion pour former les nuages, eut, en présence de ces masses vaporeuses qui se soutiennent à de grandes hauteurs, l'idée de construire un équipage aérien. C'était déjà là une idée qui s'était offerte, plus d'un siècle auparavant, à François Lana. Pour remplir son ballon, Montgolfier eut l'idée d'employer l'hydrogène, et, aidé de son frère Joseph, auquel on doit l'invention du bélier hydraulique, il essaya la construction de pareils aérostats ; mais il ne parvint point à trouver une enveloppe assez forte et assez légère pour que le gaz ne se perdît pas en soulevant l'appareil. Il se décida alors à recourir à l'action du calorique, en allumant du feu dans l'intérieur du ballon. L'aérostat monta sans peine, et en juin 1783, il fit solennellement l'expérience devant les États du Vivarais réunis à Annonay. Le ballon s'éleva à mille toises.

---

[1] D'Arcy trouva 8''' pour la durée de l'impression dans le cas de cercle lumineux formé par des charbons ardents, et 9''' pour celle de l'impression, quand il expérimentait avec un disque opaque.

La nouvelle parvint promptement à Paris, où Montgolfier fit savoir qu'il allait bientôt se rendre, pour répéter son expérience devant l'Académie des sciences.

Cependant la curiosité parisienne, impatiente de voir s'accomplir une merveille dont il était bruit partout, avait encouragé d'autres physiciens à devancer l'expérience académique. Faujas de Saint-Fond, qui n'appartenait point à l'Académie, avait réuni par une souscription publique les fonds nécessaires à cette entreprise si désirée. Le physicien Charles [1], sans savoir encore de quel gaz Montgolfier avait fait usage à Annonay, se chargea de trouver le moyen de donner au ballon sa vertu aérostatique, et, sous sa direction, les frères Robert se mirent à l'œuvre pour construire la machine. Charles avait eu, comme Montgolfier, l'idée de recourir à l'hydrogène, ou, comme on disait alors, au gaz inflammable ; mais plus heureux que lui, il avait su trouver une enveloppe convenable. Le 27 août, tout était prêt, et, dans le Champ de Mars, l'équipage aérostatique s'élevait dans l'atmosphère, au milieu des acclamations d'une foule immense.

Il ne fut alors question dans Paris que de cette expérience dont on attendait des miracles, et qui jetait les imaginations dans des utopies que la suite devait faire évanouir. « Jamais bulle de savon, écrit Grimm [2], n'occupa plus sérieusement une troupe d'enfants que le globe aérostatique de Montgolfier n'occupe depuis un mois la ville et la cour ; dans tous nos cercles, dans

---

[1] Né à Beaugency (Loiret), en 1746.
[2] *Correspondance littéraire*, t. XIII, p. 241.

tous nos soupers, comme dans nos lycées académiques, il n'est plus question que d'expériences, que d'air atmosphérique, de gaz inflammable, de chars volants, de voyages aériens. »

Ce n'était pourtant point avec l'hydrogène que Montgolfier avait rempli son ballon ; celui dont il venait présenter, le 12 septembre, l'ascension devant l'Académie et qu'il devait lancer à Versailles le 19, puisait sa légèreté dans l'air raréfié par le feu.

Le roi assista à l'expérience, environné des flots d'une population accourue de toute part. Le succès de l'ascension enhardit Montgolfier ; il adapta à sa frêle machine, toujours prête à être la proie des flammes, une nacelle destinée à recevoir un voyageur. Pilâtre des Rosiers osa y monter, en laissant toutefois le ballon captif, et ne paya point encore de la vie son audace.

Cependant l'inventeur des aérostats n'était pas sans crainte pour l'avenir d'une découverte à laquelle il avait rêvé un si brillant avenir, et qui lui semblait ouvrir les airs à la navigation. La commission de l'Académie, composée de Lavoisier, Cadet de Gassicourt, Condorcet, Desmarets, Bossut, Brisson, Leroy et Tillet, n'était pas plus rassurée et évitait de se prononcer. Avant que Pilâtre des Rosiers eût réclamé pour lui l'honneur de tenter le premier un voyage aérien, il ne s'agissait que de placer dans la nacelle, cette fois libre de toute attache à la Terre, deux criminels auxquels on avait promis leur grâce, si l'expérience réussissait. Confiant dans sa première expérience, Pilâtre des Rosiers, ne balança pas à courir les hasards de l'atmosphère, et qui plus est, il trouva un compagnon ; c'était un officier, le marquis d'Arlandes. Les deux aéronautes parvinrent, non sans danger, à effectuer un premier voyage dont les péripéties auraient dû les convaincre de la folie de telles entreprises dans un équipage si fragile et si inflammable. On sait que Pilâtre des Rosiers finit par être la victime de sa témérité.

L'histoire des ascensions aérostatiques n'appartient pas à celle de l'Académie des sciences; d'autres d'ailleurs l'ont racontée[1]. Il me suffit d'avoir signalé ici le rôle que joua à leur début cette Compagnie et la place qu'elles occupent dans l'histoire de la physique, à la fin du dix-huitième siècle. C'est à Charles que revient l'honneur d'avoir rendu ces voyages moins périlleux, en substituant l'hydrogène à l'air raréfié. Il s'éleva en ballon avec Robert, le 1er décembre 1783, dans l'appareil qu'il avait conçu, et, parti du jardin des Tuileries, alla descendre à dix lieues de Paris. Pour récompenser sa découverte et son courage, l'Académie des sciences décerna à Charles le titre d'associé surnuméraire, quoiqu'il ne se fût encore fait connaître par aucun mémoire, et qu'il n'eût servi la physique qu'en popularisant ses principes dans des cours auxquels il savait donner, par sa parole lucide, un intérêt particulier. Pilâtre des Rosiers et le marquis d'Arlandes obtinrent le même honneur; mais Charles seul ajouta par des travaux au titre que lui avait fait le désir de rivaliser avec Montgolfier. D'autres physiciens, suspendus à un aérostat, réussirent dans les expériences

---

[1] Voy. notamment L. Figuier, *Exposition et histoire des principales découvertes modernes*, t. III.

que Pilâtre des Rosiers se promettait de faire, et depuis Biot et Gay-Lussac, l'atmosphère s'est laissé maintes fois interroger, sans faire payer de la vie l'enquête hardie que le ballon portait dans les cieux.

Charles, devenu le physicien de la cour, obtint la faveur d'avoir un appartement au Louvre; il y installa son cabinet de physique, transporté après la Révolution au palais des Quatre-Nations, où ce savant remplit les fonctions de bibliothécaire de l'Institut. La popularité de ce physicien était telle dans Paris, qu'il eut le rare privilège de n'être pas inquiété, au moment du pillage du Louvre, et de pouvoir continuer, au milieu des émeutes et des mouvements populaires, des démonstrations et des expériences qu'il n'était pas possible de faire partout ailleurs[1].

La découverte de Montgolfier, si curieuse et si inattendue, tourna les études des physiciens vers des travaux de physique atmosphérique qu'ils n'avaient d'abord que timidement abordés. Lemonnier, en 1783, en prit occasion pour étudier ces courants d'air en sens opposés qui se produisent dans l'air, et dont l'existence inquiétait les inventeurs des aérostats sur l'utilité et l'avenir de leur création.

La chimie devait, pendant la seconde moitié du dix-huitième siècle, subir une révolution non moins profonde qu'en subirent certaines branches de la physique par la découverte de l'électricité et du magnétisme.

---

[1] Charles n'a inséré dans le recueil de l'Académie des sciences qu'un seul mémoire intitulé : *Essai sur les moyens d'établir entre les thermomètres une comparabilité, sinon exacte au moins plus approchée que celle qu'on a obtenue jusqu'à présent.* Mém. pour 1787.

La vieille chimie allait expirer avec sa théorie des quatre éléments que s'entêtait encore à défendre le chimiste Baumé, qui rendit pourtant de véritables services à la science. En France, il y eut comme deux générations de novateurs; la première ne fit qu'entrevoir la révolution qu'elle avait préparée. Durant cette première période, où l'enseignement de la chimie acquiert un assez grand éclat, deux hommes, Rouelle et Macquer, sont dans l'Académie, à la tête des études chimiques. Rouelle a le mérite d'avoir, le premier, professé la chimie à Paris, en classant les faits d'après une théorie, et montré tous les avantages de l'analyse organique immédiate. Intelligence de génie, mais à laquelle l'éducation première avait manqué, parlant sans cesse de ses arcanes, et conservant assez les allures des anciens alchimistes, sans en avoir les idées, plein de lui-même et de mépris pour ses rivaux, mais original dans ses vues comme dans son langage [1], Rouelle importa en France les principes de la chimie de Stahl, et a atta-

---

[1] Voy. ce que dit à ce sujet Grimm, *Correspondance littéraire*, t. VII, p. 248. Rouelle, dans ses cours publics, traitait ses rivaux d'ignorants, de barbiers, de fraters; il se plaignait à tout instant des plagiats dont il était victime, tournait en ridicule ce qu'il appelait le beau parlage de Malouin et de Buffon, et par la manière dont il faisait ses expériences, amusait autant son public qu'il l'instruisait. On rapporte que lorsqu'il était obligé de passer pour prendre des instruments dans une pièce voisine de celle où étaient ses auditeurs, il continuait sa leçon comme s'il fût resté en leur présence. Une fois, sa distraction fut plus grave : en remuant des substances détonantes sur lesquelles il expérimentait, il faisait observer à son auditoire que s'il s'arrêtait un seul instant, une explosion terrible se produirait, et dans la chaleur qu'il mettait à expliquer le phénomène, voilà qu'il oublie de remuer; une terrible explosion eut lieu.

ché son nom à de belles recherches sur les sels et à de premières tentatives pour analyser les substances animales et végétales [1].

Macquer, qui naquit quinze ans après Rouelle et lui survécut d'autant [2], avait dans sa diction une élégance, une clarté qui contrastaient avec le langage abrupte et incorrect de ce chimiste. Cependant il fut effacé par celui-ci, ainsi que par Malouin, en possession d'une position plus élevée, professeur au Jardin du Roi et fort en crédit à l'Académie [3], quoiqu'il ait fait peu pour la science. En effet, tandis qu'on ne doit guère à Malouin que quelques observations ingénieuses sur l'analogie de l'étain et du zinc, Macquer a attaché son nom à une foule de mémoires remplis de faits intéressants; il a doté, en 1766, la chimie d'un dictionnaire dont les éditions successives fournirent pendant longtemps un tableau complet et précis de la science. Mais, malgré son mérite, Macquer, n'avait point assez de génie pour rompre avec les faux principes qui régnaient alors et que Stahl, Scheele, Bergmann nous avaient envoyés comme des découvertes; il subissait l'influence de ces chimistes étrangers, et la théorie du phlogistique imaginée par Stahl régnait alors en souveraine. On crut, jusqu'à la découverte de l'oxygène, à l'existence de ce corps imaginaire, dont on fai-

---

[1] On lui doit aussi un curieux mémoire sur les embaumements.
[2] Pierre Macquer, né à Paris en 1718, d'une famille d'origine écossaise.
[3] Paul-Jacques Malouin, né à Caen en 1701, était entré à l'Académie en 1742. Il s'était chargé de présenter annuellement à la Compagnie l'histoire des épidémies qui sévissaient sur la capitale.

sait une matière subtile qui se dégage des corps en combustion. Macquer défendit toutes ces idées erronées; mais là où il fit preuve d'une réelle supériorité, ce fut dans les applications de la chimie à l'industrie. C'est à lui qu'on doit d'avoir démontré la possibilité de teindre les étoffes avec le bleu de Prusse, dont il a contribué à faire connaître la véritable nature; il a découvert l'arséniate de potasse cristallisable, et reconnu la composition des deux éléments qui entrent dans la porcelaine, le petunzé et le kaolin. Un autre chimiste, plus jeune que Macquer, Jean Darcet[1], qui appartint aussi à l'Académie des sciences, où il remplaça celui-ci, a, comme lui, attaché son nom aux progrès de la fabrication de la porcelaine. En 1766 et 1768, il présenta à l'Académie, dont il ne faisait point encore partie, le résultat de ses essais sur la fabrication de la porcelaine qui devaient le conduire à obtenir des produits aussi beaux que ceux que donnait alors la Saxe. Cet État avait interdit, sous peine de mort, d'exporter la terre à porcelaine, dont Bœtticher avait su tirer une si belle substance. Darcet découvrit dans le Limousin une terre propre à suppléer à ce kaolin qu'on avait été demander jusqu'en Chine. On doit au même expérimentateur un alliage métallique très-fusible qui porte son nom, et des travaux sur l'extraction de la gélatine des os.

On le voit, les chimistes français qui avaient vu le jour dans le premier quart du dix-huitième siècle et

[1] Né en 1725, mort en 1803. J. Darcet devint directeur de la manufacture de Sèvres.

dont les travaux se placent surtout au commencement de sa seconde moitié, ont plus contribué à enrichir la chimie de découvertes partielles et d'analyses de détail qu'à modifier les théories et les principes. Rouelle, toutefois, s'éleva à des vues plus générales que ses contemporains, et entrevit ce que devaient donner des expériences plus intelligentes et plus profondes à Priestley et à Lavoisier.

Il y avait quatre ans que Rouelle était mort; c'était en 1774; un chimiste anglais, que l'Académie devait se donner pour associé étranger dix ans plus tard, vint menacer toute la théorie du phlogistique de Stahl, en annonçant l'existence d'un fluide aériforme jouissant du privilége exclusif d'alimenter la combustion et la respiration : il s'agissait du gaz oxygène. Priestley toutefois ne l'avait pas découvert; cet honneur appartient à un Français, Pierre Bayen, de Châlons, qui a été membre de l'Institut à sa fondation [1]. Mais Bayen, s'il est parvenu à rendre, sans le secours du charbon, à du mercure calciné par l'action de la chaleur, son brillant et sa liquidité, s'il a démontré, par des expériences exactes, que tout ce qu'on appelait *chaux métallique* doit son excès de poids, sa couleur et son état à l'absorption d'un des éléments de l'air atmosphérique, n'avait pourtant pas nettement reconnu et défini le corps simple qui entre comme élément constitutif dans la nature. Le renversement de la doctrine du phlogistique, qui avait paru assise sur des bases inébranlables, fut en chimie une révolution aussi profonde que la dé-

---

[1] Né en 1725, mort en 1797.

couverte de la pesanteur en mécanique, celle de la circulation du sang en physiologie. La chimie des gaz qui, ainsi que l'observe M. Chevreul, offrait depuis Jean Rey le double caractère de l'isolement et de la stérilité, entrait dans une phase nouvelle, par ce grand principe que Lavoisier a démontré le premier, à savoir que les corps pendant la combustion augmentent de poids et absorbent de l'oxygène. On allait bientôt ne plus entendre parler d'*air phlogistiqué,* d'*air fixe;* l'azote et l'acide carbonique apparaissaient enfin sous leur véritable caractère. J'ai déjà nommé l'homme de génie qui prit l'empire de la chimie, au moment où Bayen et Priestley en renouvelaient les bases. Lavoisier, l'un de ceux qui ont le plus illustré l'ancienne Académie, était reçu adjoint de la Compagnie en 1768, la même année où il devenait fermier général; il passait associé en 1772, et deux ans après, la confiance du roi le chargeait de la régie générale des poudres et salpêtres.

Lavoisier avait fréquenté le laboratoire de Macquer; il avait mené de front des recherches de chimie, de physique et d'agriculture. C'est par un mémoire sur le meilleur moyen d'éclairer les grandes villes qu'il se fit connaître à l'Académie; celle-ci en rendit le compte le plus favorable au roi, qui récompensa l'auteur par une médaille d'or. Reçu adjoint de la Compagnie en 1768, il lui communiqua en 1770 *sur la nature de l'eau et sur les expériences par lesquelles on a prétendu prouver la possibilité de son changement en terre,* deux mémoires qui annoncent déjà l'esprit de méthode et le génie d'observation si éminemment développés chez Lavoisier. Ces mémoires ont été suivis d'un grand nombre d'autres [1]; ils étaient presque tous l'exposé de découvertes importantes qui renouvelaient la chimie dont les anciennes bases avaient déjà été ébranlées par Priestley et Cavendish. Lavoisier compléta et coordonna les idées de ces deux éminents chimistes anglais; il reprit ce qu'il y avait de fondé et de neuf dans les opinions de Stahl et de Scheele, et arriva, de la sorte, à concevoir clairement les actions chimiques les plus importantes et les plus générales de la nature et à tirer de leurs théories des vues applicables à la chimie tout entière.

Les anciens chimistes s'imaginaient avoir atteint la limite de la décomposition, lorsqu'ils avaient réduit un corps en huiles, en sels, en terres et en eau; ces éléments formateurs leur apparaissaient comme autant de principes; l'analyse ne s'arrêta pas là; les sels, l'eau et les terres devaient être décomposés à leur tour en éléments; les huiles devaient rendre à l'alambic et à la cornue les parties distinctes qui entraient dans leur composition. Scheele commença à décomposer les sels et les terres, et d'autres chimistes imitèrent son exemple. Mais les composants de ces sels eux-mêmes n'étaient pas des corps simples; à mesure que l'on pénétrait davantage dans l'essence des corps, on voyait donc se reculer le moment où apparaîtraient les principes vraiment primordiaux. Lavoisier entreprit de faire sur les principes des sels ce qui avait été fait sur les sels eux-mêmes; à force de patience et de précision, il re-

---

[1] Voy. Œuvres de Lavoisier publiées par les soins de S. Enc. le ministre de l'Instruction publique, t. II. (Paris, 1862, in-4°.)

connut que tous les acides, éléments formateurs des sels, se composent de ce que l'on appelait alors *air vital* et d'un principe particulier à chaque acide. Le caractère fondamental de cet air vital, qui attirait singulièrement l'attention des chimistes depuis que Bayen et Priestley en avaient établi la présence, était donc d'engendrer les acides ; c'était, comme le dit le nom qui lui fut alors donné, de l'*oxygène*. En même temps Lavoisier achevait la démonstration rigoureuse des faits révélés par Priestley, il retirait des chaux métalliques l'air qui avait servi à la calcination, et le trouvait beaucoup plus pur que l'air de l'atmosphère dont il fait partie. Cet air plus pur, les propriétés qu'il y constata, lui firent reconnaître le même fluide élastique que Priestley avait montré être nécessaire à la respiration et à la combustion ; et ce rapport d'identité suffit pour le convaincre qu'il existe entre la calcination des métaux, la combustion et la respiration une extrême analogie. Dans ces différentes opérations, il vit des phénomènes divers naître de la combinaison du gaz où il reconnaissait la partie respirable de l'air atmosphérique, autrement dit l'oxygène [1]. Ainsi pour Lavoisier la combustion se réduisait à l'union de l'oxygène avec un corps combustible ; idée aussi féconde que vraie qui allait doter la science chimique comme la physiologie du principe même qui en explique une foule de problèmes. L'oxygène existe dans l'atmosphère, se disait ce grand génie, mais il s'y trouve uni à la chaleur et à la lumière auxquelles il doit son état gazeux ;

---

[1] Voy. Chevreul, dans le *Journal des Savants* de 1859, p. 699.

lorsque l'affinité d'un corps combustible, soit simple, soit complexe, pour l'oxygène est plus grande que celle de celui-ci pour la chaleur et la lumière, le phénomène de combustion se produit ; le combustible s'unit à l'oxygène, et tandis que cette union s'effectue, le calorique et la lumière deviennent libres. L'union s'opère-t-elle rapidement, comme cela a lieu pour le soufre, le phosphore, le fer, il y a manifestation de feu ; ne se fait-elle que lentement, ainsi que cela s'observe pour du mercure chauffé dans un matras où l'air pénètre, la chaleur et la lumière dégagées ne sont pas sensibles à nos sens.

Dans un travail imprimé en 1781 au recueil de l'Académie, aidé d'un jeune ingénieur militaire que les espérances qu'il donnait à la science avait fait admettre dans la Compagnie, n'étant encore que simple lieutenant, Meusnier, l'illustre chimiste établissait que l'eau n'est pas une substance simple, et qu'elle est susceptible de décomposition et de recomposition. Cavendish venait de démontrer que l'eau est formée par la combinaison de l'air inflammable, autrement l'hydrogène ; Monge répéta ses expériences à Paris, et appliquant cette donnée à l'analyse des substances, il commençait à en pénétrer la véritable composition. C'était le dernier coup porté non-seulement à la vieille et classique théorie des quatre éléments, mais aussi à la théorie du phlogistique de Stahl, qui avait marqué un premier progrès en chimie. Selon cet éminent physiologiste, toutes les fois que la combustion a lieu, le phlogistique, principe essentiel de toute matière combustible, était mis en mouvement par l'air qui le séparait d'un principe incombustible auquel il était uni. Stahl supposait que si ce mouvement imprimé avait une grande intensité, le phlogistique, matière solide, mais d'une extrême ténuité, devenait lumineux et brillant, prenait l'apparence du feu. L'intensité du mouvement était-elle moindre, le phlogistique ne produisait, d'après lui, que les effets de la chaleur obscure et demeurait invisible. Donc pour le médecin allemand, la combustion était une véritable analyse [1]; pour Lavoisier, c'était au contraire une combinaison.

En même temps que la chimie minérale était transfigurée par le génie de Lavoisier, cet éminent expérimentateur répandait sur la chimie organique de premières lueurs qui prenaient parfois tout l'éclat du jour. Lavoisier conçut le premier la possibilité de déterminer la proportion des éléments des matières organiques, et aussi le premier tenta des expériences pour y parvenir [2]; il étudia la fermentation alcoolique, dont il formula nettement le problème. Selon Stahl, dans la fermentation, les molécules du ferment, animées d'un mouvement propre, communiquent ce mouvement au corps fermentescible, et les parties analogues de celui-ci se réunissent à l'exclusion des autres. Les expériences de Lavoisier montrèrent que les fermentations végétales doivent être attribuées à des changements dans la proportion du charbon, et ce

---

[1] Voy. Chevreul, *Journal des Savants*, 1859, p. 695, 697.
[2] Voy. Chevreul, *Journal des Savants*, 1859, p. 706 et suiv. Ce savant a signalé les idées exactes qu'avait déjà émises sur l'analyse immédiate des matières végétales, Macquer, dans la préface de son *Traité de la teinture en soie*.

charbon, il avait été reconnu par lui comme un des composants de l'acide crayeux désigné depuis la nouvelle chimie sous le nom d'*air fixe*. Cette fermentation, qui joue un rôle si considérable dans la nature et que notre industrie mettait depuis longtemps à profit, sans la comprendre, occupait alors beaucoup les chimistes. Elle attira surtout l'attention d'un médecin de Montpellier, Chaptal, qui préludait alors aux belles recherches qui lui ont fait une place honorable dans l'histoire des sciences appliquées. Fière de posséder dans son sein un si habile expérimentateur, la Société royale des sciences de Montpellier, d'abord jalouse de l'Académie des sciences de Paris, commençait à vouloir se rapprocher d'elle, depuis que l'illustration de cette dernière Compagnie avait éclipsé la sienne. Elle ne trouva pas de moyen meilleur que de communiquer aux académiciens de Paris le travail de Chaptal ; et rappelant les termes des statuts que Louis XIV lui avait donnés en 1706, et dans lesquels il était dit que la Société royale de Montpellier devait entretenir les relations les plus intimes avec l'Académie royale des sciences de Paris, comme ne faisant qu'un corps avec elle [1], l'aréopage scientifique du midi de la France adressa ce travail à sa sœur aînée. Le mémoire avait pour titre : *Observations sur l'acide carbonique fourni par la fermentation des raisins et sur l'acide acéteux qui résulte de sa combinaison avec l'eau.* Chaptal y jetait les bases des recherches qu'il a poursuivies depuis, et qui ont donné naissance à ses deux

---

[1] Voy. *Histoire de la société royale des sciences établie à Montpellier*, t. I, p. 16. (Lyon, 1766.)

ouvrages publiés en 1801 et 1802, l'un sur *l'art de faire et de perfectionner les vins*, l'autre *sur la culture de la vigne*. L'Académie vit avec satisfaction ce témoignage de déférence d'une société rivale, qui avait eu ses illustrations, les Chirac, les Magnol, les Astruc, les La Peyronie ; elle inséra dans son recueil les observations de l'habile professeur de chimie de Montpellier [1], chez lequel Lavoisier reconnut un de ses admirateurs et de ses disciples.

La chimie organique ne se trouvait pas seulement en présence des produits inertes que sécrètent les organes des végétaux ou qui se développent par leur décomposition ; elle était appelée à résoudre des problèmes plus redoutables que l'anatomie avait cru longtemps de son ressort, sans avoir jamais eu pour les résoudre une compétence suffisante. Passant de la matière morte aux corps vivants, Lavoisier jeta un regard scrutateur sur le phénomène de la vie, et il y découvrit des actions chimiques analogues à celles que lui fournissaient ses premières études de laboratoire. La transpiration, la respiration surtout furent envisagées par lui sous un aspect nouveau. Il reconnut dans la dernière une combustion lente [2] du carbone et de

---

[1] Jean-Antoine Chaptal, qui fut ministre de l'intérieur sous Napoléon Ier, était né à Nogaret (Lozère) en 1756. Les États de Languedoc avaient institué pour lui, en 1781, une chaire de chimie à Montpellier. Le roi Louis XVI lui accorda des lettres de noblesse et lui conféra le cordon de Saint-Michel.

[2] Cette idée s'était toutefois, il faut le dire, déjà présentée au célèbre anatomiste anglais John Mayow, né en 1645, et enlevé à l'âge de trente-quatre ans, avant d'avoir pu démontrer complétement un fait, qu'il n'aurait pas sans cela laissé à Lavoisier à découvrir.

l'hydrogène du sang avec dégagement de chaleur; c'était la chaleur animale. Cette découverte de Lavoisier, non moins féconde que ses premières, marqua l'année 1777; il en poursuivit les détails, en prenant tour à tour pour collaborateur Laplace et Séguin. Elle l'occupa tout le reste de sa vie et, peu de temps avant sa mort, il écrivait de sa main à ce sujet des observations qu'il remit à l'Académie et que l'éminent chimiste M. Dumas a été assez heureux pour retrouver. Lavoisier voulant proposer un prix destiné à encourager de nouvelles recherches sur la chimie organique, y résumait ainsi les faits généraux de la vie à la surface du globe dont son génie avait déjà saisi l'ensemble. « Les végétaux puisent dans l'air qui les environne, dans l'eau, et en général, dans le règne minéral, les matériaux nécessaires à leur organisation. Les animaux se nourrissent ou de végétaux ou d'autres animaux, qui ont été eux-mêmes nourris de végétaux, en sorte que les matières qui les forment sont toujours, en dernier résultat, tirées de l'air et du règne minéral; enfin la fermentation, la putréfaction et la combustion rendent perpétuellement à l'air de l'atmosphère et au règne minéral les principes que les végétaux et les animaux en ont empruntés. Par quels procédés la nature opère-t-elle cette merveilleuse circulation entre les deux règnes? Comment parvient-elle à former des substances combustibles, fermentescibles et putrescibles avec des combinaisons qui n'avaient aucune de ces propriétés?

J. Mayow institua des expériences très-concluantes qui ne furent pas assez remarquées de son temps. Voy. Magdeleine de Saint-Agy, *Histoire des sciences naturelles professée par G. Cuvier*, t. II, p. 357.

Ce sont des mystères impénétrables. On entrevoit cependant que, puisque la combustion et la putréfaction sont les moyens que la nature emploie pour rendre au règne minéral les matériaux qu'elle en a tirés en vue de former des végétaux et des animaux, la végétation et l'animalisation doivent être des opérations inverses de la combustion et de la putréfaction. » Lavoisier appelait donc les expériences sur le problème de la nutrition des animaux, vaste question dont il sentait toute l'étendue et énumérait toutes les difficultés. Il ajoutait dans le même écrit : « De pareilles études supposent la connaissance des gaz qui se dégagent pendant le cours de la digestion, de la manière dont la digestion rend au sang ce qui lui est enlevé continuellement par la respiration ; enfin, comme les animaux dans l'état de santé, et lorsqu'ils ont pris leur croissance, reviennent chaque jour, à de légères différences près, au même poids qu'ils avaient la veille, il en résulte que la recette est égale à la dépense et qu'on peut rendre par conséquent exactement compte de l'emploi des aliments que les animaux consomment chaque jour. » Ainsi étaient nettement posés et clairement compris par cet admirable génie tous les problèmes que devait essayer de résoudre la chimie, cinquante et soixante ans plus tard. A la fin du dix-huitième siècle, la profondeur et la sagacité de son intelligence devançaient d'un coup l'effort de deux générations [1].

[1] Voy. *Une pièce historique concernant les opinions de Lavoisier au sujet de la formation des êtres organisés*, recueillie par M. Dumas, et publiée dans les *Leçons de chimie professée en 1860 à la Société chimique de Paris*, p. 292 et suiv. (Paris, 1861.)

C'est que l'illustre chimiste s'était pénétré de l'esprit des lois dont il montrait si bien l'action simultanée. A la fin de son mémoire sur la transpiration des animaux publié en 1790, de concert avec Séguin, il consignait encore ces réflexions remarquables où l'on dirait un homme que son génie a mis dans les secrets du Créateur.

« On ne peut se lasser d'admirer le système de liberté générale que la nature semble avoir voulu établir dans tout ce qui a rapport aux êtres vivants. En leur donnant la vie, le mouvement spontané, une force active, des besoins, des passions, elle ne leur a point interdit d'en faire usage, elle a mis partout des régulateurs, elle a fait marcher la satiété à la suite de la jouissance. L'animal, excité par la qualité ou la variété des mets, a-t-il franchi la limite qui lui avait été marquée, arrive l'indigestion, qui est à la fois le préservatif et le remède ; la purgation qu'elle opère, le dégoût qui succède, rétablissent bientôt l'animal dans son état de nature. — L'ordre moral a, comme l'ordre physique, ses régulateurs, et, s'il en était autrement, il y a longtemps que la société humaine n'existerait plus, ou plutôt elle n'aurait jamais existé [1]. »

Toutes ses découvertes, Lavoisier les dut surtout aux nouvelles méthodes plus exactes, aux expériences plus délicates et plus précises qu'il avait introduites. Nul n'avait encore décrit avec autant de clarté les appareils, la manière de s'en servir, les raisons qui les faisaient adopter. Personne, écrit M. Chevreul, ne l'a

---

[1] *OEuvres de Lavoisier*, t. II, p. 713.

surpassé dans l'exposé des manipulations. On a dit quelquefois qu'il avait introduit la balance dans les opérations chimiques; mais on y avait recours, longtemps avant lui, pour les préparations pharmaceutiques, comme l'observe l'éminent chimiste qui me sert ici de guide. Seulement, dans les recherches de chimie organique, on n'en faisait guère usage; on se contentait de simples approximations. Lavoisier voulait des évaluations précises, et voilà pourquoi il fit sentir la nécessité d'employer sans cesse la balance. Par ses raisonnements comme par ses exemples, il montrait en cet instrument le contrôle indispensable pour confirmer ou infirmer les suppositions que suggère l'expérience.

Ainsi la chimie était révolutionnée dans ses moyens d'expérimentation comme dans ses principes, et l'Académie des sciences, théâtre de tant de travaux, initiée, presque à chaque séance, à de si admirables investigations, s'illuminait de la gloire et du génie d'un homme qui devait la personnifier, à la fin du dix-huitième siècle, dans ce qu'elle avait de plus grand, de plus puissant et de plus fécond.

Avant même que les découvertes de Lavoisier fussent venues renouveler les principes de la chimie, l'importance de cette science avait de plus en plus saisi les esprits, et plus d'un ami des sciences avait pris pour elle une véritable passion. Je ne parle pas de pharmaciens tels que Baumé, Cadet de Gassicourt, qui faisaient de la chimie par état et auxquels leurs recherches estimables ouvraient les portes de l'Académie, mais d'hommes que leurs occupations officielles semblaient appeler à d'autres études.

Turgot, qui, dès sa jeunesse, avait étudié les sciences avec ardeur, montrait pour elles un intérêt particulier. Le duc de Chaulnes se livrait à des expériences diverses. Un conseiller au Parlement de Bourgogne, Guyton de Morveau, s'y livrait avec opiniâtreté à Dijon et finit même par abandonner l'exercice de la justice pour ne plus appartenir qu'à son laboratoire. Compatriote de Buffon, il venait, ainsi que Macquer, au secours de l'ignorance du grand naturaliste en fait de chimie, et répondait aux fréquentes questions qu'il lui adressait. Guyton de Morveau s'était fait surtout connaître par des travaux sur la désinfection de l'air, publiés en 1773. Il avait ouvert des cours de chimie, afin d'en populariser le goût, qu'il acheva de répandre plus tard par d'excellents articles dans la partie chimique de l'*Encyclopédie méthodique*. La nouvelle nomenclature qu'il proposa en 1782 fut accueillie avec faveur par le monde savant; elle fixa particulièrement l'attention de Lavoisier, qui en associa l'auteur à ses recherches. Devenu à la fois le collaborateur de celui-ci et de Berthollet, Guyton de Morveau acquit près de l'Académie, qui s'était empressée de le nommer correspondant, un crédit que justifiaient son savoir et son caractère. Ses collègues lui prêtèrent le concours de leurs lumières, afin de compléter son projet de nomenclature, qui, adopté par la science, en simplifia l'enseignement et aida à en systématiser les résultats. Lavoisier, Berthollet, Fourcroy, s'unirent en 1787 à Guyton de Morveau pour asseoir cette terminologie qui règne encore parmi nous et a dominé toute la chimie jusqu'au moment où, prouvant que la nature dépasse encore les bornes de notre invention la plus féconde, la chimie organique démontra, par les combinaisons innombrables de la matière animée, l'impossibilité de sa complète application.

Tout estimables qu'aient été ses travaux, Guyton de Morveau cependant manquait des connaissances pratiques qui ne s'acquièrent que par la présence de tous les instants dans le laboratoire. Les faits exacts les plus intéressants qu'il ait signalés, sont, comme le remarque M. Chevreul[1], des résultats de la simple observation ou d'expériences synthétiques, ne réclamant pas une grande habileté dans les manipulations. Par exemple Guyton de Morveau rendit sensible dans une belle expérience ce pouvoir attractif de la matière, que les chimistes nomment *adhésion*, et en donna la mesure.

L'industrie, sur laquelle le gouvernement étendait une sollicitude de plus en plus active, sentait chaque jour davantage la nécessité de s'adresser à la science pour les perfectionnements de ses procédés et le contrôle de ses produits. L'État, qui exerçait sur les manufactures une autorité tutélaire, se voyait de la sorte fréquemment obligé de consulter l'Académie, et les chimistes prenaient ainsi un pied dans l'administration. On avait trouvé des inconvénients à la fabrication des soudes; en 1771, le ministre saisit la compagnie savante de la question, et celle-ci députa Guettard, Tillet et De Fougeroux de Bondaroy, pour aller sur les côtes de l'Océan, expérimenter les procédés en usage. Ce fut sur leur rapport que Louis XV rendit un édit qui per-

---

[1] Voy. *Journal des Savants*, année 1860, p. 41 et suiv.

mettait la fabrication des soudes. Dans le but de perfectionner une industrie demeurée longtemps stationnaire, De Fougeroux entreprit plusieurs voyages en Normandie, durant lesquels il étudia de plus près le traitement des varecs.

Une autre question plus importante encore pour l'État et qui touchait à la chimie industrielle, occupa vers la même époque l'Académie des sciences. La récolte du salpêtre tendait en France à diminuer, et le gouvernement s'effrayait à la pensée que la poudre à canon lui manquerait peut-être un jour. Turgot invita, le 23 août 1775, l'Académie à proposer un prix sur la fabrication de ce sel, afin d'appeler tous les moyens propres à parer au danger; la Compagnie s'empressa de se rendre au désir du ministère. Le concours fut ouvert, et une commission de cinq membres, qui comprenait Lavoisier, Macquer, D'Arcy, Sage et Cadet de Gassicourt, fut chargée d'examiner les nombreux mémoires que l'Académie avait reçus; ils remplissent le tome VIII des *Savants étrangers* publié en 1786. Thouvenel remporta le prix; mais les mémoires de Cornette [1], de Chevrand (de Besançon), de J.-B. de Beunie (d'Anvers), du comte de Thomassin (de Saint-Omer), de Romme, l'un des correspondants de l'Académie, furent jugés dignes d'être imprimés. Lavoisier n'attendit pas au reste l'envoi de ces travaux pour étudier une question qui intéressait la défense nationale; il se livra avec Clouet à des expériences sur les terres natu-

---

[1] Cornette, né à Besançon en 1744, fut peu après élu associé de l'Académie.

rellement salpêtrées qu'il communiqua à l'Académie le 5 juillet 1777 ; en même temps le duc de La Rochefoucauld étudiait la génération du nitre dans la craie, et voyait son Mémoire agréé par la Compagnie [1]. Grâce à tous ces efforts, on put rédiger une instruction sur les nitrières artificielles, qui fut distribuée en 1779 ; les fouilles forcées et vexatoires auxquelles les particuliers étaient jusqu'alors assujettis, furent supprimées ; et la France se vit bientôt en possession d'un produit de salpêtre double de celui qu'elle avait recueilli jadis, et d'une poudre à canon bien supérieure à celle des Anglais.

Il y avait dans l'Académie, à côté de Lavoisier, un homme qui l'égalait en ardeur dans la recherche des progrès que la chimie pouvait introduire dans l'industrie ; c'était Berthollet, médecin savoisien, que l'influence de Tronchin avait placé près de la famille d'Orléans, et que la France avait adopté en 1778 ; il marchait sur les traces du grand chimiste dont il était mieux fait qu'un autre pour apprécier le génie. Esprit élevé et profondément réfléchi, sachant allier les conceptions abstraites aux vues pratiques, il découvrit des principes nouveaux et dota les arts industriels de procédés précieux. Berthollet partagea avec Scheele l'honneur d'avoir décomposé l'alcali volatil ; il en détermina les proportions avec une rigoureuse exactitude, précisant ce que le chimiste suédois avait encore laissé dans l'obscurité. Puis, se détachant des idées de cet habile expérimentateur, il rompit en 1785 avec la théorie du

---

[1] Il est, comme les précédents, inséré dans le tome VIII des *Savants étrangers*, où se trouve aussi l'exposé des expériences de Lavoisier et de Clouet.

phlogistique, et entreprit de démontrer que l'acide marin auquel Scheele avait donné l'épithète de *déphlogistiqué*, et qui devait recevoir plus tard le nom de *chlore*, est un composé d'acide marin et d'oxygène. Berthollet préludait, par le beau mémoire qu'il vint lire sur ce sujet à l'Académie, aux travaux sur le chlore dans lesquels son génie investigateur a déployé toutes ses ressources ; il lui fut donné d'achever le monument que l'échafaud empêcha Lavoisier de couronner, et d'animer du souffle de ce grand homme, qu'il avait pour ainsi dire recueilli, une compagnie savante héritière de ses œuvres. Dans l'ancienne académie, Berthollet regardait encore le chlore comme composé d'un acide et d'oxygène ; mais l'erreur lui apparut au déclin de sa carrière.

On le voit, en chimie, l'ancienne Académie ne fut éclairée que des lumières d'une brillante aurore. Le jour éclatant qui devait se faire sur la nature entière, dans ses plus intimes combinaisons, c'était à l'Institut qu'il était réservé de le contempler. L'affinité, cette grande loi du monde moléculaire, que Newton avait entrevue, en même temps qu'il mesurait l'attraction à distance, Berthollet en posait les lois dans sa *Statique chimique* publiée en 1803, et suppléait ainsi au silence de Lavoisier.

Un autre chimiste qui n'avait ni la profondeur de Berthollet, ni l'esprit créateur de Lavoisier, servit cependant aussi la chimie par des talents d'un ordre moins élevé, et des travaux d'une exécution plus facile ; c'était Fourcroy. Il avait tout ce qu'il fallait pour gagner la faveur du public et réussir auprès des puissants. Il força les portes de l'Académie, où on l'admit à titre d'anatomiste, quoiqu'il n'eût guère fait qu'aider Vicq-d'Azyr dans ses dissections. Mais les anatomistes de cette Compagnie le repoussaient [1], et c'est malgré eux qu'il fut élu. Aussi, après avoir essayé quelques recherches sur les tendons [2], se tourna-t-il vers la chimie, dont il avait pris le goût dans l'enseignement très-suivi de Bucquet [3]. Les qualités de Fourcroy n'étaient pas de celles qui pouvaient lui assurer une grande influence à l'Académie, où il rencontrait des maîtres et des rivaux. Son autorité s'exerçait ailleurs ; c'était au Jardin des Plantes, où il avait remplacé Macquer, qu'il régnait par sa parole élégante et claire. Doué d'idées plus étendues que profondes, il excellait à présenter l'ensemble des faits de la science et à en montrer la liaison ; la foule se pressait pour l'entendre, pour l'applaudir, et il se sentait plus à l'aise à l'amphithéâtre qu'au laboratoire. Des analyses intelligentes, la découverte de quelques composés, un emploi plus heureux d'expériences déjà faites, comme il le montrait, en obtenant à l'état de pureté l'eau que produit la combustion de l'hydrogène, encore nitreuse dans les essais de Cavendish et de Monge : tels sont ses titres. Entré à l'Académie peu d'années avant sa sup-

[1] Voy. ce que dit Cuvier dans l'éloge de Tenon. *Éloges*, t. II, p. 295.
[2] Voy. les *Mémoires de l'Académie pour* 1785 *et* 1786.
[3] J.-B.-M. Bucquet, professeur de chimie à la Faculté de Médecine, et dont le savoir était plus étendu que profond, fut admis à l'Académie des sciences en 1776 ; il était né à Paris en 1746, et est mort en 1780.

pression, Fourcroy se fit surtout connaître après la Révolution, et par ses travaux il appartient moins à l'ancienne Académie qu'à l'Institut.

Si la chimie ne se dégagea jamais complétement, au dix-huitième siècle, des obscurités qui demandaient, pour être dissipées, une connaissance plus intime de la constitution des corps, si elle ne put, pour ce motif, prendre encore dans les sciences physiques la place considérable qui lui appartenait, elle fut cependant plus cultivée en France, et dans l'Académie en particulier, qu'une science qui lui donne la main et qui ne pouvait acquérir une constitution robuste qu'en vivant de sa même vie, la minéralogie.

La connaissance des minéraux qui sont répandus à la surface du sol, enfouis dans ses profondeurs, amoncelés sur le flanc des montagnes, ne prit son essor qu'après qu'on eut appris à analyser toutes les substances, à distinguer, par l'identité des composants, la parenté des composés ; on ne pouvait posséder de notions sérieuses sur les matières dont se compose le globe, qu'après en avoir exploré toutes les couches et comparé les divers gisements. Valmont de Bomare adoptait encore dans ses cours la classification arbitraire et purement artificielle des minéralogistes qui l'avaient précédé. Le baron d'Holbach s'efforçait de populariser chez nous, par ses traductions, des travaux dont l'Académie, qui n'admit dans son sein ni le zélé professeur rouennais, ni le philosophe matérialiste, semble avoir peu été occupée. La chimie n'avait pas livré des secrets dont la minéralogie ne pouvait se passer pour prendre son essor ; car en 1789, on ne connaissait encore que 17 métaux[1]. Klaproth en découvrit cette année-là un dix-huitième[2].

Dans cet ordre d'études, ce qui distingua surtout, en France, la seconde moitié du dix-huitième siècle d'avec la première, c'est une attention plus intelligente portée sur tout ce qui a trait à la composition de notre globe. Lavoisier, quelques années après son entrée à l'Académie, appelait de tous ses vœux des recherches plus exactes dont on commençait à trouver quelques spécimens de son temps, et dans sa lettre sur un projet d'atlas minéralogique de la France, qu'il lui adressait en 1772, il proposait de multiplier par un procédé facile les observations minéralogiques. Buffon, qui avait entrepris d'écrire l'histoire de toute la nature, mais dont le génie était plus propre à en peindre la magnificence qu'à en scruter les détails, ne fit qu'ébaucher l'histoire des minéraux. Il n'avait à sa disposition que des renseignements insuffisants, quoique nombreux, qui lui étaient envoyés de différents côtés; et Daubenton, qui observait si souvent pour lui et lui prêtait le secours de son expérience et de sa vue, n'avait fait lui-même qu'une étude superficielle de la minéralogie, à l'époque où son protecteur essayait d'en donner un exposé complet. Faujas de Saint-Fond, un autre de ses correspondants, manquait de connaissances chimiques solides; il aurait fallu que Buffon laissât à ses aides le temps d'apprendre complétement ce qu'il voulait dire,

---

[1] Voy. Cuvier, *Rapport historique sur le progrès des sciences naturelles*, p. 94. (Paris, 1810, in-8°.)

[2] L'urane. On en compte aujourd'hui quarante-neuf.

et quand Daubenton commença à pénétrer les secrets du règne minéral [1], c'est-à-dire vers 1775, le grand naturaliste était trop âgé pour profiter de ses leçons; il dut s'en tenir au petit nombre d'observations que ce savant avait déjà recueillies avant d'être passé maître, et aux travaux de Guettard, de Sauvages, de Lassone et de Sage.

J'ai déjà parlé de ce qu'on doit à Guettard et à Sauvages. Les remarques judicieuses que fit Lassone, sur divers points de minéralogie montrent les progrès qu'il aurait pu imprimer à cette science, s'il s'en était occupé davantage. Dans un de ses mémoires à l'Académie, il établit que le grès cristallisé de Fontainebleau, qu'avait décrit le mathématicien Bezout, n'est autre chose que du sable saisi par du sous-carbonate de chaux, au moment où celui-ci s'est cristallisé. Malheureusement l'habile anatomiste ne poussa pas plus loin ses recherches. Sage, médiocre chimiste [2], mais minéralogiste exercé, réunissait des échantillons de tous les produits minéraux de la France pour en composer un musée qui, établi à la Monnaie, devint l'origine de l'école des Mines. L'importance de notre richesse minérale, que Sage avait comprise, frappa enfin le gouvernement, et ce savant eut la gloire de décider la création d'un établissement qui devait

[1] Entre les mémoires de minéralogie de Daubenton, il faut surtout citer son travail intéressant *sur les herborisations dans les pierres*, publié dans le recueil de l'Académie pour 1782. Daubenton y distingue les origines différentes des dessins dendritiques et étudie la structure des dendrites ou groupements irréguliers de cristaux ayant l'aspect de plantes.

[2] Sage s'entêta à soutenir contre Lavoisier l'existence du phlogistique.

rendre autant de services à la science qu'au pays.

Les mines, voilà en effet quelle était la véritable école à laquelle s'étaient formés les minéralogistes. Ceux qui, dans la seconde moitié du dix-huitième siècle, ont avec Daubenton et Guettard, le plus contribué à l'avancement de la minéralogie, étaient des mineurs. D'abord De Gensanne, concessionnaire des mines de la Franche-Comté, et que l'Académie inscrivit au nombre de ses correspondants; puis Dietrich, commissaire du roi pour les mines; enfin J.-P.-G. Duhamel, ingénieur des mines, admis à l'Académie en 1789, et auquel on doit un beau mémoire sur la cémentation de l'acier. Leurs travaux ont fait faire de grands pas non-seulement à l'exploitation des métaux, mais encore à leur connaissance. De Gensanne envoyait à l'Académie des observations pleines d'intérêt, qui dénotent un esprit exact et pratique. Avant Dietrich, on n'avait jamais si bien décrit les gîtes de minerais et la manière de les extraire. Le grand ouvrage qu'il commença en 1786, et où il avait entrepris de faire l'histoire de tous nos établissements métallurgiques, lui ouvrit les portes de l'Académie [1]. Antérieurement Morand, minéralogiste aussi zélé que chirurgien habile, avait popularisé parmi nous, dans son *Traité du charbon de terre* [2], publié sous les auspices de l'Aca-

---

[1] Le baron de Dietrich, né à Strasbourg en 1748 et associé libre de l'Académie, fit paraître en 1786 sa description des gîtes de minerai, des forges et salines des Pyrénées, qui devait former la première partie d'une description métallurgique complète de la France.

[2] Le travail de Morand parut en 1773; l'auteur y donne une énumération de tous les pays où la présence du charbon de terre avait été jusqu'alors signalée. Ne perdant jamais l'occasion d'enre-

démie dans la collection des arts et métiers, les procédés d'exploitation de la houille qu'il avait été étudier à Liége, à Newcastle et à Manchester. Toutefois l'industrie minière de la France ne fournissait pas aux minéralogistes les ressources nécessaires à leurs investigations, et c'est l'Allemagne qui donna à la science des minéraux renouvelée son véritable législateur.

L'un des hommes qui ont le plus contribué à l'avancement de cette science et dont les écrits devaient la faire sortir de l'état stationnaire où elle demeurait depuis un siècle, Werner, né dans la haute Lusace, était fils d'un directeur de forges, et avait vécu, dès l'enfance, au milieu des mineurs. Son *Traité des caractères des minéraux*, où il accomplit pour la minéralogie ce que Linné avait fait pour la botanique, ne parut qu'en 1774. Il était écrit en allemand, et cette langue constituait alors une barrière que la science française ne savait franchir. Ce fut seulement en 1790 que Picardet, à la sollicitation de Guyton de Morveau, en donna la traduction. Elle parut ainsi trop tard pour que l'ancienne Académie y puisât, et que Buffon y pût aller chercher ces descriptions claires et précises des diverses propriétés de toutes les substances minérales, qu'il aurait reproduites avec la magie de son style et la pompe de son éloquence. La méthode que Werner

---

gistrer les faits physiologiques extraordinaires (Voy. plus haut, p. 139), il rapporte l'histoire du houilleur Evrard, qui, englouti par un éboulement dans une houillère de Charleroi, y demeura huit jours sans prendre de nourriture. Morand a aussi donné dans les *Mémoires de l'Académie pour* 1781, p. 169, une notice sur les montagnes ou mines de charbon de terre embrasées spontanément.

introduisait dans la minéralogie, est complétement absente de l'ouvrage de Buffon, dont l'esprit répugnait aux classifications, parce qu'elles scindent la nature dont il voulait toujours saisir l'ensemble.

Entre les phénomènes qui se rapportent à la constitution du sol, les éruptions de volcans étaient ceux qui piquaient le plus vivement la curiosité. Le Vésuve avait déjà attiré l'attention de plusieurs académiciens. L'abbé Nollet s'y était rendu en 1749, La Condamine en 1755, De Fougeroux en 1766 [1]; mais, quoique ces hommes y aient fait quelques bonnes observations de physique et d'histoire naturelle, aucun n'avait des notions géologiques suffisantes pour en tirer des inductions sur la cause des phénomènes volcaniques. La Condamine cependant, au spectacle du Vésuve et de ces solfatares dont l'Italie abonde, reconnut l'intervention de ces mêmes actions volcaniques qu'il avait observées dans les Andes. A ses yeux, les Apennins étaient une grande chaîne de volcans toute semblable à la Cordillère. Le savant voyageur n'avait aucune idée des soulèvements ; il ne songeait pas à prendre la direction des crêtes et l'inclinaison des pentes ; ses observations ne portèrent point fruit. La même année où La Condamine reconnaissait l'origine volcanique de plusieurs des terrains de l'Italie, Guettard, dont l'attention se portait depuis quelque temps sur la minéralogie, fit en Auvergne une constatation analogue. Il se rendait à Vichy en compagnie de Malesherbes, son ami ; arrivé à Moulins,

[1] Voy. *Mém. de l'Acad. des sciences*, année 1757, p. 336 et suiv.

ses yeux tombent sur une pierre noire qui servait de borne ; il venait d'étudier les laves qui lui avaient été adressées du Vésuve et de l'Etna ; il y reconnaît une substance de la même nature. D'où vient cette borne, demande-t-il? — De Volvic en Auvergne, lui répond-on. Ces mots sont pour lui un trait de lumière. Volvic, s'écrie-t-il, c'est *Volcani vicus.* L'étymologie n'était rien moins que certaine, mais la raison qui la lui suggérait était fondée. Impatient de s'assurer de ce qu'il soupçonne, il poursuit sa route ; il entraîne jusqu'au Puy-de-Dôme, jusqu'au mont Dore Malesherbes; ils font ensemble l'ascension de ces montagnes. A leur forme conique, Guettard reconnaît l'aspect que les dessins qu'il avait sous les yeux donnaient au Vésuve à l'Etna, au pic de Ténériffe. Une étude plus approfondie le convainc de la solidité de ces rapprochements ; il constate la présence des laves, des cratères, des coulées, et revient à Paris annoncer à l'Académie que le centre du royaume est occupé par des volcans éteints [1]. Un autre minéralogiste allait faire bien d'autres restitutions à l'ancien empire de Pluton. La même année 1750, où Werner voyait le jour, naissait en France l'homme qui devait avec lui fonder la géologie, et qui, mort en 1801, appartient tout entier au dix-huitième siècle. Dolomieu, dont la vie s'était passée à voyager, qui avait parcouru la Sicile, les Pyrénées et, à plusieurs reprises, l'Italie, demandait à l'étude de la nature ce que Buffon, septuagénaire,

---

[1] Voy. l'éloge de Guettard, par Condorcet, dans l'histoire de l'Académie pour 1785, et les *Mémoires de l'Académie pour* 1757, p. 372, 378.

réclamait vainement de ses correspondants. L'aspect des volcans lui suggéra des idées nouvelles sur l'origine des éruptions dont il plaça la source dans les entrailles de la Terre. Dolomieu n'appartenait à l'Académie des sciences que comme correspondant ; mais il avait pour pénétrer dans le secret des phénomènes du globe, mieux qu'un brevet d'académicien, c'était l'habitude de voir par soi-même, et de comparer les faits. Aussi à la fin du dix-huitième siècle, quand la vieille Académie n'existait plus, poursuivait-il ses travaux sur les tremblements de terre, sur les produits volcaniques, avec un succès qui avait été refusé à l'ancienne Compagnie ; et admis à l'Institut, dès sa création, il y apporta l'expérience d'un observateur consommé et des vues dégagées de toute influence d'école.

Cette connaissance pratique de l'écorce du globe et des phénomènes qui l'ont bouleversé, Buffon n'avait pu l'acquérir; toutefois son génie généralisateur devança l'observation ; et, à l'aide d'un petit nombre de faits, il reconstruisit, par un sublime effort de son intelligence, les anciennes époques de la nature. « Jamais un plus magnifique tableau, écrit M. Flourens, n'avait été présenté à l'imagination des hommes. » L'imagination, elle jouait en effet le plus grand rôle dans cette *Théorie de la Terre*, proposée par l'illustre naturaliste, bien que tout n'y soit pas spéculation et que plusieurs vérités y aient été entrevues. Mais, privé des moyens

---

[1] Voy. *Histoire des travaux et des idées de Buffon*, 2ᵉ édition, p. 208.

de comparaison et des notions que la chimie n'avait pas encore révélées, Buffon devait aboutir, dans cette Genèse de son invention, à un système plus éloigné encore de la réalité que celui qu'il proposait, en décrivant les différentes phases de la création. L'idée fondamentale seule de cette théorie a subi l'épreuve de l'expérience ; c'est celle d'une chaleur propre attribuée au globe [1]. L'accroissement de la température, à mesure que l'on descend davantage dans les profondeurs du sol, avait frappé Buffon, et, ce foyer central une fois admis, il fut conduit à supposer, avant que les laboratoires ne l'eussent vérifié, que toutes les matières qui composent le noyau terrestre sont fusibles, ou, pour adopter son langage impropre, vitrescibles [2].

Si G. Cuvier l'emporte de beaucoup sur ce grand naturaliste par l'exactitude des vues, la précision des connaissances et la culture des différentes branches de la zoologie, celui-ci ne lui cède en rien quant à l'originalité des conceptions et à la puissance de synthèse. Plus hardi, parce qu'il a moins la conscience de tout ce qui lui reste à découvrir, il est grand par cette hardiesse même. S'il n'a point créé la géologie, il en a du moins marqué la place dans l'histoire de la nature ; il a émis provisoirement ses hypothèses, en

---

[1] Il est cependant à noter que les découvertes faites sur la nature de la chaleur ont permis à W. Thomson de renouveler sous une autre forme la théorie de Buffon sur l'origine de la chaleur solaire. Voy. à ce sujet, Verdet, *Exposé de la théorie mécanique de la chaleur*, dans les *Leçons publiées par la société chimique de Paris*, t. III, p. 106.

[2] Flourens, o. c., p. 218, 222.

attendant que l'observation eût comblé la lacune. L'espoir d'arriver à mieux pénétrer ce qu'il s'efforce de comprendre, le désir de vérifier ce qui nous surprend ou nous inspire du doute dans ses théories, ont lancé dans une voie nouvelle et féconde des hommes qui n'y seraient point entrés, si Buffon ne les avait soutenus par l'exemple de son courage.

Un esprit mieux doué encore que ce grand naturaliste n'aurait pu, dans l'état où était la science, retracer même les premiers rudiments de la géologie. Buffon, en fait de géognosie, ne connaissait que la distinction fondamentale, adoptée par Rouelle et Desmarets, entre les terrains désignés sous le nom de primitifs et les terrains de sédiment dont l'origine aqueuse avait déjà été aperçue. Pour pénétrer dans la structure intime des roches, découvrir dans quelles conditions elles peuvent s'être formées, pour assigner leur âge relatif et l'étage auquel elles appartiennent dans l'échelle des terrains, il fallait non-seulement l'emploi d'une docimasie bien plus perfectionnée que les essais grossiers dont on se contentait, mais suivre encore dans leur mode de production et leurs rapports géométriques les cristaux qui forment la base des roches. Werner n'alla pas jusque-là ; il s'en tint à la géognosie ; en sorte que si la France n'eut pas la gloire d'avoir fondé cette science, il lui resta dans l'étude des minéraux une part dont elle se saisit, et c'est un de ses enfants qui formula les premières lois de la cristallographie.

Un modeste ecclésiastique, qui suivait en amateur les leçons de Daubenton, et ne témoignait pour les minéraux que cette curiosité superficielle qu'ils inspirent aux gens du monde, Haüy, conçut tout à coup la pensée d'en approfondir la structure géométrique. Une circonstance fortuite la lui inspira. Visitant un jour une collection, il laissa tomber par mégarde un groupe de spath calcaire cristallisé qu'il examinait ; le morceau se brisa, et Haüy vit avec étonnement les fragments présenter partout dans leurs petits cristaux les mêmes formes géométriques qu'ils affectaient avant la brisure. Un hasard tout semblable avait déjà conduit le chimiste suédois Gahn à faire la même observation ; mais le jeune ecclésiastique, encore peu versé dans la science où il devait acquérir tant de célébrité, l'avait ignoré ; le fait piqua vivement sa curiosité et décida de sa vocation. Il se mit à étudier avec ardeur la cristallographie. Cette science était encore chez nous dans l'enfance. Un savant qui n'obtint jamais les honneurs académiques, Romé de l'Isle, ami de Sage, s'en occupait depuis plusieurs années. Il n'avait guère constaté que ces espèces d'escaliers ou *troncatures*, comme il les appelait, que forme dans un cristal le décroissement régulier des lames dont le noyau est enveloppé ; quant au principe même de la structure, il lui avait échappé. Haüy prétendait aller plus loin ; il cassa et recassa les morceaux de spath calcaire et vit toujours leurs parties intégrantes garder la même configuration, bien qu'en se groupant diversement, elles composassent des cristaux très-variés. C'était là le premier principe de la cristallographie. Instruit des recherches d'Haüy, qui commençaient à être des découvertes, Romé de l'Isle les repoussa par les préventions de l'amour-propre blessé. Les couches de molécules, disait le jeune minéralogiste, s'empilent les unes les autres et se rétrécissent à mesure, formant de nouvelles pyramides, de nouveaux polyèdres et enveloppant le premier cristal comme d'un autre cristal où le nombre et la figure des faces extérieures peuvent différer beaucoup des faces primitives [1].

Les travaux d'Haüy appelèrent l'attention de l'Académie, qui écoutait avec empressement les lectures qu'il avait été admis à y faire. Bientôt la Compagnie jugea le jeune et timide abbé une acquisition indispensable pour elle, et à la première vacance qui se fit dans une des classes, le jeune abbé était élu. Cette classe était celle de botanique. L'Académie ne s'attachait point alors à observer rigoureusement un règlement qui semblait lui imposer de ne choisir pour chaque classe que ceux qui avaient cultivé la science à laquelle cette division était réservée. Elle crut sans doute, en cette occasion, sacrifier la botanique à l'intérêt de la minéralogie; elle ignorait que cette cristallographie dont Haüy posait les véritables bases, serait un jour appliquée à l'étude des produits solides que les végétaux nous fournissent. L'Académie servit ainsi la botanique sans s'en douter. Haüy se signala par son assiduité aux séances et communiqua à ses confrères jusqu'en 1791, des mémoires importants. Le dernier, un des plus remarquables, avait pour objet de déduire d'une méthode générale les différentes formes de po-

---

[1] Voy. l'éloge d'Haüy par Cuvier, p. 134; et du même, *Rapport historique sur le progrès des sciences naturelles*, p. 20.

lyèdres qui peuvent être engendrées par un rhomboïde, composé de lames superposées dont on imagine que les angles et les côtés décroissent suivant une loi régulière. Haüy parvenait ainsi à reconnaître toutes les formes de cristaux qui, malgré une dissemblance apparente, appartiennent à une même forme primitive. L'infatigable minéralogiste réussissait de la sorte à déterminer graduellement, par la simple cassure et une exacte mesure des angles, la forme des noyaux et des molécules élémentaires de tous les cristaux, et ramenait leur production à un petit nombre de formes auxquelles il était remonté par les lois de la trigonométrie. Par la division du noyau parallèlement à ses différentes faces et quelquefois à d'autres plans encore, Haüy finissait par obtenir de petits solides tous semblables entre eux, et qui, au moyen de sous-divisions successives, se résolvaient en d'autres de la même forme, n'en différant que par un moindre volume. Il lui fallait souvent s'aider du microscope pour apercevoir ces formes géométriques, qui n'étaient que les diminutifs des premières, et, descendant par la pensée au concept d'une divisibilité que son œil ne pouvait plus saisir, il affirmait qu'on retrouverait encore le même phénomène de décroissance régulière dans les formes, jusqu'à ces particules intangibles et cependant réelles, qu'il appelait les *molécules intégrantes*, et qu'il retrouvait désunies et en suspension dans le liquide, avant de former le cristal sur lequel il avait opéré. Et ces molécules intégrantes elles-mêmes n'étaient pas la dernière raison de la matière; elles se composent aussi d'autres molécules plus insaisissables encore, celles qu'Haüy appelait les *molécules principes ou élémentaires* qu'il n'était donné qu'à l'analyse chimique de pouvoir disjoindre et constater [1].

L'habile minéralogiste, dans cette architecture si délicate et si ingénieuse de la nature, signalait la remarquable économie et la singulière simplicité que le Créateur apporte dans les moyens qui doivent enfanter des résultats d'une inépuisable fécondité. Ses admirables travaux transportaient ainsi dans l'étude des infiniment petits cette sublimité de vues que l'homme n'avait longtemps trouvée que dans l'infiniment grand. En resserrant de plus en plus l'espace sur lequel elle opérait, il ne montrait que davantage la puissance de la géométrie, puisque ses lois s'appliquent avec une égale sûreté à des espaces que l'intelligence peut à peine concevoir et à des petitesses que l'œil peut à peine saisir.

La physiologie végétale profita des progrès que faisait incessamment la chimie; mais ces progrès s'accomplissaient moins en France qu'en Suisse, quoiqu'ils eussent au sein de l'Académie quelques instigateurs, et que la Compagnie s'empressât d'inscrire au nombre de ses associés ou de ses correspondants les auteurs des nouvelles découvertes. C'était un Suisse, Charles Bonnet, qui démontrait par l'expérience l'influence qu'exerce le soleil sur la direction des feuilles, leur absorption et leur exhalaison; c'était un autre Suisse, Hon.-Ben. de Saussure, qui établissait ensuite que l'exhalaison s'effectue par les ouvertures qu'on a appelées depuis stomates; c'était encore un Suisse,

---

[1] Voy. Haüy, *Traité de Cristallographie*, introd., Paris, 1822.

Senebier, qui achevait de mettre en évidence le fait curieux que Priestley avait énoncé en 1780, à savoir que les parties vertes des végétaux, mises sous l'eau et exposées au soleil, exhalent du gaz oxygène. Senebier et le Hollandais Ingenhousz commençaient à appliquer à tous les phénomènes de la vie végétale les principes dont la physique et la chimie étaient enfin en possession. A l'Académie, Daubenton fut un de ceux qui, à cette époque, éclairèrent le plus les phénomènes de la vie des plantes. Il reconnut, le premier, dans l'écorce des arbres ces vaisseaux brillants, élastiques et souvent remplis d'air que l'on appelle trachées. De Fougeroux, par de curieux mémoires sur la composition et la nature du bois des arbres, fit aussi faire quelques pas à la science; Desfontaines, par un travail important sur l'irritabilité de l'organe sexuel des plantes, ajouta au tribut que l'Académie payait à la physiologie végétale. Cette curieuse propriété de l'irritabilité, Broussonet signalait la différence qu'elle présente dans les animaux et dans les plantes. Tandis que les mouvements vitaux sont très-lents chez celles-ci, ils accusent chez les premiers, par leur rapidité et leur spontanéité, l'intervention d'une volonté [1]. Vers la même époque, Tessier montrait, par des expériences que l'Académie suivait avec intérêt, les effets de la lumière sur certaines plantes, mais constatant simplement le penchant qui porte les végétaux à chercher l'action du soleil, et l'étiolement qui résulte pour eux de l'absence de la lumière, il ne pénétrait pas dans le

[1] Voy. *Mémoires de l'Académie pour* 1784, p. 609.

difficile problème dont la théorie mécanique de la chaleur peut seule nous donner la clef. Chez les végétaux, on le sait maintenant, il s'accomplit un travail destiné à combattre les affinités chimiques qui tendent à transformer les matières hydro-carbonées en acide carbonique et en eau, résistance qui ne peut s'effectuer qu'à l'aide d'une consommation de forces vives, c'est-à-dire de chaleur, équivalente à l'action contraire des affinités chimiques. De là l'indispensable nécessité pour toute végétation, qui n'est pas celle d'une plante infusoire ou parasite, de l'action solaire directe ou indirecte [2]. Ces lois fondamentales, les physiologistes les ont ignorées jusque dans ces dernières années; ils ne pouvaient, il y a quatre-vingts ans, qu'en constater les effets.

En France, les travaux des botanistes se portaient ailleurs. L'empire de Flore se grossissait chaque jour de nouvelles provinces. Des voyageurs exploraient des parties du globe où l'on n'avait pas encore pris soin d'étudier la nature. Ils en rapportaient de riches herbiers, des plantes inconnues, qui étendaient, modifiaient, révolutionnaient même les idées des botanistes de cabinet. Adanson, que l'Académie des sciences admit en 1759, avait visité de 1749 à 1753 le Sénégal, dont il donna une intéressante *Histoire naturelle*. Plus tard, en 1760, Antoine Richard visita l'Espagne, la Barbarie et le Levant; Aublet, de 1763 à 1765, explora la Guyane, que L.-C. Richard devait visiter de nouveau en 1782. En 1776, Dombey, chargé par Turgot

---

[1] Voy. Verdet, *Exposé de la théorie mécanique de la chaleur*, cité plus haut, p. 104.

d'une mission scientifique, parcourait le Pérou, où il allait unir ses efforts à ceux de Ruiz et de Pavon. Desfontaines explora, en 1783 et 1784, les régences de Tunis et d'Alger. En 1785, André Michaux se rendait en Perse. Sonnerat, correspondant de l'Académie, visitait à deux reprises différentes les mers des Indes et les terres qu'elles baignent, et décrivait une foule de plantes dont quelques-unes allaient, grâce à lui, enrichir les pépinières et les cultures de nos colonies [1]. Ph. Commerson accompagnait Bougainville en 1766, visitait plus tard Madagascar, et allait mourir, en 1776, à l'île de France, tandis que l'Académie [2] en lui conférant le titre d'associé, récompensait ses vingt-cinq années de voyages et de recherches.

Telle plante, tel arbre exotique rapporté par ces voyageurs et qu'on voulait acclimater dans nos jardins et nos pépinières, occupait la Compagnie : Desfontaines l'entretenait de l'*Ailanthus glandulosa*, et De Fougeroux, de l'abricotier de Sibérie et d'une nouvelle espèce d'orme. Plus tard Tessier passait en revue tous les arbres à épices dont s'était enrichie la culture de nos colonies (1789).

Des livres qui arrivaient à l'Académie de tous les centres scientifiques de l'Europe mettaient sous ses

---

[1] Sonnerat, né à Lyon en 1745, et correspondant de l'Académie, fit un premier voyage en 1771 et les années suivantes, et un second en 1774. Il introduisit aux Iles de France et Bourbon l'arbre à pain, le cacao, le mangoustan et d'autres arbres exotiques.

[2] Philibert Commerson expira, à l'âge de quarante-six ans, le 13 mars; il fut élu le 21, avant que la nouvelle de sa mort fût arrivée à Paris. Voy. Cap, *Philibert Commerson, naturaliste voyageur*. p. 21. (Paris, 1861.)

yeux la statistique des plantes des principales contrées du monde. On devait à Zannichelli la flore du sud-est de l'Italie, à Micheli celle de la Toscane, à G. Commelin et à David de Gorter, celle des Pays-Bas, aux Celsius, dont l'un fut le maître de Linné, la flore de Suède, à Haller, celle de Suisse, à Buxbaum et à J.-G. Gmelin, celle des deux Russies, la Russie d'Europe et la Russie d'Asie, à J. Quer y Martinez, celle d'Espagne, à John Hill, celle de l'Angleterre, à Kœmpfer, celle du Japon. Déjà au siècle précédent, Van Rheede avait fait connaître les plantes du Malabar, et Rumpf, celles d'Amboine.

D'immenses collections arrivaient au muséum de Paris, sans compter les échantillons que l'on obtenait des voyageurs étrangers, des élèves de Linné, des Anglais, des Allemands, des Espagnols, plus avides encore de parcourir les contrées lointaines que nos naturalistes.

L'Académie, occupée à classer et à décrire toutes ces richesses, trouvait naturellement moins de loisir pour étudier la composition intime et l'anatomie délicate de tant de végétaux. La culture des plantes, qui n'avait été longtemps qu'une profession manuelle, aspirait à devenir une science véritable et obtenait enfin une place à l'Académie. En 1786, A. Thouin, simple jardinier, que les Jussieu avaient recommandé à Buffon, et que la bienveillance d'abord un peu hautaine du grand naturaliste mit à la tête de la culture du Jardin du roi, fut élu en remplacement de Guettard. Il vint y entretenir ses confrères des observations qu'une longue pratique de l'horticulture lui avaient suggérées [1]. C'est là un des plus beaux priviléges de la science ; en pénétrant dans les plus humbles professions, elle les ennoblit et elle élève au niveau des connaissances les plus sérieuses et les plus prisées ce qui n'était d'abord que des procédés d'artisan. Il n'y a pas de profession où la mécanique, la physique, la chimie ne puissent donner leurs conseils et amener des perfectionnements qui font bientôt de cette profession une science réelle; elles travaillent au progrès de l'égalité, en abaissant les barrières élevées par les préjugés entre des classes d'hommes toutes nécessaires ou utiles à la société. Lorsque Réaumur, Duhamel du Monceau, Baumé, écrivaient des traités sur les différents arts manuels, ils se faisaient réellement chaufourniers, forgerons, ciriers, ferblantiers, etc., et ils montraient par là qu'il n'y a pas de travail avilissant, quand l'intelligence et le savoir y président. Entre l'ouvrier et le membre de l'Académie des sciences, c'est sur bien des points l'éducation qui fait toute la différence ; et si, sans déroger, le savant peut se faire ouvrier, l'ouvrier conquiert par la science l'honneur et la considération du savant.

Tant de plantes, tant de végétaux réunis sous leurs regards, ouvraient les yeux aux plus sagaces botanistes sur les vrais rapports qui lient entre eux les différents genres du système végétal. Les classifications de Ray et

---

[1] Voy., dans le volume de 1787, son mémoire *Sur les avantages du terreau de bruyère, dans la culture des arbrisseaux et arbres étrangers*.

de Tournefort ne suffisaient plus, et Linné lui-même, quoiqu'il essayât, à force de savoir, d'étreindre tous les végétaux dans ses divisions artificielles, était impuissant à les lier entre eux et à montrer leurs rapports respectifs. Adanson entrevit ces familles naturelles dont les caractères différentiels ne reposent pas toujours sur les mêmes organes et les mêmes formes, et il tenta, dans quelques communications faites à l'Académie, de jeter les bases d'une distribution nouvelle [1]. Bernard de Jussieu fut plus heureux, et dans son enseignement il traça les grandes divisions naturelles du monde végétal. Il était réservé à son neveu, Antoine-Laurent de Jussieu, qui vint s'asseoir aussi dans une Compagnie dont son nom était une des gloires, de donner la méthode nouvelle et d'assigner définitivement les principes de la classification naturelle des végétaux. Le *Genera plantarum* parut en 1789 ; ce fut comme le testament botanique de l'ancienne Académie ; elle léguait au dix-neuvième siècle un héritage qu'elle avait laborieusement amassé et qui devait donner à la génération nouvelle des fruits chaque jour plus abondants.

Ainsi en même temps que Lavoisier jetait les bases d'une nouvelle chimie, Antoine-Laurent de Jussieu jetait celles d'une nouvelle botanique, dont, plus heureux, il lui fut donné de voir s'élever les premières assises.

---

[1] Adanson n'a fait, au reste, que peu de communications à l'Académie ; un des mémoires les plus importants qu'il y lut date de 1769, et est consacré à l'examen de cette question : Les espèces changent-elles parmi les plantes. Grave problème, qu'il a plus le mérite d'avoir soulevé que résolu.

Une autre botaniste, D. de Lamarck, que l'Académie s'adjoignit en 1779, s'attachait dans la *Flore française* à doter notre pays d'une description claire, élégante et exacte de ses végétaux ; et par l'introduction des analyses dichotomiques, il permettait aux plus inexpérimentés de s'orienter dans ce dédale de caractères et de formes qui éloignaient encore tant de gens de la plus attachante et de la plus douce des études. Doué d'un esprit aussi philosophique que précis, Lamarck révélait ces qualités précieuses dans un mémoire communiqué à ses confrères en 1785, *sur les classes les plus convenables à établir parmi les végétaux et sur l'analogie de leur nombre avec celles qui sont déterminées dans le règne animal, en tenant compte de part et d'autre de la perfection des organes.*

Les herborisations, mises à la mode par J.-J. Rousseau, devenaient un passe-temps qui conduisit plus d'un amateur à étudier sérieusement la botanique. On s'éloignait rapidement de l'époque où, définis par des caractères vagues et des termes incertains, les végétaux voyaient leur connaissance fermée à ceux qui manquaient d'une persévérance robuste, qui n'étaient pas contraints par état de les étudier. Linné, qui entretint avec l'Académie [1] une correspondance assez suivie, qui lui adressa en 1775 un mémoire en latin sur le *Cycas* qu'on a publié dans son Recueil, eut sa part dans cette réforme du langage botanique à laquelle la science devait tant de nouveaux adeptes. La langue la-

---

[1] Linné avait été élu associé de l'Académie en 1762.

tine, adoptée par les botanistes, trouva sous la plume du naturaliste suédois et sous celle d'Antoine-Laurent de Jussieu une élégance et une netteté toutes françaises.

L'agriculture qui n'est que l'application des notions et des moyens que nous fournissent la chimie, la physique, la botanique, la zoologie, la mécanique, pour amender le sol, assurer la culture et l'exploitation productive des plantes utiles et alimentaires, faire prospérer les troupeaux et les animaux domestiques, ne pouvait manquer de participer au progrès des sciences sur lequel elle repose et en particulier à ceux de la botanique. L'Angleterre nous avait devancés dans les perfectionnements et les améliorations. Les agronomes français, souvent formés à son école, tentaient de substituer enfin des procédés, fondés sur l'expérimentation et l'observation raisonnée, à une routine séculaire et à un empirisme tenace. De Fougeroux[1] et Tessier appliquaient leurs connaissances scientifiques étendues à diverses questions d'économie rurale, Mathieu Tillet[2] s'occupait avec une attention toute particulière des maladies des céréales, des altérations auxquelles sont exposés le froment et le maïs, du seigle ergoté, dont Tessier allait, sur l'ordre de Necker, étudier en Sologne les tristes effets. Véritable successeur de Duhamel du Monceau[3] à l'Aca-

---

[1] De Fougeroux de Bondaroy, né à Paris en 1732, fut admis à l'Académie en 1757.

[2] Né à Bordeaux en 1714; il fut élu adjoint botaniste en 1758.

[3] Tillet a publié en commun, avec Duhamel du Monceau, une *Histoire de l'insecte qui dévore les grains en Angoumois*. Paris, 1762.

démie, il demandait à la physique et à la météorologie les moyens propres à nous garantir des maux et des souffrances que l'atmosphère recèle dans son sein. Son mémoire, lu en 1764, sur les degrés extraordinaires de chaleur auxquels les hommes et les animaux sont capables de résister, est un document curieux qui fait honneur à son érudition scientifique.

En dehors de l'Académie, les ouvrages sur les questions agronomiques se multipliaient; des sociétés d'agriculture se fondaient; celle de Paris ne date pourtant que de 1788. Un an après, Gibert, auquel l'Institut national devait, dès le principe, ouvrir ses portes, démontrait l'avantage d'étendre l'emploi des prairies artificielles, sur lesquelles il publiait un judicieux traité. Les économistes qui favorisaient ce mouvement agronomique n'avaient point encore de place marquée dans les académies. Letrosne, Forbonnais, Mercier de la Rivière n'appartinrent à aucune de celles de Paris; mais le chef de cette secte, qui faisait de la terre la source unique de toute richesse, était entré comme médecin à l'Académie des sciences; François Quesnay y fut élu en 1751. Plus occupé de ses spéculations économiques que des progrès d'un art où il apportait des théories arriérées [1], il ne prit au reste qu'une faible part aux travaux de la Compagnie.

Ce n'était pas davantage à titre d'économiste que les portes de l'Académie s'ouvrirent pour un autre partisan des doctrines nouvelles sur la production des

---

[1] Quesnay était entiché des doctrines iatro-mathématiques. Voyez Sprengel, *Histoire de la Médecine*, tr. Jourdan, t. V, p. 151, 152.

richesses, l'abbé de Gua[1]. Quelques travaux sur les mathématiques lui valurent le titre d'académicien; mais, ainsi que Quesnay, il fut plus occupé de questions économiques que de la science qu'il avait été appelé à représenter à l'Académie. Ces deux hommes faisaient occasionnellement pénétrer dans le docte corps des doctrines au développement desquelles une section tout entière et presque une Académie suffisent à peine aujourd'hui. C'est surtout à populariser les travaux d'économie politique qui se multipliaient en Angleterre, que l'abbé de Gua consacra une partie de sa vie; il avait voulu, pour les répandre davantage, fonder un recueil périodique, où elles auraient occupé la première place. Le gouvernement s'effraya de la hardiesse de ses vues et lui refusa l'autorisation nécessaire. Sans doute que, dans ce recueil, De Gua voulait aussi cimenter l'alliance opérée par la philosophie et réglée par la méthode scientifique, entre toutes les connaissances humaines; car c'est à lui qu'appartient l'idée première de l'Encyclopédie, qu'il laissa à d'autres, plus hardis encore, le soin d'exécuter[2].

Bien des hommes, connus comme chimistes ou agronomes, auraient pu légitimement venir à l'Académie grossir le groupe naissant des économistes; plusieurs furent inscrits parmi ses correspondants.

---

[1] Né à Carcassonne en 1712, mort en 1786.

[2] L'abbé de Gua avait été chargé par un libraire de traduire l'encyclopédie anglaise de Chambers; il eut alors l'idée de substituer à une simple traduction une œuvre tout à fait nouvelle, mais il ne put s'entendre avec son libraire, et Diderot et D'Alembert se chargèrent de l'entreprise.

Turgot, qui avait un goût si prononcé pour la physique et la chimie, n'était pas plus déplacé parmi les membres honoraires de cette Compagnie, que parmi ceux de l'Académie des inscriptions. Parmentier, économiste et chimiste déjà en renom, figura parmi les candidats. Reprenant l'idée de Duhamel du Monceau, il répandait alors parmi nous l'usage de la pomme de terre dont il avait pu apprécier l'utilité dans les prisons de l'Allemagne. La France avait eu, en 1769, à traverser une disette cruelle; dans une dissertation qu'il soumit, deux années après, à l'Académie, Parmentier indiqua les moyens de parer au retour de cette calamité par l'emploi de la nouvelle céréale.

On le voit, la botanique, bien qu'elle absorbât encore l'agriculture dans le système de répartition des classes de l'Académie, tendait à s'en détacher pour la laisser, à raison de son importance, constituer une classe à part. La description des végétaux occupait tellement les botanistes de profession qu'ils avaient peu le loisir de se livrer à des essais de culture, à des expériences sur les différentes natures de sol. Les moissons que leur apportaient les voyageurs devenaient de plus en plus abondantes, et ces moissons, ce n'était pas seulement dans le règne végétal, mais aussi dans le règne animal qu'elles étaient recueillies.

La zoologie, après s'être longtemps bornée à exercer la mémoire par des catalogues et l'imagination par des systèmes, était devenue, nous dit Condorcet [1], ce qu'elle doit être, la description et l'histoire de tous

---

[1] *Éloge de Grandjean de Fouchy.*

les êtres de la nature, l'examen de leurs rapports, l'étude de leurs propriétés.

Buffon conçut le hardi projet de décrire tous les animaux; Réaumur ne nous avait encore fait connaître avec détail que les plus petits. Dans sa grande histoire de la nature, dont le plan était trop vaste pour qu'il lui fût possible de l'achever, le premier fit une large place aux mammifères et aux oiseaux, les seuls animaux qu'il ait bien connus. Réaumur, qui sentait sa fin approcher avant qu'il eût même ébauché ce que Buffon, jeune alors, promettait d'accomplir, vit avec douleur lui échapper une gloire qu'il eût voulu ne partager avec aucun de ses confrères. La jalousie s'empara de lui, et loin de faciliter à Buffon et à Daubenton une œuvre si méritoire et si difficile, il occupa l'Académie de ses réclamations et de ses plaintes. N'osant toujours lui-même attaquer une œuvre qui, dès le début, excita l'enthousiasme, il recourut, pour la dénigrer, à la plume complaisante d'un oratorien, l'abbé de Lignac. Le prêtre s'attaqua à la *Théorie de la Terre*, mit en suspicion l'orthodoxie de l'auteur [1]. Et en cela, il n'était pas tout à fait sans bonnes raisons, car il faut convenir que Moïse avait été assez peu consulté par Buffon. Mais, adroit flatteur du pouvoir, le grand naturaliste, qui ne voulait se brouiller ni avec la Sorbonne ni avec l'autorité, sut se couvrir de la protection royale et échapper à l'anathème. Voyant ses attaques directes impuissantes, Réaumur s'en prit à Daubenton, moins haut placé et

---

[1] Voy., à ce sujet, D'Argenson, *Mémoires et Journal inédit*, publié par le marquis d'Argenson, t. V, p. 117.

dès lors moins redoutable, sachant bien d'ailleurs qu'en arrêtant les travaux de celui-ci, il paralyserait du même coup son rival; car Buffon ne pouvait se passer de son collaborateur. Le grand naturaliste dut user de son crédit près de madame de Pompadour pour sauver l'innocent Daubenton des effets d'une inimitié dont il eût été autrement la victime. Maintenant que Réaumur et Buffon n'existent plus, on a oublié les torts de l'un à l'égard de l'autre; la science bénit leurs deux noms, et les unit dans une gloire commune qui est celle de la France. Brisson, collaborateur de Réaumur, chercha vainement à prolonger cette querelle; il opposa à l'histoire des oiseaux de Buffon, celle qu'il avait préparée sous la direction de son maître. Mais Buffon était entré en possession d'une popularité qui n'avait rien à craindre d'un si chétif adversaire. Le seul homme qui eût pu lui disputer avec avantage la couronne que toute l'Europe savante lui décernait, Daubenton, se condamnait modestement à en tisser les plus beaux fleurons; c'était lui qui réunissait au Muséum les productions de toute nature, et les mettait sous les yeux de l'intendant pour qu'il en pût dignement parler; c'était lui qui revoyait l'œuvre de Buffon, vérifiait sur l'animal même ce que celui-ci en avait dit, avant que la description ne fût livrée à l'impression, et appelait son attention sur les faits incertains et hasardés qu'il y avait avancés. Buffon avait cru ne prendre qu'un aide, « mais, dit Cuvier[1], il trouva en lui plus qu'il n'avait cherché,

---

[1] *Éloge de Daubenton.*

plus même qu'il ne croyait lui être nécessaire, et ce n'est peut-être pas dans la partie où il demanda ses secours que Daubenton lui fut le plus utile. »

Cette collaboration de Daubenton dans l'ouvrage de Buffon, qu'on n'aperçoit guère en le lisant, elle se trahit par les Mémoires que le modeste et habile naturaliste lisait à l'Académie où il était entré, grâce à son protecteur. Dans le Recueil de cette Compagnie, les travaux de zoologie, ce n'est pas de Buffon, mais de Daubenton qu'ils proviennent. Là, le compatriote et le conseiller de l'intendant du Jardin du Roi se montre avec toute sa science et parle avec toute son autorité. Il a tout ce qui manque à Buffon, et comme il n'était pas besoin dans les séances d'apporter cette perfection de style et cet art de composition qui donnent à Buffon une si grande supériorité, Daubenton, qui se contente de dire les choses simplement, mais qui les a bien vues, qui sait observer les détails et manier le scalpel, inspire une confiance qu'on n'a pas toujours, lorsque c'est Buffon qu'on écoute.

Les mémoires de Daubenton, où il décrit une nouvelle espèce de musaraigne, où il fait connaître cinq nouvelles espèces de chauves-souris, où il trace l'histoire du chevrotain qui produit le musc, sont des modèles sous le rapport de la solidité et de la méthode. Mais il faut surtout remarquer, dans le recueil de l'Académie, celui où est examinée la différence d'organisation de l'homme et de l'orang-outang, que Daubenton lut en 1764, monument de cet esprit exact et de cette connaissance pratique de la nature qui le caractérisent. Le plus grand des singes passait encore à cette époque, dans l'opinion populaire, pour un homme des bois, pour un sauvage dégénéré qu'un long isolement de la société avait réduit à la condition des brutes. Daubenton prouva le ridicule de cette opinion, et montra que l'homme ne peut marcher à quatre pattes. A la même époque, en Hollande, Camper développait des vues analogues sur ce quadrumane que des esprits chimériques se sont entêtés, depuis, à inscrire parmi nos ancêtres. Si Daubenton fit tant pour la zoologie, Buffon fut loin de lui être, de son côté, inutile; il la répandit, il en coordonna les diverses parties. Sans son éloquence, elle serait demeurée encore longtemps le privilège d'un petit nombre; elle eût laissé indifférents ceux que la nature émeut moins que le charme de la parole. La vieille éducation classique avait le tort de nous laisser très-ignorants des choses du monde créé. Buffon communiqua aux sciences le charme des lettres. La curiosité s'éveilla, et en 1760, Valmont de Bomare put ouvrir à Paris le premier cours d'histoire naturelle; il fut assidûment suivi. Douze ans plus tard, Adanson en faisait un sur l'ensemble des végétaux et des animaux, avec plus de méthode, des vues plus élevées et des connaissances plus sûres. D'autres hommes que Buffon s'était associés, mais auxquels il ne fit pas l'honneur de les admettre près de lui à l'Académie, servirent les progrès de la zoologie, et communiquèrent à la Compagnie, dont ils étaient les correspondants officieux, d'intéressantes observations. C'étaient Guéneau de Montbeillard et l'abbé Bexon; le premier, animé, comme Buffon, par un vif sentiment de la nature, imitait parfois le style de celui-ci, au point de donner le change au public ; le second, très-versé en ornithologie et observateur plus attentif que Guéneau de Montbeillard, possédait ces connaissances qui ne s'acquièrent qu'en plein air, c'est-à-dire au milieu des champs et des bois, et qui devaient quelque peu manquer à Daubenton lui-même.

Au moment où Buffon, plus que septuagénaire, avait quasi achevé le monument qu'il laissait à sa gloire, divers naturalistes grossissaient la faune du globe d'une foule d'espèces que le grand naturaliste n'eut que le temps d'entrevoir, ou décrivaient mieux des genres qu'il avait mal connus. Sonnini, correspondant de l'Académie, lui prêtait le secours d'une longue pratique de la zoologie, acquise dans de lointains voyages. Broussonet, en introduisant le premier en France, dans l'histoire naturelle des vertébrés, la classification de Linné, pénétrait dans des détails d'organisation qui avaient échappé à l'auteur des *Époques de la nature*. Adanson s'efforçait de son côté, dans un travail qui n'a vu le jour qu'après sa mort [1], de corriger la classification due au plus beau génie que la Suède ait produit. Desfontaines, en 1787, décrivait de nouvelles espèces d'oiseaux observées par lui en Afrique [2]. J. Reinhold Forster, le compagnon de Cook, qui, avec d'autres correspondants étrangers de l'Académie, Banks et Solander, partagea l'honneur d'avoir fait servir les explora-

---

[1] Voy. *Cours d'histoire naturelle fait en 1772, par Michel Adanson*, publié par J. Payer (Paris, 1845). Adanson y relève plusieurs erreurs de Buffon.

[2] *Mémoires de l'Académie pour 1787.*

tions du hardi navigateur à mieux nous initier à la connaissance de la nature, communiquait à ses confrères de Paris un intéressant mémoire sur les diverses espèces d'albatros [1]. Buffon, venait d'expirer quand Louis-Claude Richard, zoologiste aussi zélé que botaniste profond, rapportait de ses courses dans l'Amérique du Sud d'innombrables collections [2]. Les naturalistes de l'Académie, qui ne trouvaient pas près d'eux assez de matériaux pour combler les lacunes encore innombrables de la faune générale, accueillaient avec empressement tout ce qui pouvait ajouter à l'histoire naturelle. Le tome IX des Mémoires des savants étrangers, qui parut en 1780, est tout plein de communications venues du dehors. C'est un mémoire de La Tourette sur une mouche du genre cynips, une suite de mémoires de G. Mazéas sur les tubulaires de l'Océan, une curieuse notice de La Faille sur les macreuses, où ce naturaliste nous montre l'origine de la singulière croyance qu'avaient les anciens que ces oiseaux aquatiques naissent des anatifes. La nature organique était interrogée avec une ardeur et un enthousiasme que Buffon a eu le mérite d'inspirer et qui allait bientôt susciter un Cuvier.

Ces travaux n'ajoutèrent d'abord que peu à l'œuvre de Buffon, qui avait poussé loin l'histoire des vertébrés. La mammalogie en particulier dut beaucoup à ce grand esprit, qui sut démêler des espèces jusqu'alors confondues, et recueillit des détails au-

---

[1] Voy. *Mémoires présentés par divers savants*, t. X, p. 382.
[2] Richard revint en France en 1789.

paravant inconnus ; il ne lui manqua que l'étude des didelphes, dont le capitaine Cook découvrait dans le kangourou, déjà entrevu par Dampier, le plus singulier représentant, et dont après lui on fit connaître d'autres types curieux. Mais, étranger à toute classification, imbu d'idées souvent contraires à la vraie méthode, Buffon fit en somme moins pour l'avancement de la zoologie que Linné. Il résume assez fidèlement l'état des connaissances zoologiques en France à la fin du dix-huitième siècle, et par la trempe de son génie, il est lui-même bien l'homme de son temps. Cet esprit philosophique qui pénétrait toutes les sciences, qui leur donnait plus de portée, mais leur enlevait un peu de la précision qui leur est nécessaire, qui se hâtait de généraliser et préférait comparer et induire à scruter et à approfondir les détails : voilà ce qui frappe chez lui. A la différence de Lavoisier et des Jussieu, qui ont allumé à la fin du dix-huitième siècle le flambeau dont l'éclat réfléchi devait illuminer, vingt-cinq et trente ans plus tard, les sciences qu'ils avaient cultivées, Buffon ne projeta sur l'avenir aucune de ces clartés fécondes ; il n'a formulé aucune loi, ouvert aucune route nouvelle, et son héritage a été vite épuisé ; mais si sa vue fut peu pénétrante, elle embrassa pourtant un vaste horizon. Il s'attacha aux grandes lignes de la nature et les suivit jusque dans les points où elles plongent au plus profond de la Terre. Il s'attaqua à toutes les questions les plus curieuses et les plus philosophiques. C'est ainsi que, comme je l'ai déjà rappelé, il reprit le problème qui s'était si vivement agité au sein de l'Académie à propos des monstres, celui de la génération des êtres ; il essaya de tout expliquer à l'aide de ses *molécules organiques* dont il croyait, avec Needham, retrouver les produits dans les filaments ou animalcules que contient la semence [1]. Ces molécules devenaient pour lui ce qu'étaient les atomes pour Épicure, le principe de toute existence [2]. L'italien Spallanzani, correspondant de l'Académie, crut par ses curieuses observations ruiner cette théorie et s'imagina, avec la plupart de ses contemporains, que l'homme porte en lui de véritables animaux, messagers de la vie dont ils livrent le germe préexistant à la mère qui le développe. Une hypothèse en renversait une autre qui, bien qu'en apparence plus fondée, n'en était pas plus solide. Le mystère dont la nature s'enveloppe pour enfanter les êtres, ne laissait arracher un de ses voiles que pour épaissir davantage celui auquel il était superposé. Buffon et ses molécules organiques et ses générations soi-disant spontanées, subirent le même sort qui était réservé à la théorie du naturaliste italien. Ce que l'un avait cru voir, ce que l'autre avait imaginé, n'était qu'un mirage désolant qui trompait leur soif de connaître, et le problème de la génération avait beau avancer dans ses détails, la solution dernière restait rebelle aux efforts du microscope.

Si Buffon manquait de la précision et de la persévérance qui rendent maître des détails, il avait à un haut degré le génie de l'administration et l'ordre qui

---

[1] Voy. ce qui a été déjà dit à ce sujet, p. 152.
[2] V. Flourens, *Hist. des trav. et des idées de Buffon*, 2ᵉ éd., p. 263.

en est un des éléments. Le Jardin du Roi trouva en lui un intendant intelligent et actif, qui fit de cet établissement une des ressources les plus précieuses de la science ; ce ne fut plus seulement une réunion de parterres plantés de végétaux rares, un magasin de peaux d'animaux, de pierres curieuses et d'herbiers, mais un muséum, où la botanique et la zoologie se trouvèrent également représentées dans leurs types les plus intéressants et les plus nouveaux ; où, à côté d'une suite d'animaux empaillés, l'on élevait des espèces vivantes qui pouvaient être ainsi observées à la fois dans leurs formes animées et dans leurs habitudes journalières. Grâce à ces innovations, Daubenton fut à même d'entreprendre sur les animaux domestiques une suite d'études neuves et importantes pour l'économie rurale. Dès 1766, il commençait sur l'amélioration des laines un ensemble de recherches qu'il a continuées jusqu'à sa mort. Rien n'était plus fait pour convaincre l'industrie de l'utilité pratique qui découle des sciences en apparence les plus éloignées de nos besoins matériels, que cette étude des animaux faite d'abord en vue d'une connaissance philosophique de la nature, et conduisant aux moyens d'obtenir la meilleure laine et de fabriquer le drap le plus fin. Tessier, dans le même ordre de travaux, se méritait la reconnaissance du pays par ses observations sur l'amélioration des moutons et la direction intelligente de la bergerie de Rambouillet [1].

[1] Louis XVI y avait fait placer les mérinos qu'on lui envoya d'Espagne en 1786.

L'étude des animaux domestiques, des espèces de nos basses-cours et de nos étables, rapprochait les naturalistes des agronomes ; l'examen des maladies des bestiaux demandait d'un autre côté le concours des médecins et des naturalistes ; l'art vétérinaire tendait donc à sortir de la position modeste où il était encore, pour disputer à la médecine humaine un rang que celle-ci ne lui accorda que malgré elle. Déjà Lafosse père, attaché aux écuries du roi, par la publication de livres estimés et pleins d'observations, avait montré tout ce qu'il y a de vraie science dans sa profession. Les esprits les plus graves et les hommes de la condition la plus distinguée ne dédaignaient pas de s'occuper de ce qui avait été longtemps abandonné à des maréchaux-ferrants ou à des bergers. Le marquis de Courtivron et Tillet faisaient de diverses questions relatives aux épizooties et à l'élève des bestiaux, l'objet de communications qui trouvèrent place dans le Recueil de l'Académie.

Un habile vétérinaire, Bourgelat, correspondait avec la Compagnie, et lui apportait le contingent de ses connaissances spéciales dont les agronomes et les anatomistes signalaient l'importance. Le dressement des chevaux n'est en effet qu'une branche de l'hippiatrique, et l'hippiatrique est à son tour une des subdivisions de l'art vétérinaire qui sert de lien entre la médecine et l'agriculture. Bourgelat avait embrassé dans sa longue pratique toutes les parties de son art ; il n'était guère encore, avant lui, que de la maréchalerie ; entre ses mains, il devint une science raisonnée et étendue. L'Académie des sciences non-seulement portait sur ses ouvrages les jugements les plus favorables, mais elle accueillait encore dans le Recueil des *Savants étrangers*, un mémoire de l'habile vétérinaire sur les *Principes du manége* et sur l'*Art de la cavalerie*. La noblesse française, imitant celle d'outre-Manche, commençait à se préoccuper d'améliorer la race de nos chevaux, et le gouvernement, en nommant Bourgelat commissaire des haras, montrait qu'il n'avait pas pour le perfectionnement de la race chevaline moins de sollicitude que les grands seigneurs. Sur ce point, comme sur bien d'autres, l'anglomanie trouvait sa justification ; car il faut convenir que nos voisins les Anglais nous avaient devancés en bien des choses, et qu'au milieu du dix-huitième siècle, leur pays était de plus de cinquante ans en avance du nôtre; d'ailleurs l'imitation des Anglais, en ce qui touchait les essais pour améliorer nos montures, était une conséquence toute naturelle des emprunts que nous leur faisions pour perfectionner l'agriculture. Sous Louis XVI, un membre de l'Académie, le comte de Lauraguais, donnait le premier aux Parisiens, dans la plaine des Sablons, le spectacle d'une course avec des chevaux et des jockeys anglais. Les écoles vétérinaires de Lyon et d'Alfort étaient fondées, et sur l'invitation de l'intendant de Paris, Berthier, Daubenton venait dans le second de ces établissements faire des leçons d'économie rurale, Fourcroy de chimie, et Vicq d'Azyr d'anatomie comparée.

Le développement que prenaient dans l'Académie les sciences physiques et naturelles, l'étude de leurs applications à l'industrie et à l'économie rurale, tendaient à y restreindre le rôle et l'influence des médecins anatomistes, encore cantonnés dans des recherches sur le cadavre humain, exclusivement poursuivies en vue de l'art de guérir. Leurs communications devenaient moins fréquentes, et leur science de prédilection, qui ne recourait point encore au microscope et aux vivisections, paraissait s'épuiser. Lassone [1], après de brillants débuts sur la structure intime des os, sur la nature du tissu des artères, sur la constitution de la rate, où il conciliait les opinions opposées de Ruysch et de Malpighi, s'était dégoûté de l'anatomie. Antoine Petit, qui entra à l'Académie en 1760 [2], ne prit qu'une faible part aux travaux de la Compagnie, et garda toute son activité et son ardeur pour ses cours, où se pressait la foule. Exupère-Joseph Bertin, d'abord correspondant de l'Académie, puis associé en 1744, avait manifesté plus de zèle pour intéresser ce corps savant à des recherches où il apportait une persévérante intelligence ; mais un mal cruel, qui altéra sa raison et ébranla le siége même de la sensibilité, l'arrêta dans ses travaux et le contraignit ensuite, pour les reprendre, à s'éloigner de la capitale. Bordenave n'entra que tard à l'Académie, en 1774, et il y apporta plus les conseils d'une longue expérience que le concours de son activité. C'étaient Tenon [3] et Portal [4] qui représentaient

[1] Né à Carpentras (Vaucluse) en 1717, mort en 1788, élu associé en 1742.

[2] Antoine Petit mourut le 21 octobre 1794, près d'Orléans, sa ville natale.

[3] Élu adjoint en 1759, né à Sépaux (Yonne) en 1724, mort membre de l'Institut, en 1816.

[4] Antoine Portal, élu adjoint en 1769, né à Gaillac (Tarn) en 1742, mort membre de l'Institut, en 1832.

surtout dans la docte assemblée la science anatomique. L'ostéologie continuait à en faire le fond. Bertin et Bordenave avaient notablement contribué à ses progrès ; et comme on ne mesurait point encore toute l'importance et l'étendue de l'anatomie des tissus, on commençait à s'imaginer être arrivé à la connaissance presque complète de la structure du corps humain. Tenon, en s'élevant, lors de l'élection de Fourcroy, contre l'abandon qui menaçait sa science de prédilection, montra qu'on en était bien loin, et il le prouvait par ses travaux riches en vues nouvelles. Son Mémoire sur les dents est resté comme un exemple des découvertes qu'un esprit attentif et observateur peut encore opérer sur un sol maintes fois remué. Portal écrivait de son côté l'Histoire de l'anatomie, et indiquait par ce qui avait été déjà accompli, tous les *desiderata* de la science. Enfin travaillant aussi à l'achèvement de l'ostéologie, Théophile Bordeu, inscrit par Morand parmi les correspondants de l'Académie, lui adressait *sur les articulations des os de la face*, un mémoire que celle-ci insérait dans le Recueil des *Savants étrangers*, 1755.

Si, quand on s'en tenait à l'inspection du squelette, l'anatomie semblait n'avoir plus rien d'essentiel à révéler, lorsqu'on se tournait vers la névrologie et la splanchnologie, on s'apercevait combien on était au contraire peu avancé, et le scalpel rencontrait à chaque coup des problèmes irrésolus qui demandaient les lumières de la physique et de la chimie. L'abbé Nollet éclaira les rapports de l'électricité et de la vie, par ses belles expériences sur l'action qu'a cet agent dans la circulation [1], qu'il accélère, en augmentant la transpiration cutanée. Mais ces recherches demeuraient isolées; les médecins français, ignorant alors l'art des expériences, se souciaient peu d'aborder un ordre d'investigations où tout était à faire et où leur pratique ne leur apportait aucune lumière. Plus dévoué à la science et ne demandant à la médecine que ce qu'elle avait démontré des principaux actes de la vie, Vicq d'Azyr aborda hardiment les difficiles questions auxquelles la description des parties du corps n'est qu'une introduction; il voulut pénétrer davantage dans l'étude des fonctions, c'est-à-dire dans la physiologie. Par son beau travail sur le cerveau, il se posa en émule de Camper, héritier, à l'université de Leyde, de l'illustration que Boerhaave y avait apportée, et il agrandit les horizons d'une science qui n'avait paru limitée qu'à des yeux peu clairvoyants. Il ne fallait rien moins que de semblables ouvrages pour soutenir en France la concurrence de l'Allemagne et de l'Angleterre. C'était là, à cette époque, que se rencontraient les plus grands physiologistes, et l'Académie en était souvent réduite pour tout rôle à enregistrer leurs travaux. Haller, en constatant l'irritabilité nerveuse, en distinguant la contractilité, la sensibilité de l'irritabilité, avait porté dans la physiologie un ferment de découvertes. Mais ce furent des Allemands et non des Français qui marchèrent sur ses

---

[1] Voy. les *Mémoires de l'Académie pour* 1746, 1748, 1749. L'abbé Nollet compara les effets de l'électricité sur le sang des veines à celui qui se produit, dans des tuyaux capillaires, sur les liquides dont il accélère l'ascension. Il montra aussi le premier que l'électricité active la végétation.

traces. La France ne suivait que d'un œil peu attentif ces rapides progrès ; confinés dans des études moins fécondes et dans des recherches de détails, les anatomistes de l'Académie n'en prenaient souvent connaissance, comme Lecat, que pour les combattre. Cependant l'esprit ouvert de Ferrein comprit l'importance qu'avaient pour sa Compagnie des relations suivies avec l'Allemagne. Il fit inscrire au nombre de ses correspondants Meckel, dont la réputation grandissait tous les jours, et dont les études anatomiques appliquées aux races humaines jetaient les bases d'une science nouvelle, l'anthropologie, cultivée également avec succès par Camper. Ce furent des communications relatives à la connaissance du type des différentes races humaines, qui cimentèrent entre l'Académie des sciences et l'Allemagne une union qui allait devenir de plus en plus étroite. Albinus avait déjà fait voir que l'épiderme du nègre n'a pas d'autre couleur que la nôtre, et que le principe de la coloration réside dans le tissu muqueux, placé entre la peau et l'épiderme. Meckel compléta ces aperçus dans des observations adressées à ses confrères de Paris sur la couleur et la substance médullaire des nègres. Camper, en soumettant à la même Compagnie son *Mémoire sur les traits des différentes races et sur le beau idéal*, joignait aux recherches d'un anatomiste expérimenté l'observation délicate du moraliste et le tact de l'esthéticien.

Si la physiologie ne rencontrait pas au sein de l'Académie d'éminents représentants, celle-ci compta du moins parmi ses correspondants un de ceux qui s'y sont fait un nom, moins, il est vrai, par ses expériences que par ses théories. Bordeu[1], dont j'ai déjà tout à l'heure rappelé le nom, était venu à Paris en 1753, attendant de ses confrères l'accueil empressé qu'avaient jusqu'alors reçu ses mémoires ; mais les anatomistes de l'Académie se montrèrent peu sympathiques à un ordre d'idées qui dépassait la portée de leurs méditations habituelles. L'éminent fondateur du vitalisme séparé des organes ne trouva guère dans la capitale que des adversaires dont son caractère difficile finit par faire des ennemis. Non-seulement il ne fonda pas d'école, mais l'Académie le repoussa et la Faculté alla jusqu'à le rayer de ses registres. C'est seulement dans les Pyrénées que Lacaze, Roussel, ses compatriotes et ses élèves, développèrent ses principes dont une critique intelligente ou une application heureuse aurait pu accroître l'éclat de l'Académie des sciences.

Il semble que l'honneur ait été refusé à cette Compagnie, comme à la nouvelle Académie des sciences, de compter parmi ses membres les hommes qui ont le plus en France travaillé à la fondation de la physiologie. Les anatomistes y exclurent longtemps ceux qui ne voulaient pas s'en tenir à disséquer les organes et à en rechercher le fonctionnement mécanique. Avant que Magendie, Flourens et Claude Bernard eussent réconcilié l'Académie avec ces tentatives hardies pour expliquer les fonctions de l'organisme, on les abandonnnait à de jeunes médecins[2]. La

---

[1] Né à Izeste (Basses-Pyrénées) en 1722, mort en 1776.
[2] Legallois, Béclard n'ont point appartenu à l'Académie des sciences.

même année 1771, où Morgagni mourait, emportant la réputation d'un des plus grands anatomistes de son temps, naissait au pied du Jura, Bichat, qui devait renouveler une science dont il fut la gloire et la victime. Il vint trop tard pour que l'ancienne Académie ait pu le posséder, trop tôt pour pouvoir illustrer la nouvelle. La vraie méthode expérimentale et d'observation allait enfin rapprocher les anatomistes et les physiologistes, en les amenant sur un même terrain. En effet, ce qui éloignait les anciens anatomistes, chirurgiens pour la plupart, c'était le caractère spéculatif et quelque peu métaphysique de bien des théories physiologiques du temps. L'animisme de Stahl, le vitalisme de Barthez n'étaient que des hypothèses; toutefois, ces hypothèses reposaient sur l'observation; elles n'étaient pas fondées, comme les anciennes spéculations de l'école, sur de pures conceptions de l'esprit, elles s'appuyaient sur des faits qu'elles systématisaient; elles constituaient donc un progrès; elles offraient de plus l'avantage d'appeler l'attention sur certains phénomènes vitaux qui n'avaient point été assez étudiés. Stahl, en proclamant la séparation complète des lois de la vie et de celles du mouvement mécanique, avait ruiné définitivement la doctrine iatro-mathématique. Les forces occultes étaient remplacées par d'autres forces mieux définies, parce que cette définition reposait sur des effets constatés. On put donc dire alors, avec quelque apparence de raison, comme l'écrivait Cabanis : « Le mécanisme des organes est en général connu; leurs fonctions sont assez bien déterminées, et ce chaos de causes occultes, dont les explications des anciens étaient assez obscurcies, fait place tantôt au doute philosophique, tantôt à des théories savantes qui, si elles souffrent encore des difficultés, se rapprochent du moins par un langage tous les jours plus exact des autres parties de nos connaissances [1]. »

Sans aborder les questions de psychologie qui se rattachaient naturellement aux plus difficiles problèmes de la physiologie, l'Académie saisissait toutes les occasions d'enregistrer les faits propres à dévoiler le ténébreux mystère de l'action du moral sur le physique. Un académicien même utilisa jusqu'à l'affaiblissement de ses facultés pour grossir le nombre des observations de nature à nous éclairer à ce sujet. Alors que l'âge et la maladie empêchaient Grandjean de Fouchy de poursuivre ses travaux, un accident, précurseur de sa fin, lui fournit l'occasion de décrire un phénomène dont la physiologie et la psychologie peuvent tirer d'importantes inductions. A la suite d'une chute sur le visage, l'ex-secrétaire perpétuel de l'Académie se vit, un instant, témoin d'une désassociation entre la pensée et les organes ; il s'aperçut que ses paroles ne répondaient pas aux idées qui les dictaient, et que, voulant répondre aux questions qui lui étaient adressées, il n'articulait que des mots disparates [2]. Touchant dévouement à la science, dont, au siècle suivant, Savigny nous donnait un exemple plus admirable encore, quand, atteint des plus cruelles souffrances et de la plus étrange cécité, il payait à ses confrères son tribut de

---

[1] *Révolutions de la Médecine.*
[2] *Mémoires de l'Académie pour* 1784, p. 399.

recherches scientifiques, par la description même des maux dont il était affligé [1]. Broussonet, alors collègue de Grandjean de Fouchy, devait à la fin de sa carrière, présenter un phénomène plus extraordinaire encore, et il consigna par écrit les tristes observations qu'il ne pouvait plus exposer par la parole [2].

L'anatomie, la physiologie humaines ne pouvaient faire de durables progrès, qu'en s'éclairant plus que jamais de l'étude comparative de la structure des animaux, autrement dit de l'anatomie comparée, et cette anatomie, encore à l'état embryonnaire au temps de Perrault, de Méry et de Duverney, ne prit la forme et l'ampleur qui en firent une science magistrale, que dans la seconde moitié du dix-huitième siècle.

J'ai montré plus haut que les premiers anatomistes de l'Académie avaient souvent éclairé leurs recherches, en rapprochant de la structure de certaines parties du corps humain celles qui leur correspondent chez les animaux. Le grand Haller appliqua cette méthode sur une plus large échelle, et la nécessité de comparer les organisations, pour arriver à une théorie générale des organes, frappa la plupart des naturalistes et des médecins. Cependant, l'anatomie des animaux, sans laquelle la zoologie n'aurait eu ni portée, ni avenir,

---

[1] Voy. *Comptes rendus de l'Académie des sciences*, t. VII, p. 60, t. VIII, p. 379.

[2] Broussonet, à la suite d'une chute faite dans les derniers temps de sa vie, avait entièrement perdu la mémoire des noms propres et des substantifs ; les adjectifs soit français, soit latins, se présentaient au contraire en foule à son esprit, et il s'en servait pour caractériser les objets dont il voulait parler. Malgré cette infirmité intellectuelle, il a pu rédiger sur elle quelques observations.

avançait lentement. Au sein de l'Académie, Herissant avait traité de quelques points de l'organisation animale. Son mémoire sur l'anatomie des coquilles, publié dès 1766, dénote des études qui ont cessé de s'en tenir aux formes extérieures des êtres. Daubenton s'attacha à pénétrer la disposition des viscères et des squelettes des quadrupèdes. Mais c'était surtout à l'étranger que paraissaient les travaux qui éclairaient davantage l'anatomie zoologique dans ses rapports avec celle de l'homme. En Hollande, Pierre Camper, en Angleterre, les deux Hunter, en Écosse, les Monro, laissaient loin derrière eux les timides essais de Hérissant et les investigations encore imparfaites de Daubenton. L'Académie s'empressait d'enrichir son Recueil des communications du premier, qui fournissait à Buffon les matériaux d'une histoire de cétacés, que le grand naturaliste français n'eut pas le temps d'écrire. Camper avait rédigé, tout exprès pour ses confrères de Paris, un *Mémoire sur l'oreille des poissons*, qu'il imprima en 1744. William et John Hunter [1] dépassaient encore l'anatomiste hollandais par l'étendue et la puissance de leurs travaux. Ils s'attaquaient à toutes les classes d'animaux, formaient de magnifiques collections et révélaient la structure et les fonctions d'une foule d'espèces dont on n'avait pas même à Paris les squelettes. Enfin, Alexandre Monro et bientôt son fils John poursuivaient, dans toute la série animale, un ordre déterminé d'organes et d'appareils, et en

---

[1] W. Hunter fut nommé associé de l'Académie des sciences en 1781, à la place de Tronchin.

analysaient finement le rôle. La France était donc menacée de voir la science zoologique se refaire sans son concours, puisque tandis que Buffon n'en traçait que d'une main affaiblie l'esquisse, que Daubenton dans ses cours décrivait la structure de chaque animal, sans jamais comparer entre elles ces organisations différentes, la Hollande et l'Angleterre en scrutaient les détails qui contredisaient souvent le dessin d'ensemble prématurément composé par le grand naturaliste français. Un jeune médecin normand, Vicq d'Azyr, dont j'ai déjà prononcé le nom, vint enfin associer notre pays à ce mouvement nouveau, et acheva de porter l'anatomie zoologique à une généralité et à une hauteur qui en ont fait une des maîtresses sciences sous le nom d'anatomie comparée.

Élève d'Antoine Petit, qui l'avait désigné pour son successeur au Jardin du Roi, Vicq-d'Azyr s'était vu, à la mort de celui-ci, préférer Portal, auquel il était bien supérieur, mais qu'appuyait Buffon, gagné par ses prévenances. Daubenton, plus apte que son protecteur à juger de la valeur d'un anatomiste, prit l'élève de Petit sous son aile et lui facilita les moyens d'étendre des recherches où il avait senti que le jeune anatomiste apportait des qualités rares. Vicq-d'Azyr, dans ses cours particuliers, et bientôt dans ses mémoires adressés à l'Académie, posa les véritables principes de l'anatomie comparée. Déjà, en 1773, il avait éclairé des plus vives lumières l'organisation des poissons, et l'importance de ce travail lui ouvrit, l'année suivante, les portes de la Compagnie. Mais c'est surtout par son *Traité d'anatomie et de physiologie*, publié en 1786, qu'il montra combien la connaissance des animaux féconde et éclaire celle de l'homme. Jamais la science à laquelle ce livre était consacré n'avait été encore présentée sous un point de vue si large et si philosophique. Unissant l'élégance du langage à la précision dans l'observation, Vicq-d'Azyr, qui prenait en 1788 le fauteuil de Buffon à l'Académie française, s'il eût vécu, aurait peut-être, dès la fin du dix-huitième siècle, élevé à l'histoire de la nature un aussi magnifique monument que celui du grand naturaliste. Plus habile à manier le scalpel que Daubenton, unissant les généralités aux détails, souvent neuf dans ses vues, au moins toujours ingénieux, il ne lui manquait qu'une connaissance plus complète des faits; défaut qui s'explique par l'insuffisance des matériaux dont il disposait. Son *Système anatomique des quadrupèdes*, qu'il commençait quand la mort vint le frapper, promettait d'être l'évangile des zoologistes; mais c'était à Cuvier qu'il était réservé d'annoncer la bonne nouvelle; Vicq-d'Azyr n'en fut que le précurseur. Portal et surtout Broussonet, travaillaient, de leur côté, à éclairer divers points de l'anatomie et de la physiologie des vertébrés. Le dernier s'attachait à la physiologie des poissons, étudiait leur respiration, la régénération de leurs os, montrant que ce que Réaumur avait constaté chez l'écrevisse, Spallanzani et Bonnet chez la salamandre et le limaçon, existait sur une grande échelle pour les vertébrés à branchies; puis, s'élevant à des vues plus générales, le naturaliste de Montpellier reprenait dans un mémoire spécial communiqué à l'Académie en 1782, l'étude de l'organe électrique chez certains poissons et l'éclairait à l'aide des lumières dues à une notion plus complète de l'électricité. Plus tard, en 1787, saisissant toute l'importance des dents pour la classification des poissons et la connaissance de leur organisation et de leurs habitudes, il en comparait la disposition et la nature dans toute la série des mammifères.

La zoologie, désormais fondée sur l'organisation intérieure des êtres, allait permettre d'éclairer une branche alors encore moins avancée de l'histoire naturelle, la paléontologie. Les débris d'animaux, de coquilles surtout, que renferment les différentes couches du globe, avaient depuis longtemps frappé les naturalistes, sans pourtant leur suggérer aucune vue sensée sur l'origine de ces fossiles. Bien des gens, et Voltaire lui-même, n'y voyaient que des jeux de la nature. Buffon, constatant la généralité de leur présence, y trouva la preuve d'un ancien séjour des eaux à la surface du globe. « Ce qui prouve évidemment, disait le grand naturaliste, que la mer a couvert et formé les montagnes, ce sont les coquilles et les autres productions marines que l'on trouve partout en si grande quantité; il n'est pas possible qu'elles aient été transportées de la mer actuelle dans des continents aussi éloignés. » La vérité était enfin aperçue; mais cette vérité, Buffon ne la présenta que d'une manière incomplète et restreinte. Les grands ossements fossiles qu'on avait alors déjà découverts en Sibérie, au Canada, en Irlande, Buffon croyait pouvoir expliquer leur présence, simplement par le déluge; là était l'erreur ; mais il se les représentait avec raison comme les débris des espèces perdues. Suivant lui, la Terre, en se refroidissant, ne leur avait plus permis de vivre, et toutes celles qui ne purent gagner des régions plus méridionales, avaient laissé leur dépouille dans les glaces boréales. Buffon s'en était tenu à l'énoncé d'un fait. Pour s'assurer de la nature de ces ossements fossiles, il ne suffisait pas d'en assigner d'une manière générale l'origine et le caractère, il fallait encore les étudier, en vue de reconstruire les espèces auxquelles ils avaient appartenu. Antoine de Jussieu, comme on l'a vu plus haut [1], avait, dès 1725, pu assimiler certains genres fossiles à des genres encore vivants; mais il ne lui avait pas été possible de saisir les différences dans les espèces. Guettard n'avait pas été plus heureux, en étudiant, en 1757, les empreintes de plantes et d'animaux remarquées par lui sur les ardoises d'Angers. P. Camper, plus versé que le botaniste français dans la structure des êtres vivants, sut en retrouver les analogues dans les ossements fossiles que lui avait envoyés le voyageur Pallas, et il tenta de définir à la fois les genres et les espèces d'autres restes paléozoïques. William Hunter entreprit aussi de reconstruire quelques-uns de ces êtres perdus. De son côté, Daubenton, en 1764, aborda avec plus de sûreté cette tâche difficile. Il prouva que l'os de la jambe d'un de ces prétendus géants, à l'existence desquels ces débris avaient longtemps fait croire, et qu'on conservait au garde-meuble, n'était que celui du rayon d'une girafe; ce-

---

[1] Voy. p. 151.

pendant Daubenton n'avait jamais vu le squelette de ce ruminant; mais il y avait chez lui une véritable intuition de la nature, et à force de comparer, il devinait les faits qu'il n'avait pu vérifier. Camper au contraire, qui avait tant étudié les poissons et les cétacés, prenait pour les restes d'un cachalot les débris fossiles d'une salamandre découverts à la montagne de Saint-Pierre, près Maëstricht, et, quoique ayant le modèle sous les yeux, échouait là où Daubenton trouvait par la seule puissance de ses souvenirs.

Toutefois le muséum d'histoire naturelle de Paris possédait trop peu d'échantillons de fossiles, trop peu de squelettes d'espèces vivantes, pour que les tentatives de Daubenton pussent aller bien loin. Buffon, qui ne sentait pas moins que lui tout ce qui manquait à leurs connaissances, après avoir émis ses idées sur l'origine des fossiles, exprimait son regret de ne pouvoir vivre assez pour les mieux étudier. D'autres viendront après moi qui pourront supputer, écrit-il. L'Académie des sciences ne survécut guère à Buffon, et la faune primordiale lui a ainsi dérobé ses merveilles : elle n'eut sous les yeux qu'un chaos d'ossements dont elle put identifier quelques-uns, mais dont elle ignora la place dans les âges de la création.

Les sciences physiques, chimiques et naturelles avaient pris une telle extension dans les travaux de l'Académie, qu'à la fin du dix-huitième siècle, la médecine, qui n'y avait jamais été au reste bien largement représentée, fut de plus en plus reléguée à l'arrière-plan ; ce n'était plus que de loin en loin que les médecins, les chirurgiens de la Compagnie, Antoine Petit, Demours surtout occupé de maladies des yeux, Poissonnier, Sabatier, y présentaient des observations sur des points médicaux. Navier, habile médecin de Châlons et actif correspondant de la Compagnie, lui envoyait diverses communications. Entre le petit nombre de questions médicales sur lesquelles l'Académie portait, à la fin du dix-huitième siècle, son attention, il faut citer la terrible maladie qui se développe spontanément chez le chien et expose l'homme à la plus triste des morts. Plusieurs accidents déterminés par des morsures d'animaux enragés avaient, vers 1783, rappelé sur ce sujet les méditations des praticiens. Sabatier en 1784, et Portal en 1786, entretinrent l'Académie de leurs idées. Le premier montra sans peine l'impuissance des remèdes illusoires par lesquels on croyait conjurer l'invasion d'un virus qu'il espérait arrêter par l'emploi du cautère. Le second ne réussit pas à découvrir des remèdes plus efficaces et s'en tint aux frictions mercurielles et à l'emploi des antispasmodiques.

La médecine, qui, selon la juste observation de Cabanis, tend aux hypothèses par la nature même du sujet auquel elle s'applique, n'offrait point assez de constance dans ses principes et d'évidence dans ses démonstrations pour satisfaire des esprits qui se détachaient tous les jours davantage des vieilles spéculations de l'école. C'est ce qui explique le peu de faveur qu'elle rencontrait à l'Académie. On ne s'y en occupait guère, comme le faisait Bordenave qui défendait les doctrines de Haller menacées, que dans ses rapports avec la physiologie. Lieutaud, auquel l'anatomie pathologique doit beaucoup, complétait les travaux de Bonnet et de Morgagni. Il tentait d'affranchir la science de tout système, et ne rapportant que des faits habilement observés, s'abstenait de toute conjecture sur la cause prochaine des maladies, poussant même la réserve jusqu'à éviter d'en donner aucune définition. Quoique la médecine ne fît aux séances que de rares apparitions, il est pourtant une question de son ressort qui passionna la Compagnie et y ramena les antagonismes violents, les luttes opiniâtres de la première moitié du dix-huitième siècle ; je veux parler de l'inoculation. Déjà ce procédé était généralement accepté au delà de la Manche ; Daniel Bernoulli et Haller l'avaient répandu en Suisse, et néanmoins chez nous, malgré la tendance au progrès, si manifeste en tant de points, les préjugés traditionnels des médecins faisaient obstacle à son adoption. L'inoculation rencontrait parmi eux de fanatiques contradicteurs. En vain, lorsque De Lacoste en rapporta la connaissance de Londres, Dodart, Chirac, Helvétius, Falconnet, avaient-ils proclamé son efficacité; en vain Voltaire avait-il célébré les bienfaits de la découverte; des hommes qui faisaient autorité dans l'art de guérir soutenaient que le préservatif était presque aussi dangereux que le mal; quelques-uns allaient même jusqu'à nier absolument sa vertu. En 1758, La Condamine, qui avait déjà publié des observations en faveur du nouveau remède[1], fit un second rapport à l'Académie des sciences, où il maintenait plus que jamais son excellence. La querelle naguère soulevée à ce sujet reprit et

[1] Voy. *Mémoires de l'Académie pour* 1754, 1758 et 1765, et ce que dit La Condamine dans les fragments de son Voyage en Italie. *Mémoires pour* 1757, p. 386.

s'envenima. La Faculté répondit aux académiciens qui s'étaient prononcés en faveur de l'inoculation ; il y eut de gros mots et des attaques sans mesure. Les adversaires de la découverte traitaient ses partisans de meurtriers, et ceux-ci qualifiaient leurs antagonistes de mauvais citoyens. Un médecin génevois, Tronchin, que sa grande réputation avait appelé à Paris en 1756, et auquel l'Académie conféra le titre d'associé étranger, vint apporter aux promoteurs de l'inoculation l'appui de son talent et de son autorité. Il ne niait pas que la nouvelle méthode n'eût en certains cas des suites fâcheuses, mais il opposait à ses détracteurs passionnés les cas innombrables où elle avait été bienfaisante. « La petite vérole nous décime, l'inoculation nous millésime ; il n'y pas à balancer, » disait-il, spirituellement [1] ; et, en effet, il pratiqua lui-même avec ardeur le nouveau procédé, commençant par la famille du duc d'Orléans qui se l'était attaché comme médecin. D'Alembert, désintéressé dans un débat où il n'avait ni clientèle à gagner ni pratique à défendre, essaya de mettre fin à la dispute, en apportant dans l'appréciation des faits allégués de part et d'autre, la rigueur du calculateur et l'impartialité du philosophe. Son but, comme il l'annonce dans la préface de la dissertation qu'il soumit à ses confrères [2], était, en ne disant d'injures à personne, de prouver que l'inoculation avait été mal défendue, à certains égards, plus mal attaquée, à beaucoup d'autres ; de

---

[1] Voy. *Mémoires de Madame de Genlis*, t. II, p. 279. — Note de l'éditeur.
[2] Voy. D'Alembert, *OEuvres*, t. I (Paris, 1821).

montrer que si cette opération présentait des avantages, c'était par des raisons que ses partisans n'avaient peut-être pas assez fait valoir, non par celles sur lesquelles ils avaient le plus insisté. Il y avait, en outre, là une question de statistique de mortalité sur laquelle un mathématicien était plus particulièrement compétent. D'Alembert discuta tous les tableaux de guérisons et de décès dont on s'était armé et conclut en faveur de l'inoculation. Toutefois les défenseurs du procédé ne se trouvèrent pas satisfaits du plaidoyer où bien des traits avaient été décochés contre eux, et l'on accusa le géomètre d'avoir conclu pour l'inoculation contre les inoculateurs, et insidieusement attaqué La Condamine[1]. La Faculté ne se rendit pas plus à la décision de D'Alembert qu'à celles du voyageur et du médecin génevois; elle guerroya encore quatre années contre la méthode nouvelle. Il fallait cependant que la dispute eût un terme et que l'aréopage médical se décidât. En 1764, la question fut remise à une délibération solennelle. On se disputa beaucoup, et la Faculté allait rendre un verdict de condamnation, quand Antoine Petit la ramena à des sentiments plus raisonnables. L'Académie des sciences, à laquelle appartenait cet illustre médecin et dont il était comme l'organe à la Faculté, eut donc la gloire d'avoir fait triompher contre les préjugés des praticiens français une découverte qui intéressait l'humanité. Plus tard, la vaccine eut

---

[1] Voy. ce que dit Diderot, qui paraît peu satisfait de la dissertation de son collaborateur. *Mémoires, correspondance et ouvrages inédits*, t. II, p. 30 (Paris, 1830).

à vaincre autant de résistances, et l'Institut, en élisant Jenner, son auteur, au nombre de ses associés étrangers, donna une seconde fois l'exemple de l'esprit progressif dont notre premier corps savant fut toujours animé.

Cette obstination des médecins à repousser comme des innovations dangereuses des perfectionnements dont leur art ne fut jamais prodigue, cette confiance aveugle en soi-même qui accoutume à ne rien demander à l'expérience des plus jeunes et des plus osés, l'Académie les retrouva en une autre circonstance mémorable. Turgot et Malesherbes, ministres trop peu de temps, avaient ouvert la porte aux réformes ; entre celles qui étaient le plus impérieusement réclamées, il n'y en avait peut-être pas de plus difficile à opérer que celle des hôpitaux de Paris. Louis XVI ordonna, en 1785, à l'Académie de lui faire un rapport sur des abus, des négligences et des désordres qui révoltaient bien des médecins eux-mêmes. La commission désignée par la Compagnie comprenait Lassone, Tenon, Tillet, Darcet, Daubenton, Coulomb, Laplace, Lavoisier et Bailly. « En aucun temps, dans aucun pays, remarque avec raison Arago, on n'aurait pu réunir plus de savoir et de vertus, » et cependant de tels commissaires se virent refuser l'entrée des salles de l'Hôtel-Dieu et la communication des règlements et registres. Heureusement Tenon suppléa par les observations qu'il recueillait depuis quarante années, au silence calculé des administrateurs [1]. Bailly tint la plume, et son rapport est resté

---

[1] Voy. Cuvier, *Éloge de Tenon*, dans ses *Éloges*, t. II, p. 287. Cf. Arago, *Éloge de Bailly*, dans ses *OEuvres*, t. II, p. 213.

un des plus éloquents témoignages du progrès des sentiments d'humanité fait au dix-huitième siècle dans la société française. Ce progrès, on en est surtout redevable à la philosophie ; elle apporta toute son activité et mit son honneur à faire triompher des principes pour lesquels la religion n'avait que timidement réclamé. L'Hôtel-Dieu cessa d'être un charnier où s'entassaient les morts sur les malades, où le malheureux qu'on allait opérer avait sous les yeux d'autres patients dont les cris le glaçaient d'effroi, où tout enfin manquait à l'indigent qui ne se trouvait guère mieux dans cette maison hospitalière que sur son galetas.

Un autre rapport qui fit plus de bruit encore que celui dont les hôpitaux étaient l'objet, mais qui n'obtint pas une aussi universelle approbation, eut aussi Bailly pour auteur ; c'est celui qui parut en 1784 sur les cures soi-disant merveilleuses de Mesmer. Renouvelant les idées de Klærich, de Hollmann, de Kæstner, de Christophe Weber, de J.-A.-Ph. Gesner, bref, de toute une série de médecins allemands qui avaient constaté ou cru constater l'action des aimants sur certaines maladies[1], le nouveau thaumaturge soutenait que les effets produits par ceux-ci sur le corps humain sont dus à un magnétisme naturel qu'il revendiquait l'honneur d'avoir découvert[2]. Mesmer espérant trouver à Paris des

---

[1] Voy. Sprengel, *Histoire de la Médecine*, trad. Jourdan, t. V, p. 521, 522.

[2] Voy. ce que je dis sur le magnétisme animal dans mon ouvrage intitulé : *le Sommeil et les rêves*, p. 255 et suiv., et l'excellent ouvrage de M. A.-S. Morin, *Du Magnétisme et des sciences occultes* (Paris, 1860, in-8°).

convictions plus dociles qu'il n'en avait rencontré à Vienne, y établit ses baquets et ses armatures autour desquels les adeptes ne tardèrent pas à se presser ; il y eut des faits étranges et des guérisons, tout au moins des rémissions inattendues. Il ne fut bientôt plus question que de ces merveilles dans le monde parisien. « Depuis que l'enthousiasme pour les ballons s'est un peu calmé, écrivait alors La Harpe au comte Schouwalow, rien n'a plus occupé les esprits que le magnétisme [1]. » La théorie du médecin viennois séduisit une foule d'esprits et rencontra des défenseurs sérieux. Deux médecins français, Audry et Thouret, citèrent des observations personnelles qui semblaient la confirmer ; l'on rappelait que La Condamine avait admis l'influence bienfaisante du pôle nord de l'aimant sur l'ophthalmie. C'était donc une question à examiner, et les savants ne demandaient pas mieux que de la soumettre à des expérimentations régulières qui permissent de décider si le magnétisme terrestre influe sur nos organes et agit dans nos sensations. Mais on avait affaire à un ordre de phénomènes différents de ceux de l'ordre purement physique, qui sont soumis à des lois constantes et toujours vérifiables ; ou, pour parler plus exactement, on était en face de ces faits mobiles, de conditions incessamment variables, qui appartiennent à la physiologie, et dont l'homme peut plus facilement acquérir le tact et l'instinct que la théorie raisonnée. D'ailleurs Mesmer, plus désireux de faire fortune que d'agrandir le domaine de nos connais-

---

[1] *Correspondance littéraire*, t. II, p. 268.

sances, ne se souciait guère de livrer ses secrets aux regards scrutateurs d'une commission en garde contre ses manœuvres. La position de l'Académie était donc embarrassante ; elle ne put tout voir et surtout bien voir ; mais elle en vit assez pour se convaincre qu'elle avait affaire à un charlatan ou à un rêveur, à des dupes ou à des illuminés [1].

Quoique les commissaires désignés par la docte Compagnie fussent des hommes tels que Franklin, Lavoisier, Darcet, Bory, Guillotin et Bailly, les mesmériens déclinèrent leur compétence, sous prétexte que des phénomènes nouveaux, en opposition avec les doctrines de la science, ne pouvaient trouver en eux que des adversaires. La commission était dans l'impossibilité d'expérimenter par elle-même, car les conditions mêmes de la réussite des expériences étaient celles que Mesmer faisait naître par l'influence qu'il exerçait sur des imaginations prévenues et sur des nerfs impressionnables. Cette influence, c'est tout ce que la commission put constater, et ce dont elle informa l'Académie par l'organe de Bailly. Elle n'avait trouvé aucune preuve de l'existence du fluide magnétique animal, surtout de son identité avec le magnétisme terrestre, et

---

[1] « Sa conduite, écrit La Harpe, à propos de Mesmer, n'a pas été celle d'un homme qui veut faire part à l'humanité d'une grande et utile découverte, en tâchant, comme il est trop juste, d'en tirer une récompense, mais celle d'un charlatan très-adroit, qui a su, à force de patience et de réserve, exciter une grande curiosité et la faire tourner à son profit, sans jamais la satisfaire, d'où l'on peut inférer que la lumière ne lui est pas favorable. Il s'est environné jusqu'ici d'un nuage impénétrable. » *Correspondance littéraire*, t. VIII, p. 268.

de ce côté-là, ses raisons étaient sans réplique. Bailly dans son rapport traita une question si délicate, et où tant d'amours-propres étaient en jeu, avec infiniment de réserve, ne communiquant au public que le procès-verbal de l'enquête, et réservant pour le ministre des observations sur les dangers et les inconvénients du mesmérisme, qui devaient demeurer secrètes [1]. La commission académique se trouva au reste d'accord dans ses conclusions avec la Société royale de médecine, qui avait été aussi saisie de la question.

Dans des phénomènes de cette nature, qui varient d'un jour à l'autre, dont la production est subordonnée à la confiance de l'observateur, à la foi de la personne sur laquelle on expérimente, il est malaisé d'arriver à une démonstration péremptoire. Pour des esprits habitués aux procédés scientifiques, en garde contre les illusions de l'imagination et de l'espérance, investigateurs attentifs de toutes les circonstances d'un phénomène, appréciateurs critiques des faits par le caractère de ceux qui les produisent, la théorie du magnétisme animal était jugée ; mais ceux qui étaient étrangers aux principes de l'observation sérieuse, aux exigences de la logique et de la prudence en matière de physique, ne pouvaient être si facilement convaincus ; donc les sectateurs de Mesmer furent mortifiés, non désillusionnés ; ils s'appuyaient d'ailleurs de l'opinion d'un des commissaires, De Jussieu, esprit candide, qui n'avait jamais eu affaire aux apparences trompeuses d'une expérimentation incomplète et n'a-

---

[1] Voy. *Histoire de l'Académie pour* 1784, p. 6.

vait point appris dans le commerce des plantes à se défier des ruses de la charlatanerie[1]. On pouvait, il faut le dire, reprocher à la commission de n'avoir point assez suivi des phénomènes dont l'étrangeté capricieuse eût demandé, pour être bien appréciée, une longue pratique. L'arrêt de l'Académie n'eut par conséquent pas force de loi ; on en resta là. D'autres préoccupations ne tardèrent pas à détourner les esprits de merveilles dont la production exige que l'on s'y livre tout entier. La Révolution grondait et le magnétisme animal subit une période d'occultation, pour reparaître ensuite avec plus de prétentions et de prodiges que jamais, sous le nom de somnambulisme.

En dépit de ses annonces pompeuses et de ses fallacieuses provocations, la nouvelle Académie des sciences ne tendit jamais les bras à la doctrine de Mesmer renouvelée. C'est qu'on voulait l'amener sur un terrain qui n'était pas le sien ; elle appelait les expériences au grand jour, et ce grand jour les somnambules soutiennent pouvoir s'en passer pour apercevoir les objets. Entre magnétiseurs et médecins, somnambules et académiciens, l'opposition dura près d'un demi-siècle ; les uns tombant parfois dans des dénégations systématiques, les autres avançant beaucoup, prouvant peu et reprochant, avec quelque apparence de raison, à la science officielle de ne point expliquer des phénomènes qu'ils n'entendaient produire qu'à leur heure et en leur logis. Il se passait quelque chose comme le

---

[1] Voy. le rapport de Jussieu, dans A. Bertrand, *Du Magnétisme animal en France*, p. 151.

dialogue de l'astrologue, de l'empereur et de Méphistophélès dans *Faust*. Le magnétiseur tenait le langage du premier ; le savant sceptique répéta comme l'empereur : « ce qu'il dit m'embarrasse, mais ne me persuade pas [1], » jusqu'à ce que, rappelant comme Méphistophélès les phénomènes à leur vraie cause, le physiologiste, plus avisé et mieux informé, eut constaté les faits et les eut rattachés aux fonctions mêmes de la vie. Il a fallu pour cela la découverte des anesthésiques et de l'hypnotisme. Les savants durent consentir à des concessions ; mais les magnétiseurs ne s'en contentèrent pas ; aussi, faute de s'entendre sur les vrais moyens d'arriver à constater le réel, l'Institut, comme la vieille Académie des sciences, dut s'abstenir d'intervenir dans des expériences où l'on continuait de mettre en suspicion sa compétence, où elle craignait de son côté d'être abusée par des charlatans, où, placée dans l'impuissance de démêler le vrai du feint, elle courait le danger d'être ou dupe, ou indûment incrédule. Pour des expériences de cette sorte, la candeur ne trouve pas moins de périls que l'excès de scepticisme. Il faudrait aux hommes de science l'habileté d'un juge d'instruction ou l'adresse d'un chef de police, pour distinguer dans des phénomènes dont on leur cache les fils, le fait physique du piége tendu par l'imposture à leur curiosité.

[1] Ich höre doppelt was er spricht
Und dennoch überzeugt's mich nicht.
[2] Ihr alle fühlt geheimes Wirken
Der ewig waltenden Natur
Und aus den untersten Bezirken
Schmiegt sich herauf lebend'ge Spur.

On peut citer encore d'autres rapports qui prouvent quelle confiance, jusque dans ses dernières années, l'Académie inspira au gouvernement royal, et combien celui-ci était empressé de prendre son avis pour tout ce qui touchait aux intérêts sacrés du bien-être et de la salubrité publics. En 1787, une commission académique, où figure encore Bailly, avec Tillet, Lavoisier, Laplace, Coulomb, Darcet et Daubenton, fit un rapport sur la nécessité d'éloigner les tueries de l'intérieur de Paris. Louis XVI, préoccupé de toutes les améliorations qu'appelait l'opinion, voulait enfin mettre à exécution un projet qui datait de 1363, et qui, depuis le roi Jean, avait été plusieurs fois repris, mais imparfaitement exécuté. Le ministre Laurent de Villedeuil appela les études de chacun sur cette question. Quinze mémoires lui furent adressés, et la commission académique dont je viens de parler fut chargée d'examiner les mémoires. Là encore, l'Académie se signala par des vues judicieuses et de sages observations. L'année précédente, la falsification des cidres de la Normandie par la céruse, qui excitait les plaintes, depuis quatorze années, avait amené les plus graves accidents, et donné lieu à divers arrêts du Parlement de Rouen, impuissant à réprimer les coupables, appela l'attention des chimistes de l'Académie : Lavoisier, Cadet de Gassicourt, Baumé, Darcet, Berthollet, furent chargés de constater l'étendue et la nature de la fraude. Le rapport qui s'ensuivit est un autre monument de la vigilance de l'État et du concours continuel qu'il sollicitait du docte corps.

Le gouvernement de Louis XVI entrait dans une

voie nouvelle. Poussé par le besoin de réformes qui travaillait la société à la fin du dix-huitième siècle, il sentait la nécessité de s'appuyer sur la science, et il témoignait alors à l'Académie une confiance plus grande qu'on ne lui accorde de nos jours.

Quand la question du commerce des blés commença à fournir aux agitations populaires un aliment que les passions démagogiques devaient empoisonner, la magistrature réclama des lumières des académiciens les moyens de parer à des dangers dont elle ne mesurait point encore toute l'étendue. Tillet, qui, comme on l'a vu, appliquait des connaissances solides à la solution de divers problèmes d'économie sociale et politique, avait, en 1781, lu à ses confrères un mémoire sur la proportion du prix des blés, des farines et du pain. Il essayait, par une étude approfondie des fluctuations qu'a éprouvées le prix des céréales, qu'ont subies les frais de leur culture et les procédés de panification, de dresser un tarif propre à servir de règle dans la fixation du prix du pain, prix qui doit être proportionnel à celui du blé et des farines ; il indiquait les moyens de moudre économiquement et faisait ressortir les avantages du commerce des farines sur celui des blés en nature. Ces recherches auraient pu fournir les moyens de remédier aux difficultés que la question des subsistances allait bientôt soulever. Elles eurent au moins l'avantage de terminer un différend dont l'esprit de sédition était tout prêt à s'emparer. Le Parlement de Bordeaux avait rendu un arrêt qui fixait à Rochefort le prix du pain, d'après un tarif datant de 1703. Le maire et les échevins de la ville se refusaient à l'accepter et en appelaient à une ordonnance de police de 1709, beaucoup plus rigoureuse à l'égard des boulangers. De là des réclamations de ceux-ci, peu satisfaits du tarif, encore moins contents de l'ordonnance. Pouvait-on maintenir des prix qui n'étaient plus en rapport avec l'accroissement de la valeur de toutes choses? était-il juste de les assujettir à des règlements qui leur enlevaient tous les bénéfices? Voilà ce que disaient les boulangers de Rochefort, et à l'appui de la légitimité de leurs plaintes, ils proposaient de soumettre à l'examen de gens compétents leurs procédés de fabrication. Le Parlement délégua des juges d'Angoulême qui durent se transporter à Rochefort pour se livrer à des essais. En étudiant les lois, on n'apprend pas à discerner les farines et à estimer les frais de panification Les juges d'Angoulême mécontentèrent tout le monde, et le Parlement ramené à l'examen de cette affaire, dut s'éclairer de l'opinion du corps savant auquel appartenait l'homme qui avait le plus approfondi la matière. L'Académie délégua Leroy, Desmarets et Tillet pour lui faire un rapport sur le point en litige; la commission se rendit à Rochefort; des expériences furent faites et dans un exposé lumineux, Tillet, reconnaissant ce qu'avait de fondé la réclamation des boulangers, indiqua le vrai moyen d'établir le prix du pain proportionellement à celui du blé, suivant la quantité de farine différente que peut rendre une quantité déterminée de blé et suivant la quantité de pain que cette quantité de farine peut donner.

Ce n'était pas seulement la magistrature, mais les

hommes placés à la tête de l'administration des provinces qui voulaient avoir l'opinion de l'Académie sur des points où la science pouvait être avec fruit interrogée. En 1782, l'assemblée des États de la haute Guienne demandait à cette Compagnie son avis sur la réforme du cadastre, et en recevait un rapport qui respire les idées les plus sages et renferme les vues les plus judicieuses ; il était l'œuvre de Condorcet, de Tillet, de Bossut, de Desmarets et de Dionis du Séjour.

La fondation, en 1779, d'un prix nouveau allait associer davantage l'Académie des sciences à tous les progrès de la société dans la voie de l'utile et du juste. M. de Montyon, sous le voile d'un anonyme que percèrent bientôt la gratitude et l'admiration du pays, avait consacré une somme à récompenser une découverte scientifique profitable à l'humanité et chargé la Compagnie de donner le prix. Celle-ci, toujours préoccupée de l'amélioration de la santé publique, le décerna à des médecins qui avaient trouvé le moyen de rendre certaines industries moins insalubres. En 1783 et 1785, elle couronnait Henri Albert Gosse, de Genève, pour ses recherches sur la meilleure manière de préserver les ouvriers adonnés au travail des métaux, de la maladie du doreur, et de garantir les chapeliers des accidents pathologiques auxquels ils sont exposés. En 1789, les docteurs Pasquier et Defrance obtenaient une pareille récompense, pour leurs travaux sur les maladies des broyeurs de couleurs.

Quoique les pouvoirs publics parussent rechercher les circonstances où ils devenaient comme les justiciables de l'Académie, celle-ci ne visait pas pour cela à envahir leur domaine; elle se renfermait dans la région plus élevée des principes, où elle laissait le gouvernement aller la chercher, sans vouloir descendre jusqu'à lui. Elle évitait soigneusement d'introduire dans ses séances la politique qui en aurait troublé la sérénité. Bon nombre des membres de l'Académie, la majorité peut-être, appartenaient à l'école philosophique et novatrice. Mais les sciences ont cela de précieux que, placées dans une sphère tout à fait distincte des questions de sectes et de partis, elles peuvent être cultivées avec un parfait accord de vues par des personnes d'opinions religieuses et politiques fort diverses. La notoriété de quelques académiciens les fit envoyer aux états généraux ; c'étaient Bailly, Dionis du Séjour et le duc de La Rochefoucauld, qui se prononcèrent tous dans le sens des réformes. D'autres, Broussonet, Condorcet, Tenon, entrèrent à l'Assemblée législative et ne s'y montrèrent pas moins libéraux. Ils poursuivaient ainsi dans l'intérêt public des travaux qu'ils avaient commencés dans le seul intérêt de la science et de la vérité. La Compagnie se vit toutefois privée de leur présence, mais ses études ne se ralentirent pas pour cela, et, convaincus que dans l'ordre de choses qui se préparait, les sciences seraient appelées à jouer un grand rôle et occuperaient une place plus large que par le passé, les académiciens poussaient avec plus d'ardeur que jamais des recherches dont l'application promettait d'être immédiate. D'ailleurs ils se trouvaient constitués par la confiance de l'Assemblée qui tentait de donner une constitution politique à la France, en un véritable conseil de gouvernement. Quand la Constituante conçut la belle pensée de doter notre patrie d'un système uniforme de poids et mesures, elle s'adressa tout naturellement à l'Académie, pour connaître les meilleures bases de la grande réforme à opérer. Cette idée déjà agitée par Picard et qui s'était produite, dès 1560, aux états généraux d'Orléans [1], un membre honoraire de la Compagnie, le comte d'Ons en Bray, s'en était occupé en 1739. Camus, en 1746, dans un mémoire sur l'étalon de l'aune du Bureau des marchands merciers de Paris, y avait porté ses méditations. L'année suivante, La Condamine proposait de prendre la longueur qu'a le pendule à secondes sous l'équateur, pour étalon d'une mesure propre à être adoptée par toutes les nations. Une idée analogue se présentait à l'esprit de Turgot, en 1775, et il écrivait à l'astronome Messier [2], pour lui proposer d'adopter comme étalon de longueur la longueur du pendule à secondes, sous le quarante-cinquième parallèle. L. Dupuy, qui suivait avec un égal intérêt les progrès des sciences mathématiques et de l'érudition, cherchait à démontrer que le problème d'un étalon invariable avait déjà été résolu par les anciens [3], et indiquait la mesure d'un degré du grand cercle de la Terre et le pesage d'un volume déterminé d'eau distillée, comme pouvant fournir des points

---

[1] Voy. Rathery, *Histoire des états généraux en France*, p. 201.
[2] Voy. Turgot, *OEuvres*, t. IX, p. 358.
[3] Voy. *Mémoires de l'Académie des Inscriptions*, t. XXIX, p. 312. La Condamine combattit les vues de Dupuy à cet égard. Voy. *Mémoires de l'Académie des sciences pour* 1757, p. 350.

fixes[1]. C'est à ces idées que, consultée par l'Assemblée nationale, se rangea l'Académie. Elle adopta pour base du nouveau système métrique un étalon de longueur fourni par une fraction du quart du méridien qui devait être rigoureusement calculée. Cette Assemblée ne pouvait que se ranger à son avis; et les opérations nécessaires à la mesure commencèrent aussitôt. Cassini, Méchain, Delambre eurent pour mission de déterminer la distance en latitude des deux points extrêmes de la ligne méridienne ; Monge et Meusnier leur furent adjoints pour une autre partie du travail. Borda et Coulomb durent évaluer le nombre des oscillations que fait, en un jour, au 45ᵉ parallèle, un pendule simple égal à l'unité de mesure ; Lavoisier et Haüy furent chargés de calculer le poids d'un volume donné d'eau distillée pris au terme de la glace et mesuré dans le vide. Enfin, à une dernière commission, composée de Tillet, Brisson et Vandermonde, fut dévolue la tâche de comparer avec la toise et la livre de Paris, toutes les mesures de longueur, de superficie, de capacité, tous les poids jusqu'alors usités dans le royaume, afin d'en connaître le rapport exact avec les mesures nouvelles.

La réforme des monnaies se liait tout naturellement à celle du système métrique, et l'Académie fut pareillement consultée à ce sujet par l'Assemblée nationale. La Commission chargée d'étudier la question, comprenait Lavoisier, Lagrange, Borda, Condorcet et

---

[1] Voy. Walckenaer, *Éloge de Dupuy*, dans les *Mémoires de l'Académie des Inscriptions*, nouvelle série, t. XIV, Part. I, p. 254, et ce que je dis de ce savant dans l'histoire de l'Académie des Inscriptions.

Tillet. Ce dernier, par ses travaux antérieurs [1], sur les essais des matières d'or et d'argent, sur le rapport des poids étrangers avec le marc de France, présentés à ses confrères, avait préparé les éléments de l'enquête à laquelle l'Académie était conviée. Condorcet, choisi pour son organe, signala la nécessité de fixer invariablement le titre des métaux monnayés, de façon à prévenir l'altération des espèces et leurs changements de poids ; il proposa d'élever le titre jusqu'alors adopté et d'introduire dans le système monétaire cette même division décimale qui devait servir de base au système métrique. Plus tard, en 1792, la question que le ministre Clavière avait fait remettre à l'étude, fut encore soumise à l'examen de deux des plus éminents académiciens, Lagrange et Berthollet, auxquels fut associé un membre de l'Académie des Inscriptions, Antoine Mongez, non moins versé en numismatique que dans la connaissance de la pratique du monnayage.

Les récents progrès de la géodésie et de la chimie promettaient aux fondements adoptés plus de solidité qu'ils n'en ont eu réellement. On avait sans doute beaucoup gagné, depuis Picard, en rigueur dans les mesures géodésiques et les pesées chimiques, mais on n'avait pourtant pas atteint la dernière limite. La géodésie avait acquis une précision inespérée, depuis qu'Euler, en 1779, avait ramené la trigonométrie sphérique à une forme entièrement analytique, et que Legendre l'avait enrichie de théorèmes importants; Borda avait singu-

[1] Tillet avait la charge de commissaire du roi pour les essais et affinages du royaume.

lièrement perfectionnée l'idée ingénieuse de la multiplication indéfinie des angles, dont la pensée première appartient à Tobie Mayer. C'était là un vrai progrès, et l'on s'explique la confiance qu'avait l'Académie dans la réussite d'un travail gigantesque qui allait devenir une de ses plus grandes gloires. Déjà, en vue de cette œuvre, elle s'était concertée avec la Société Royale de Londres, pour la jonction trigonométrique des observations de Paris et de Greenwich, et, à cette occasion, Rochon avait été envoyé en Angleterre étudier en même temps le système métrique de ce pays. Delambre et Méchain commencèrent les premiers les opérations, en vue de mesurer l'étendue de la méridienne depuis Dunkerque jusqu'à Barcelone; mais Monge et Meusnier, chargés de mesurer sur le terrain les bases auxquelles devait s'appuyer la suite des triangles, ne purent accomplir leur tâche. La Révolution arrêta ce vaste travail, qui ne fut repris qu'après la suppression de l'Académie. Toutefois l'honneur ne lui en revient pas moins, puisque c'est elle qui l'avait conçu et organisé. D'ailleurs ceux qui le poursuivirent après la crise révolutionnaire étaient ceux-là même que l'ancienne Académie avait désignés : Delambre, lauréat de cette Compagnie, qui avait donné le premier la théorie de la nouvelle planète découverte par Herschel [1]; Méchain, qui, mesurant avec plus d'exactitude l'étendue de la méridienne que ses forces physiques, périt victime de son zèle, après avoir poussé

---

[1] Delambre fut couronné pour ce mémoire en 1790; il obtint un second prix en 1792, pour son mémoire sur la théorie des satellites de Jupiter.

jusqu'aux îles Baléares la ligne dont la détermination précise devait fournir la base du nouveau système métrique ; Borda enfin, cet esprit puissant et sagace, qui inventait le cercle répétiteur, l'appliquait à la mesure de la méridienne, après en avoir doté les marins, et donnait pour le mesurage des bases[1] des règles ingénieuses, véritables thermomètres métalliques qui accusent eux-mêmes les variations que la température peut amener dans leur longueur.

Si les agitations de la Révolution finirent par arracher nos savants à la grande entreprise dont ils acceptaient les fatigues avec enthousiasme, elles ne suspendirent pas complétement les travaux intérieurs de l'Académie, qui continua de tenir ses séances ordinaires jusqu'à la fin de l'année 1792. Touchant déjà presque au terme de son existence, elle consacra plusieurs d'entre elles à l'examen d'une invention qui excitait un vif intérêt. Claude Chappe, neveu de l'académicien Chappe d'Auteroche, dont j'ai parlé plus haut, avait repris l'idée du télégraphe due à un autre académicien, Amontons, mais qu'on avait jadis abandonnée comme une conception chimérique. Il avait imaginé un système de signes et un mécanisme tout nouveau qui donnaient à l'idée du physicien français une facilité d'application dont elle eût été sans cela dépourvue. L'invention de Chappe reçut l'approbation de l'Académie, et la première ligne télégraphique fut établie en 1793 ; c'était un des liens les plus propres à rattacher

---

[1] Voy. Delambre, *Rapport historique sur le progrès des sciences mathématiques*, p. 63 et suiv.

les départements à la capitale, et il appartenait à la République, qui consacrait, au prix de tant de douleurs et de luttes, l'unité française, d'inaugurer un mode de transmission de la pensée directrice, qui en assure instantanément l'exécution aux extrémités du territoire. Les lumières de divers académiciens étaient en d'autres circonstances mises à contribution par le nouveau gouvernement. On demandait à Meusnier la machine à fabriquer les assignats, à Tessier d'organiser un bureau d'agriculture dont il devenait le membre principal et où il s'adjoignit Cels, Gibert, Huzard, Vilmorin et Parmentier; Rochon, Cadet de Gassicourt, Darcet se livraient à des expériences sur le métal de cloche demandées par l'Assemblée nationale. Ce même Rochon et Coulomb indiquaient les moyens de dessécher le marais de Neuilly qui menaçait la salubrité de Paris.

On le voit, obéissant malgré elle au mouvement qui tournait tous les esprits vers la réorganisation politique de la France et la défense de son sol, l'Académie poursuivait alors encore plus les applications que les théories nouvelles. Bailly, Condorcet et quelques autres avaient cessé de paraître aux assemblées; Lalande y suppléait le secrétaire perpétuel absent. Les membres honoraires, que commençait à menacer la proscription, ne s'y montraient plus, mais on y rencontrait encore plusieurs des plus illustres pensionnaires : Lagrange, Laplace, A.-L. de Jussieu, Desfontaines, Adanson, Haüy, Berthollet, Coulomb, Borda, Bossut, Portal, Thouin et Daubenton. Lavoisier y était aussi des plus assidus, et le 14 novembre 1792, quand Paris était sous l'impression terrible des journées du 10 août et des

2 et 3 septembre, il lisait à ses confrères un mémoire sur la hauteur des montagnes des environs de Paris. Toutefois la savante Compagnie ne subsistait plus que comme le dernier débris d'un édifice en ruine qu'on n'osait abattre, mais que nul ne songeait à consolider. L'idée mise en avant par Chamfort [1] de supprimer les Académies comme une institution inutile, faisait son chemin, et tous les esprits envieux et jaloux s'y attachaient avec joie [2]. Le 28 novembre, Lalande annonça à la séance qu'un décret de la Convention venait de suspendre la nomination aux places vacantes dans toutes les académies. Le 21 du mois suivant, la Compagnie se réunit pour la dernière fois. On s'était ajourné, selon le vieil usage, pendant les vacances de Noël, mais on n'osa fixer l'époque de rentrée. Un profond sentiment de tristesse et d'inquiétude était répandu sur tous les visages. Ceux qui avaient le plus espéré de la Révolution tremblaient pour ses conséquences; on se serra la main, et plusieurs se la touchèrent pour la dernière fois. Les Académiciens allaient être dispersés; l'échafaud attendait les uns, l'indigence les autres. Loin d'être un titre au respect public, leur qualité les exposait davantage aux dénonciations de l'envie, au ressentiment de ceux dont ils n'avaient point approuvé les travaux. L'ivresse

---

[1] Voy. sur ce sujet Laharpe, *Correspondance littéraire*, t. VI, p. 100, et Suard, *Mélanges de littérature*, t. III, p. 66. Ce projet de Chamfort, accueilli par Mirabeau, fut combattu par La Harpe et Talleyrand.

[2] Chamfort dans son pamphlet, ainsi que l'observe Suard, ne faisait que reproduire les arguments de Fréron, Linguet et Palissot.

populaire portait en triomphe un charlatan scientifique, Marat, qu'un des membres de l'Académie, Charles, avait ignominieusement chassé de son cabinet [1]. Et dans l'esprit de la populace, la supériorité du savoir était une aristocratie qu'elle devait poursuivre autant que celle de naissance. Cependant l'Académie des sciences n'avait point été encore supprimée; elle existait sans tenir de séances. Les ministres continuaient de renvoyer à son examen les inventions, les perfectionnements dans les arts qu'il s'agissait d'adopter ou d'encourager. Monge surtout, qui n'avait point abdiqué son titre d'académicien, mais qui n'avait ni la force ni le courage de défendre une Compagnie dont il avait été successivement correspondant et membre, entretenait avec elle des rapports en quelque sorte furtifs. Le 19 janvier 1793, le comité d'instruction publique de la Convention, par l'organe de Romme, écrivit à l'Académie pour avoir son avis sur le nouveau système de poids et mesures que la République devait adopter. C'était demander à la Compagnie de juger son œuvre. Borda, Laplace et Lagrange répondirent à l'appel de la Convention; leur rapport est la dernière pièce qui ait été transcrite sur les registres des procès-verbaux de l'Académie.

Les scellés furent apposés sur le local des séances et sur les papiers. La Compagnie était donc en fait dissoute; cependant le prix proposé sur la question de la meilleure méthode pour diminuer la dérive des vaisseaux de guerre resta encore inscrit au concours pour

---

[1] Voy. à ce sujet Brissot, *Mémoires*, t. I, p. 360.

le 10 avril 1793, mais aucun mémoire ne fut envoyé, et l'Institut se chargea de juger ce que l'Académie n'avait pu faire [1].

La République, quoiqu'elle proclamât par la bouche, il est vrai, de ses plus indignes représentants, qu'elle n'avait plus besoin de savants, ne s'était jamais plus trouvée dans la nécessité de recourir à leurs lumières. Tout manquait pour les moyens de défense de la patrie : poudre, canons, approvisionnements. Les arsenaux étaient vides ; l'acier n'était plus apporté de l'étranger ; le salpêtre ne venait plus de l'Inde. C'étaient précisément les hommes dont on avait proscrit les travaux, qui seuls pouvaient rendre à la France ce qui lui faisait défaut. Le patriotisme tint lieu d'Académie, et si les académiciens avaient été dépouillés de leur titre, ils ne se sentaient pas moins Français. Fourcroy, aidé des recherches que Lavoisier avaient commencées, enseigna les moyens d'extraire et de raffiner le salpêtre ; Guyton de Morveau et Berthollet firent connaître une nouvelle manière de fabriquer la poudre et se livrèrent à des études sur le fer et l'acier. Monge expliqua l'art perfectionné de fondre, de forer et d'aléser les canons de bronze pour les armées de terre, les canons de fonte de fer pour la marine [2], et ces bouches à feu se fabriquaient dans des ateliers qui avaient à leur tête un de ses anciens confrères, A.-C. Périer [3]. Le 6 août 1793, la Convention s'était encore vue forcée de recourir à l'Académie,

---

[1] La question fut remise au concours en 1801.
[2] Voy. *Éloge de Monge*, dans les *OEuvres* d'Arago, t. II, p. 469.
[3] Auguste-Charles Périer, qui fut élu, en 1783, associé mécanicien et qui devint plus tard membre de l'Institut, dirigeait, avec son

pour savoir quel avantage il y aurait à porter le titre des pièces d'or et d'argent de la République au dernier degré de fin. Mais il n'était plus possible de rencontrer les hommes capables de donner la réponse. Ceux qui n'étaient pas dans les cachots, se tenaient dans l'ombre, et pour faire un rapport, même scientifique, au comité de salut public, il fallait plus de courage que n'en aurait demandé jadis la présence devant le feu ennemi; on ne rencontra pas deux fois l'héroïsme de Berthollet, osant déclarer, au nom de la science, à la face de Robespierre que les accusations dirigées contre quelques munitionnaires étaient calomnieuses[1]. Lakanal, qui partageait les entraînements révolutionnaires de la farouche assemblée où l'avait fait élire son enthousiasme, mais qui n'affichait pas la même insouciance que ses collègues de la Montagne pour tout ce qui touchait aux besoins de l'intelligence, tenta de sauver de la ruine un établissement qui pouvait honorer la République, bien que né sous la royauté. Il parvint à faire rendre, le 14 août 1793, un décret ainsi conçu : « La Convention nationale, ouï le rap-

---

frère Jacques-Constantin, une fabrique de canons. Ils avaient sous la monarchie monté les machines employées à la pompe à feu de Chaillot, dont ils avaient été chercher les modèles en Angleterre. Vers la même époque Rochon servait notre marine, en imaginant les gazes métalliques en fil de fer et de laiton destinées à remplacer les lanternes à feuille de corne pour fanaux, qu'on ne pouvait plus se procurer. Il avait en même temps l'idée de suppléer par l'emploi de la tourbe de Bretagne au combustible qui manquait à nos marins. Plus tard il devait la pourvoir d'excellentes lunettes dont il dirigea lui-même à Brest la fabrication.

[1] Voy. ce que rapporte, sur l'héroïsme de Berthollet en cette occasion, M. Chevreul dans le *Journal des Savants*, 1860, p. 243.

port de son comité d'instruction publique, décrète que les membres de la ci-devant Académie des sciences continueront de s'assembler dans le lieu ordinaire de leurs séances, pour s'occuper spécialement des objets qui leur auront été ou pourront leur être renvoyés par la Convention nationale. En conséquence les scellés seront levés, et les attributions annuelles faites aux savants qui la composaient leur seront payées comme par le passé et jusqu'à ce qu'il en ait été autrement ordonné. » Passager retour à des principes meilleurs, mais qui resta sans effet. Bailly, Lavoisier montèrent à l'échafaud, et allèrent rejoindre Condorcet, qui avait échappé par une mort volontaire au supplice qui l'attendait. Plus courageux, Bailly, regarda sans effroi la fatale machine qui se dressait devant lui, et ne trembla que de froid, et Lavoisier répondit à ses compagnons qui voulaient se soustraire au supplice par le suicide : « Nous pouvons tous regarder avec confiance et notre vie passée et le jugement qu'on en portera peut-être avant quelques mois[1]. » Ces trois victimes sont loin d'être les seules dans l'Académie des sciences que la Révolution ait immolées. D'autres payèrent de leur vie l'illustration qu'ils avaient acquise à la fois dans la politique et dans la science. Malesherbes, Bochart de Saron teignirent de leur sang la guillotine, qui semblait être devenue un autel destiné aux sacrifices humains. L'un des plus vertueux et des plus désintéressés défenseurs des idées nou-

---

[1] Voy. Mollien, *Mémoires d'un ministre du Trésor public*, t. 1, p. 168.

velles, celui dont les bienfaits avaient assuré à Dupuis l'indépendance de ses études, et doté Condorcet sans fortune, le duc de La Rochefoucauld était massacré à Gisors par les soldats de Santerre, entre les bras de sa femme et de sa vieille mère, quelques jours après le 10 août. Un autre promoteur des théories nouvelles dont les travaux avaient honoré l'Académie, Dietrich, n'était arraché des prisons de Besançon que pour être conduit à l'échafaud. Vicq-d'Azyr, au sortir d'une de ces parodies sinistres décorées du nom de fête nationale, était saisi d'un mal qui l'enlevait en quelques instants dans le délire de la peur. Dionis du Séjour, après deux années d'effroi et de misère, ne trouvait plus assez de force pour goûter les temps moins malheureux amenés par la chute de Robespierre. Sans le 9 thermidor, l'Académie aurait fait bien d'autres pertes. J.-P.-G. Duhamel, dont les connaissances métallurgiques étaient si nécessaires au pays, allait s'embarquer pour l'Amérique, quand la chute des terroristes lui fit comprendre que tout n'était pas perdu en France pour l'esprit humain. Le géomètre Cousin, le naturaliste Desmarets détenus depuis plusieurs mois, sortirent des prisons. La majorité des membres honoraires de l'Académie avaient émigré, soit pour échapper à la mort, soit pour aller défendre à l'étranger des principes surannés dont les excès de la Révolution leur faisaient méconnaître l'impuissance. L'un d'eux avait fait beaucoup pour les sciences, et les services qu'il leur a rendus auraient dû faire oublier la responsabilité qu'il assumait sur sa tête; c'était le comte d'Angiviller, dont l'administration intelligente ne compromit le trésor que pour assurer à la France une foule de durables bienfaits [1].

Pendant la courte période qui s'écoula entre la suppression de l'Académie des sciences (8 août 1793), et sa reconstitution en une classe de l'Institut, plusieurs des vétérans de l'éminente Compagnie terminèrent leur carrière, Demours, Perronet, Antoine Petit, Tillet, Charles le géomètre, l'astronome Legentil. Ils ne virent pas leur nom inscrit dans la nouvelle Compagnie qui recueillait leurs travaux. Meusnier trouvait la mort en combattant courageusement à l'armée du Rhin. En quatre années l'Académie des sciences perdait la moitié de ses membres.

Ainsi finissait l'Académie par le martyre, la prison et l'exil. Voilà quelle récompense tant de dévouements et d'efforts recevaient de la nation qui héritait des découvertes qu'ils avaient enfantées ; du moins l'illustre Compagnie pouvait dire comme Sénèque mourant à ses amis, que le seul bien et le plus beau qu'il lui laissât, c'était l'image de sa vie [2]. La France répudia un moment son souvenir glorieux et montra pour tout ce qui pouvait le lui rappeler une indifférence coupable. La misère avait atteint ceux des académiciens que le tribunal révolutionnaire avait épargnés ; tout

---

[1] Le comte d'Angiviller, qui avait été, sous la monarchie, surintendant des bâtiments du roi, et qui contribua beaucoup à l'agrandissement du Jardin des Plantes et à ses améliorations, émigra à la suite du décret du 15 juin 1791, rendu sur le rapport de Camus, et qui avait ordonné la saisie de ses biens. Il fut appelé en Russie par l'impératrice Catherine II.

[2] Quod unum jam et tamen pulcherrimum habeat imaginem vitæ suæ relinquere. Tacite, Annal., XV, 62.

ce que Lakanal put obtenir en faveur des sciences, sous le régime de la terreur, ce fut une faible aumône pour quelques-uns d'entre eux. La chute de l'ancien régime était consommée. Avec les Académies avait disparu la dernière et l'une des plus utiles de ses institutions. Une société qui comptait presque un siècle et demi d'existence, qui avait réuni tout ce qui pouvait illustrer le pays et éclairer l'humanité, était brutalement supprimée, tandis que de fanatiques ignorants, qui ne savaient que vociférer contre leurs adversaires et les dénoncer à des juges impitoyables, recevaient chaque semaine le prix de leur présence aux sections. La stupidité et la folie usurpaient le beau nom de patriotisme, et la science, qui eût pu dissiper les idées extragavantes qui compromettaient la noble cause de la Révolution, ramener la société à des principes plus sages et plus durables, était proscrite comme l'ennemie de la République !

Des cendres encore chaudes des Académies sortit l'Institut ; il recueillit les débris et l'héritage de leur illustration. Délivrée de la faction qui la dominait en la décimant, la Convention, par la loi du 3 brumaire an IV (25 octobre 1795), décréta la fondation d'un corps nouveau destiné à remplacer toutes les Académies. Il n'y avait pas trois ans qu'elles étaient supprimées, et, déjà honteuse du coup qu'elle avait porté à l'intelligence, l'assemblée révolutionnaire réparait solennellement sa faute par cette belle création. La mission de l'Institut des sciences et des arts était de les perfectionner par des recherches non interrompues, par la publication des découvertes, par la correspondance avec les sociétés savantes et étrangères. L'Institut devait, ce sont les termes de la loi, suivre tous les travaux scientifiques et littéraires ayant pour objet l'utilité générale et la gloire de la République. C'est surtout à Lakanal que l'on doit cette œuvre réparatrice. Une plume éloquente, en retraçant la vie de ce courageux citoyen, a rappelé les circonstances de la formation du nouveau corps scientifique. Je renverrai le lecteur à l'éloge de Lakanal de M. Mignet. Mais je dois indiquer quels liens rattachèrent la première classe de l'Institut à l'ancienne Académie.

L'Académie des sciences ne formait plus, en effet, qu'une classe dans le nouveau corps savant, mais cette classe occupait le premier rang, et c'est là un indice de la direction nouvelle que tendait à prendre la culture de l'intelligence. L'ordre et la composition des trois classes que comprenait originairement l'Institut montre quels principes la Révolution faisait prévaloir. Dans l'organisation de cette assemblée, les connaissances sont ordonnées d'après leur degré d'utilité immédiate. D'abord les sciences mathématiques et physiques, c'est-à-dire l'utilité matérielle, la connaissance de la nature appliquée aux besoins de l'homme. Puis les sciences morales et politiques, c'est-à-dire l'utilité intellectuelle, la connaissance des faits moraux appliquée au gouvernement des affaires. Enfin la littérature et les beaux arts, c'est-à-dire l'agréable, la culture du beau en vue d'orner l'esprit et de charmer les sens. Cette classification émane visiblement de la philosophie du dix-huitième siècle. La science, et je prends ce mot dans son acception la plus générale, cesse ici d'être envisagée comme une pure affaire d'agrément et de goût; ce n'est plus seulement un moyen de distraire et d'élever l'esprit; elle est prise davantage au sérieux; elle est regardée comme l'application de l'observation, de l'expérience, de la raison à la connaissance des choses. Voilà pourquoi les sciences, et en particulier les sciences mathématiques et physiques, prennent le pas sur les lettres et sur les arts, et les sciences morales et politiques n'occupent que le second rang. C'est que les premiers besoins auxquels l'homme doit faire face sont les besoins matériels; les besoins moraux ne viennent qu'après eux. Pour penser et sentir, il faut en effet d'abord vivre et se nourrir. Ainsi défini, l'Institut n'était pas une simple académie, c'était l'ensemble des hommes les plus éminents du pays dans toutes les branches de nos connaissances; car, quelque imparfaite que fût dans le principe la classification adoptée pour les sections de chaque classe, elle ne laissait cependant en dehors d'elle aucune science, aucun art, même celui de la déclamation.

Dans la grande division de la *classe des sciences physiques et mathématiques*, l'Institut national ne fit au demeurant qu'adopter celle qui avait été déjà introduite dans l'ancienne Académie par l'ordonnance du roi du 23 avril 1785; et c'est là une nouvelle preuve de l'étroite filiation de la première classe de l'Institut avec la Compagnie fondée par Louis XIV. Les progrès des sciences, l'extension graduelle des travaux de l'Académie avaient déterminé, à la fin du dix-huitième siècle, le gouvernement royal à la réorganiser. L'ordonnance de Louis XVI rappelait, dans son préambule, que l'ancienne division ne représentait plus l'universalité des sciences dont s'occupait la Compagnie; elle établissait deux grandes sections, celle des sciences mathématiques et celle des sciences physiques. La première embrassait les classes suivantes : géométrie, mécanique, astronomie, physique générale ; la seconde comprenait les classes ainsi dénommées : anatomie, chimie et métallurgie, botanique et agriculture, minéralogie et histoire naturelle. Eh bien, on retrouve dans la classe des sciences physiques et mathématiques de l'Institut, la même division et les mêmes subdivisions. Le nom seul est changé ; les classes sont devenues des sections, et les sections des classes. Toutefois l'ancienne classe de *botanique et agriculture* a été partagée en deux sections séparées, et l'on a réuni à l'agriculture l'art vétérinaire. Une section de médecine et de chirurgie a été ajoutée, laquelle était implicitement comprise, par l'ordonnance de 1785, dans la classe d'anatomie. Chaque section de la nouvelle classe de l'Institut se composa de six membres, c'est-à-dire du même chiffre que celui des anciennes classes de l'Académie des sciences ; car chaque classe comprenait, depuis 1785, trois pensionnaires et trois associés. La géographie, qui ne constitua avec la navigation qu'une demi-section, après la nouvelle organisation de 1803, n'était représentée dans l'ancienne Académie que par un associé géographe, qui avait d'abord porté le titre d'adjoint.

L'ordonnance de 1785 faisait faire, dans les statuts de la Compagnie, un pas nouveau vers l'égalité, qui ne devait devenir complète qu'entre les membres de l'Institut. Les associés et les adjoints avaient été fondus en une seule catégorie, et les membres ordinaires ne se distinguaient plus conséquemment entre eux que par la pension accordée aux plus anciens. Le nombre des associés libres et des honoraires avait été fixé à douze, celui des associés étrangers à huit, chiffre resté consacré dans l'Académie des sciences, jusque de nos jours; l'admission des adjoints surnuméraires était désormais interdite.

C'est donc le règlement de 1785 qui a servi de modèle à l'organisation de la première classe de l'Institut; c'est dans une ordonnance royale que la Convention dut puiser les dispositions essentielles qu'elle appliquait au corps appelé à représenter les sciences dans la France républicaine. Le principe nouveau que l'Institut consacra, plutôt qu'il ne l'introduisit, puisque l'Académie des sciences et celle des inscriptions entretenaient déjà au dix-huitième siècle des rapports de confraternité et se communiquaient réciproquement leurs travaux, ce fut celui de l'unité, unité absolue, étendue à toutes les branches des sciences et des arts. La création de l'Institut réalisait ainsi, dans l'ordre de l'intelligence, le principe de l'unité donné pour base à l'État, celui de la solidarité de nos connaissances, que la philosophie du dix-huitième siècle avait proclamé et qui venait de recevoir son application dans la colossale entreprise de l'Encyclopédie.

La réorganisation de l'Institut de 1803, qui fit disparaître la classe des sciences morales et politiques, n'eut qu'un avantage, celui de scinder en deux classes dis-

tinctes les lettres et les arts, qu'il était indispensable
de faire représenter par des compagnies différentes.
Mais malheureusement, un retour à des idées surannées détruisit en même temps une partie de l'œuvre
de la Convention. La classification rationnelle de l'Institut national, devenu ensuite l'Institut impérial, fut
abandonnée, et plus tard l'ordonnance du 21 mars 1816,
rendue sous le ministère du comte de Vaublanc, en
reconstituant les vieilles académies dans un cadre qui
n'était pas fait pour elles, sacrifia à la préoccupation
de rattacher le nouveau corps scientifique aux anciens, et de donner à chaque classe des lettres de noblesse datant de la vieille monarchie, la pensée philosophique qui avait présidé à la formation de l'Institut.
La littérature frivole et l'éloquence reprirent le pas
sur les sciences; interversion mal inspirée et intempestive, puisqu'elle avait lieu au moment où c'étaient
les sciences qui jetaient le plus vif éclat, au moment où
elles allaient enrichir l'humanité des plus admirables
découvertes. Moins de trente ans après, les chemins de
fer, la photographie, la télégraphie électrique, la découverte d'une planète par la seule puissance du calcul,
la reconstitution du monde anté-diluvien, les mystères de la sensibilité nerveuse fournissant, en se dévoilant, la possibilité de supprimer la douleur dans
les opérations chirurgicales, témoignaient de la fécondité qu'a l'étude de la nature; et les lettres, au contraire, qui n'avaient plus ni Corneille, ni Racine, ni
Bossuet, ni Fénelon, ni La Fontaine, ni Molière, ni
La Bruyère, ni Voltaire, ni Jean-Jacques Rousseau,
ne gardaient qu'en l'affaiblissant, l'éclat qu'elles avaient

jeté, alors que, régnant en souveraines, elles entraînaient à elles les plus belles intelligences. L'imagination avait perdu de sa sève, et pour se rajeunir, elle demandait à la connaissance de la nature, que la science seule peut donner, des inspirations nouvelles. Chateaubriand, en explorant le Nouveau Monde, la Grèce et l'Italie, rencontrait les sujets de ses plus heureuses créations; Casimir Delavigne avec Lamartine et Victor Hugo, retrempaient leurs vers à la source pure de l'histoire, qui, agrandie dans son domaine et raffermie sur sa base par la méthode scientifique, donnait une main à la politique et l'autre à la philosophie.

La nouvelle Académie des sciences, quoique n'ayant plus que le troisième rang à l'Institut, n'en étendit pas moins son autorité, et semant les parties que sa devancière avait laissées incultes, elle imita les pionniers de l'Amérique qui récoltent aujourd'hui les plus riches moissons sur le sol où s'élevaient jadis les impénétrables fourrés de la forêt. Elle appela dans son sein de glorieux héritiers des noms ou des œuvres de l'ancienne Académie. La première classe de l'Institut, et la nouvelle Académie des sciences qui n'en est que la continuation, ont compté parmi leurs illustrations non-seulement bon nombre des hommes éminents qui avaient appartenu à la vieille Académie, Lagrange, Laplace, Monge, Méchain, Legendre, Lemonnier, Lalande, Daubenton, Tenon, A.-L. de Jussieu, Desfontaines, Lamarck, Adanson, Haüy, Tessier, Borda, Rochon, Coulomb, Berthollet, Bougainville, mais des hommes nouveaux qui les égalèrent souvent. Elles ont inscrit sur leurs listes des géomètres tels que Poisson,

Fourier, Cauchy, Sturm, Poinsot; des officiers, des ingénieurs, tels que Napoléon Ier, Carnot, Sané, Prony; des astronomes, tels que Delambre, Bouvard, Savary; des navigateurs et des hydrographes, tels que Freycinet, Beautemps-Beaupré, Roussin; des mécaniciens, tels que Bréguet, Berthoud, Gambey; des physiciens, tels que Malus, Fresnel, Ampère, Dulong, Savart, Arago, Biot; des chimistes, tels que Vauquelin, Chaptal, Proust, Gay-Lussac, Thénard; des minéralogistes et des géologues, tels que Dolomieu, Alexandre Brongniart, Ramond, Cordier, Berthier, Senarmont; des botanistes, tels que Labillardière, Mirbel, Du Petit-Thouars, les Richard, Dutrochet et Adrien de Jussieu; des agronomes, tels que Bosc et Parmentier; des zoologistes, tels que George Cuvier, Latreille, les deux Geoffroy Saint-Hilaire et De Blainville; enfin des anatomistes, des physiologistes, des médecins et des chirurgiens, tels que Pinel, Hallé, Corvisart, Dupuytren, Larrey, Chaussier, Magendie et Lallemand : tous hommes qui vinrent au monde trop tard, ou qui n'avaient point encore assez marqué dans la science, pour avoir été appelés dans l'ancienne Académie. Mais l'extension de plus en plus grande des sciences, la naissance journalière de branches nouvelles, l'infinie variété de leurs détails ne permettent plus à la nouvelle Académie de tout embrasser; elle voit d'ailleurs grandir dans les pays voisins les sociétés rivales dont elle soutint longtemps avec avantage la concurrence, qu'elle avait surpassées sur plus d'un point et dominées par plus d'un homme. L'Angleterre, l'Allemagne surtout, opposent maintenant à ses membres de puissants émules, et elle ne peut assez ouvrir les rangs de ses associés étrangers et de ses correspondants pour y faire entrer tous ceux qui seraient dignes d'elle. La sagacité originale des Anglais, la patience et le génie d'observation des Allemands, l'intelligence pénétrante des Italiens, ou encore ces qualités solides que la Hollande, les contrées scandinaves et la Russie empruntent à l'Allemagne, autour de laquelle elles gravitent intellectuellement, amoindrissent le rôle de l'Académie des sciences en Europe, et tendent à détacher quelques fleurons de sa couronne.

Il reste cependant encore à notre Académie des sciences une œuvre importante de direction et de vigilance; cette Compagnie tend aujourd'hui plutôt à maintenir les sciences sur leur véritable terrain qu'à les faire marcher; c'est un sénat, un aréopage qui stimule les efforts par ses récompenses, modère les impatients, protége un public inexpérimenté contre les piéges de la charlatanerie et les rêveries de l'imagination. Aux penseurs, elle impose une rigueur de dialectique qui exclut les spéculations; aux expérimentateurs, une discipline sévère, un contrôle sans cesse répété; aux inventeurs, une vérification en grand des procédés et des machines auxquels ils sont enclins à attribuer une utilité d'application que ne justifie pas la pratique. En dépit des récriminations des amours-propres blessés, des ressentiments de l'ignorance démasquée, des prétentions de la présomption, elle accomplit avec calme sa mission et ne marque du sceau de son approbation que ce qui a subi la double épreuve d'un examen approfondi et d'une enquête cent fois refaite.

Elle suit en cela la tradition et l'exemple de sa devancière, dont l'activité était moins étendue, mais non moins puissante. Toutefois les hommes livrés de nos jours aux recherches mathématiques et physiques se sentent beaucoup plus maîtres dans leur action, parce qu'ils disposent de mille ressources qui faisaient défaut à l'ancienne Compagnie, parce qu'ils sont arrivés à pénétrer la nature, non-seulement dans ses lois générales, mais encore dans ses accidents les plus particuliers. Moins de cent ans séparent l'ancienne Académie de l'Académie actuelle; mais si on mesure le laps de temps écoulé entre la destruction de la première et l'époque où nous sommes, à la grandeur des découvertes et au nombre des observations qui le remplissent, il paraîtra embrasser plusieurs siècles.

Quand la Convention supprima l'Académie des sciences, celle-ci assistait à une révolution scientifique dont elle avait été un des instruments, et qui ne faisait que commencer. La méthode rationnelle et expérimentale avait été successivement introduite dans toutes les sciences physiques; l'analyse avait pénétré dans presque toutes les branches des sciences mathématiques; mais ces diverses sciences étaient très-inégalement avancées: les unes touchaient à leur constitution définitive et complète; les autres n'étaient encore représentées que par les premiers linéaments d'une étude qui s'essaye. La géométrie, la mécanique n'avaient plus qu'à perfectionner leurs méthodes, à imprimer plus de rigueur à leurs démonstrations, à saisir dans les moindres détails les propriétés des nombres, la génération des formules et à imaginer des notations plus simples pour représenter les rapports de grandeur et de déplacement, à étendre enfin les applications de l'algèbre, du calcul infinitésimal ou de la méthode des projections à la recherche, à l'évaluation et à la mesure des courbes, des plans, des corps solides de formes diverses, des forces et en général de tout ce qui est susceptible de s'apprécier numériquement et de se compter. La botanique descriptive, riche déjà d'une foule de plantes apportées de tous les points du globe, en différenciait les caractères, et en définissait les analogies ; elle pouvait sans doute encore doubler, tripler, peut-être, sa moisson, reconnaître des familles nouvelles ; mais elle avait déjà dressé la carte entière de l'empire de Flore, si elle ne l'avait pas complétement remplie. L'astronomie, que la mécanique avait mise en possession des principes à l'aide desquels elle calcule le mouvement des astres, savait toutes les lois de notre système solaire et avait dressé des éphémérides de la plupart des grandes planètes qui le composent ; elle attendait des télescopes plus puissants pour découvrir des planètes qui échappent à nos regards, soit à raison de leur petitesse, soit à raison de leur éloignement, pour pénétrer dans l'étude physique des astres mêmes et plonger jusqu'aux profondeurs du firmament, afin d'y chercher des comètes dont elle calculerait le retour, des étoiles dont elle décrirait les apparences.

L'anatomie et la physiologie humaines avaient achevé une première inspection de tout le corps humain. Presque tous nos organes étaient connus dans leur constitution apparente et leur jeu journalier ; mais il restait à scruter la composition intime des tissus, leurs propriétés, et à démêler l'action, encore voilée, d'appareils secondaires ou d'organes trop délicats pour que leur intervention se fût manifestée dès les premiers coups de scalpel. La physique avait déjà livré plusieurs de ses plus importants phénomènes et permis à l'expérimentateur d'en appliquer à nos besoins les effets. Mais d'autres actions générales demeuraient inconnues ; on ne soupçonnait ni les propriétés des courants électriques et magnétiques, ni leurs actions réciproques, ni les faits qui rattachent par une commune origine la lumière à la chaleur, ni les facultés nouvelles que les rayons lumineux acquièrent suivant leur direction et les corps qu'ils ont traversés, ni le rôle et la vertu des diverses couleurs du spectre solaire, ni la puissance que les combinaisons des substances entre elles acquièrent pour en décomposer et en transporter d'autres. La chimie, la géologie étaient encore moins avancées ; la première de ces sciences, à peine dégagée des spéculations de l'ancienne école, venait de découvrir les éléments véritables de la matière et d'en saisir les plus immédiates combinaisons ; mais elle n'avait pas atteint même les premiers échelons de cette immense série de composés que l'homme crée dans le laboratoire et à l'aide desquels il pénètre dans la constitution intime des corps. Si la minéralogie avait reconnu la majorité des espèces minérales, elle en savait à peine la composition, et elle ne faisait qu'indiquer les têtes de chapitre d'une histoire de la Terre dont toutes les pages étaient encore à écrire. Privée du secours de la chimie, de celui du géologue qui pénètre dans les couches sous-jacentes du sol et qui compare la succession des terrains, elle laissait l'homme comme accablé sous le poids des rochers et des pierres, des laves et des sables, au milieu desquels il a été jeté par le Créateur. La zoologie avait décrit les formes extérieures et les mœurs d'une foule d'animaux; elle se montrait d'autant plus savante à cet égard, que les êtres étaient placés plus haut dans l'échelle animale; mais l'organisation intérieure, l'anatomie et la physiologie de toutes ces espèces, elle ne faisait que commencer à en scruter les merveilles; aussi, limitée dans sa connaissance de la structure des animaux, n'essayait-elle que d'une main timide et inexpérimentée, à retrouver dans les débris fossiles conservés par le sol les formes et les organes qu'elle apercevait dans la faune actuelle. La physiologie des végétaux, plus avancée, en était cependant encore à l'étude des fonctions principales et des organes fondamentaux. Le microscope, qui devait tant agrandir le domaine de l'anatomie et de la physiologie animales, n'avait pas rendu sensibles à l'œil une foule de faits biologiques qui se cachent dans les tiges, sous les feuilles et au fond du calice des fleurs, comme dans le mécanisme admirable, quoique moins gracieux, de l'organisation zoologique.

On le voit, il manquait encore beaucoup au trésor scientifique du siècle dernier. Il n'en était pas moins riche. Le vrai savant d'alors, satisfait d'avoir déjà tant amassé, pouvait attendre avec confiance que le champ fécondé par ses labeurs donnât des récoltes plus abondantes et des produits plus mûrs. Il n'était pas tenté, pour pénétrer davantage dans la notion de l'univers, de devancer l'observation et de passer par-dessus l'expérience. Il avait reconnu que si l'on veut gagner la confiance de la nature, il ne faut point lui faire violence, que c'est par un commerce journalier, par des communications successives et réservées, qu'on arrive à s'insinuer dans ses secrets, à être admis dans son intimité.

Cette prudente attente a porté ses fruits; la nouvelle Académie, précisément parce qu'elle n'a pas brusqué les recherches, et qu'elle a procédé lentement, méthodiquement, a acquis de la nature, non sans doute encore une notion complète, mais une connaissance générale qui ressort, chaque jour, plus exactement d'une foule de faits particuliers constatés avec soin et vérifiés à tout instant, les uns par les autres. Si, d'un côté, la science de la vieille Académie n'embrassait encore qu'un nombre restreint de faits et de phénomènes qui rendaient les généralisations faciles et soutenaient les efforts par l'espoir d'arriver promptement à tout embrasser, de l'autre, elle se perdait dans la diversité et l'hétérogénéité apparente des phénomènes. Les relations mutuelles, les connexions innombrables des différentes actions de la nature, lui échappaient, et, loin de tendre vers une unité qui résume, en les simplifiant, tant de principes divers et de phénomènes opposés, elle la mutilait par la création de propriétés, d'actions, de forces, de fluides, multipliés par le besoin d'expliquer des phénomènes dont elle ne pouvait découvrir la liaison. La science moderne, bien que chargée d'un lourd approvisionnement d'observations et d'expériences, allége pourtant son fardeau, en rattachant graduellement entre elles ces lois sous le nombre desquelles l'intelligence humaine aurait sans cela succombé. A force de décompositions et d'analyses, soit dans l'ordre abstrait, soit dans l'ordre physique, elle est parvenue à s'insinuer assez dans la connaissance de la nature pour saisir les extrémités de quelques-uns des fils qui se croisent et s'entrelacent à sa surface, de façon à former l'inextricable tissu où la vieille Académie s'était trouvée engagée.

Une matière dont les molécules élémentaires, bien que douées de propriétés diverses, se groupent en des corps de formes et de grosseurs différentes, obéit partout, suivant les mêmes règles, à des forces appelées attraction, choc, vitesse acquise, force vive, action centrifuge et centripète. Le calcul ne peut ni évaluer la quantité absolue de cette matière, ni en mesurer les parties constitutives, lesquelles échappent par leur prodigieuse ténuité à nos moyens d'investigation ; mais il en détermine les rapports de grandeur, de masse et d'étendue ; il en poursuit dans l'analyse mathématique les rapports géométriques jusqu'au moment même où, par leur extrême petitesse, elles s'approchent du néant. Répandue dans tout l'univers par agrégations inégalement riches et cohérentes, cette matière obéit non-seulement à des forces extérieures dont nous reconnaissons les directions et les intensités relatives, mais elle subit encore l'action d'autres forces se traduisant non plus par des changements brusques dans la forme, des translations plus ou moins rapides dans l'espace, mais se manifestant par des modifications intérieures, des changements dans la constitution intime, d'où naissent pour elle des propriétés nouvelles : ce sont les forces physiques, les agents impondérables, qui ne sont eux-mêmes que des effets d'une mécanique plus délicate et plus difficile à constater, où les forces, agissant par des vibrations, des ondulations et des courants, s'annoncent sous des apparences différentes qui constituent les phénomènes généraux de l'univers, la chaleur, la lumière, l'électricité, le magnétisme, le son, toutes modifications passagères ou durables, quoique non essentielles, des corps. Elles tiennent à des actions du même ordre, bien qu'infiniment moins étendues que les forces mécaniques; elles sont liées entre elles par des analogies qui font pressentir une communauté d'origine et semblent dénoter les effets différents d'un même principe diversement appliqué. Ces forces s'engendrent les unes les autres; il ne nous est pas plus possible de les créer que de créer la matière; tout ce que nous pouvons, c'est amener les conditions où elles se produisent. Elles déroulent à nos yeux un enchaînement de phénomènes dont le point de départ échappe à notre puissance, comme à notre entendement [1], et qu'il faut aller chercher dans une force intelligente et cachée dont notre propre intelligence nous offre un type infiniment affaibli et rapetissé. La lumière naît de l'électricité ou de la chaleur; la chaleur et l'électricité se développent par le frottement, qui est un mouvement mécanique. Ce mouvement mécanique est produit par une cause motrice qui est mise en action par un de ces agents physiques, électricité, magné-

---

[1] Voy. à ce sujet les observations consignées dans le beau livre de M. W.-R. Grove, intitulé : *The correlation of physical forces*, 4ᵉ éd., p. 264 (Londres, 1862).

tisme, chaleur, se développant par suite de l'affinité chimique, et l'affinité chimique à son tour naît des groupements différents de molécules que nous constatons, qui nous servent à distinguer et à classer les corps dont nous reproduisons, en mettant à profit les lois de la nature, les composés binaires, tertiaires, quaternaires, etc., mais dont nous ne pouvons créer les éléments premiers et simples. Y parviendrions-nous, nous serions ramenés à un plus petit nombre d'éléments, peut-être à un élément unique dont les mille combinaisons auraient engendré tous les corps, mais que nous ne saurions refaire.

Ainsi ce que la science cherche et trouve, ce sont les propriétés qui naissent des agrégations diverses de la matière, agrégations passagères ou permanentes, selon qu'elles se montrent propres à résister plus ou moins longtemps aux forces que leur opposent d'autres corps, constitués d'après des principes semblables. Ces agrégations, nous comptons et nous décrivons celles qu'a enfantées la nature, nous en faisons naître de nouvelles qui lui étaient étrangères. Que les molécules entrent dans un contact plus intime et plus puissant que celui qui est dû aux masses grossières et aux formes sensibles, qu'elles se pénètrent et se combinent, alors apparaissent des propriétés nouvelles que ne possédaient pas les composants. Les lois chimiques interviennent là où ni le calcul des forces mécaniques, ni celui des actions physiques générales n'est applicable. On ne saurait prévoir par ces calculs les propriétés alors tout à coup manifestées ; on les constate simplement par l'observation ; on les utilise pour décomposer et recomposer les corps. Les molécules s'appellent et se groupent suivant des arrangements plus ou moins systématiques où la géométrie retrouve ses principes et les formes régulières qu'elle sait mesurer, mais où l'action produite reste le secret de la nature. Là encore, il semble y avoir une intervention des lois de la mécanique et de la physique, une influence des formes dont l'infinie petitesse échappe à nos plus puissants moyens de grossissement. Mais comment se distribuent et s'agencent ces actions latentes, nous l'ignorons et nous en représentons seulement les effets par des nombres qui expriment les rapports d'affinité et les proportions de molécules d'ordres différents.

Enfin, au sein d'un grand nombre de ces composés, qui, sans individualité et sans spontanéité, obéissent aveuglément aux actions auxquelles nous les soumettons, apparaît une force nouvelle qui n'est ni la pesanteur, ni la chaleur, ni l'électricité, ni l'affinité, mais qui se sert de toutes ces forces pour créer des organismes vivants, d'une existence limitée et de structure différente, bien que dérivés d'un même type. Cette force, qu'on l'appelle âme, force vitale, principe animateur, peu importe ; ce qu'il suffit de savoir, c'est qu'elle n'est pas la matière que nous touchons et qui nous obéit. Et cependant elle ne se manifeste à nous que là où cette matière existe, combinée d'une certaine façon ; elle lutte souvent contre elle et l'oblige à exécuter ses commandements, tout en en subissant à son tour l'influence. Elle s'élève par degrés jusqu'à la conscience de son existence. Elle se transmet, elle ne se crée pas ; et pour que la vie passe d'un être à un être nouveau, il faut le concours d'organes spéciaux, d'êtres déjà animés, grâce à une transmission antérieure. Cette vie, elle règle et coordonne les mouvements du composé à la formation duquel elle a présidé, jusqu'au jour où, cédant à l'action destructive des causes qui l'entourent, l'organisme perd son individualité et livre ses parties aux actions physiques et chimiques contre lesquelles la vie réagissait. La vie elle-même n'est qu'une succession de phénomènes qui se répètent, en se modifiant ; elle puise dans toute la nature les matériaux qu'elle utilise et qu'elle rejette successivement, sans cesser d'être elle-même. Parvenue à sa plus haute manifestation, elle assujettit, dans de certaines limites, la nature à sa volonté, la discipline et l'interroge.

Matière, force mécanique, force intelligente, trois facteurs de l'univers dont le principe est aussi impénétrable que l'essence.

Voilà en résumé à quelles vues nous a conduit le travail de trois siècles, l'œuvre à laquelle l'ancienne Académie des sciences a pris une part si active. L'esprit humain a d'abord reconnu les phénomènes généraux ; puis il est descendu dans les détails qui, rapprochés, l'ont ramené à mieux comprendre et à mieux embrasser les faits universels. La découverte de ces grands faits, préparée par une recherche patiente et sévère, a demandé des intelligences aussi pénétrantes qu'étendues ; la constatation, au contraire, des détails fut due à un esprit d'exactitude et d'attention qui ne réclamait pas tant de génie. A mesure que la tâche s'accroît, que l'on creuse davantage, les études particulières prennent la place des conceptions d'ensemble qui les ont précédées et suggérées, et, réunies à leur tour, elles diront mieux et plus complétement ce que le génie avait pressenti. Nous sommes arrivés à un moment où les recherches spéciales font plus avancer la science que les aperçus généraux, où il est de plus en plus difficile de prévoir un ensemble de phénomènes, mais où il ne sert de rien de le tenter, tant qu'on n'a pas le moyen de vérifier dans les détails l'exactitude de cette vue synthétique. L'observation, faite avec méthode et vigilance, nous en apprendra plus que les théories ambitieuses qui demandaient jadis pourtant le plus de force d'esprit et de hauteur d'idées. Jamais on n'a mieux senti la vérité de ce que disait Cicéron : « *Quod assiduus usus uni rei deditus et ingenium et artem sæpe vincit* [1]. » Les futurs académiciens serviront donc plus efficacement le progrès des sciences, avec une moindre dépense de génie, ou pour mieux dire, le génie ne deviendra, comme le définissait Buffon, qu'une longue patience ; ce que les hommes des anciennes Académies ne firent qu'entrevoir, à force de sagacité et d'invention, leurs héritiers le connaitront dans tous les détails, à force d'observation et de constance.

[1] *Pro Balbo*, 20.

TABLE ANALYTIQUE

DES MATIÈRES CONTENUES DANS L'HISTOIRE DE L'ANCIENNE ACADÉMIE DES SCIENCES.

	Pages
L'Académie des sciences est du petit nombre des établissements qui datent de l'ancien régime.	1
Pourquoi l'Institut se rattacha aux anciennes Académies.	3
Intérêt de l'histoire de l'Académie des sciences.	5
L'ancienne et la nouvelle Académie des sciences.	6
Tableau du mouvement scientifique au moment de la création de l'Académie des sciences.	6
Premières sociétés scientifiques en Europe.	9
Réunion chez Montmort.	10
Fondation de l'Académie des sciences par Colbert.	10
Premiers membres de l'Académie des sciences.	11
Caractère des premiers travaux de l'Académie.	13
Duhamel, son premier secrétaire perpétuel.	14
Le trésorier de l'Académie.	15
Expériences et observations en commun.	15
Sujets dont s'occupa d'abord l'Académie.	16
Travaux sur les plantes.	16
Variété de connaissances des Académiciens.	18
Caractère et travaux des anatomistes.	19
Opposition des anatomistes et des géomètres.	19
Travaux de Roberval et de Mariotte.	20
Les astronomes de l'Académie.	20
L'Académie n'a encore que le caractère d'une commission scientifique.	21
Savants étrangers appelés en France et admis à l'Académie, Huyghens, Rœmer, Cassini, Tschirnhausen, Hartsœker, etc.	21

356 TABLE ANALYTIQUE.

Position dépendante des académiciens.	24
Travaux de la carte du royaume.	24
Traités de mécanique commandés à l'Académie.	25
Visite de Louis XIV à l'Académie.	25
Luttes au sein de l'Académie.	26
Claude Perrault.	27
Discussions d'anatomie.	28
Physionomie des académiciens.	29
Quelques portraits d'académiciens.	29
Correspondance étendue des académiciens.	31
Voyage de Picard et de Richer.	31
Discussion sur l'aplatissement de la Terre.	32
Importance qu'avait l'astronomie.	33
Nombreuses observations astronomiques et observatoires du temps.	34
Les physiciens de l'Académie, anatomistes et chimistes.	35
Influence bienfaisante de Colbert sur les travaux de l'Académie.	37
Influence fâcheuse de Louvois.	37
Caractère nouveau pris par les travaux des académiciens.	38
Influence de l'égoïsme de Louis XIV.	38
Décadence de l'Académie.	40
Reconstitution de l'Académie en 1699, par Pontchartrain.	41
Le nouveau règlement.	41
Fontenelle, secrétaire perpétuel.	43
Caractère de l'organisation nouvelle.	44
Fruits portés par le nouveau règlement.	45
L'Académie se met en rapport avec les savants étrangers.	46
Encouragements donnés à la Compagnie.	48
Influence de Fagon.	48
Résultats de l'admission dans la Compagnie de membres nouveaux.	49
Lutte du cartésianisme et du newtonianisme.	49
Discussion sur le calcul infinitésimal.	50
Dispute sur la physique newtonienne.	52
Caractère de ces luttes.	55
L'éducation scientifique du temps.	56
L'Académie et ses rivales étrangères.	57
Les deux hommes qui exerçaient alors la plus grande influence à l'Académie.	57
Clairaut.	57
Réaumur.	61

Progrès dans les différentes branches des sciences mathématiques et physiques dus à l'Académie pendant la première moitié du dix-huitième siècle........................	63
Progrès dans la géométrie............................	64
— dans la mécanique.........................	67
— dans l'astronomie.........................	68
Popularité de cette science...........................	69
Usage des télescopes................................	69
Divers travaux d'astronomie..........................	70
Physique météorologique.............................	72
Travaux sur l'optique...............................	72
Voyage de La Condamine............................	73
Voyage de Maupertuis...............................	74
Caractère de La Condamine..........................	75
Voyage de Lacaille..................................	76
Description de la méridienne.........................	79
Carte de Cassini....................................	79
Progrès de la cartographie et de l'hydrographie...........	80
— de la science des machines....................	81
— de l'art nautique............................	82
Influence de l'Académie dans les questions de marine.......	84
— dans les questions militaires...................	84
Progrès de la balistique..............................	85
— dans l'art de l'ingénieur......................	86
Le calcul des probabilités............................	86
Nouveaux caractères de la physique...................	88
Science de la lumière — système de Newton.............	89
Observation d'aurores boréales. — Mairan..............	91
Travaux de Bouguer................................	91
Progrès des autres branches de la physique.............	91
Travaux sur le calorique.............................	92
Progrès de l'hygrométrie.............................	93
Travaux sur l'acoustique. — Sauveur..................	94
Expériences sur la vitesse de la propagation du son........	96
Premiers travaux sur l'électricité......................	97
Du Fay et Buffon...................................	98
Problème de la capillarité............................	98
Application de plus en plus étendue des mathématiques à la physique...	98
Premiers travaux de l'Académie sur la chimie, au dix-huitième siècle..	101

Étienne Geoffroy.. 102
Senac fait connaître Stahl.. 104
Louis Lémery et Claude-Joseph Geoffroy................. 104
Duhamel du Monceau, chimiste............................... 106
Hellot... 106
Premiers travaux sur la métallurgie........................... 107
Travaux sur la minéralogie... 107
Guettard, minéralogiste... 107
Travaux de Tournefort... 108
Divorce entre la botanique descriptive et la physiologie végétale. 108
Publication des premières flores. — S. Vaillant........... 109
Voyage de Linné à Paris.. 109
Création de jardins botaniques................................... 110
Du Fay placé à la tête du Jardin du roi..................... 110
Les Jussieu.. 111
Voyages de botanistes... 112
Importation en Europe de plusieurs plantes médicales. 112
Progrès de la physiologie végétale............................. 114
Travaux de Duhamel du Monceau.............................. 114
Buffon succède à Du Fay... 116
Buffon fait connaître les travaux de Hales.................. 116
Emploi du microscope.. 117
Progrès de la zoologie dus à des voyages................. 118
Publication de figures d'animaux. — Marie-Sybille, Mérian. 118
L'anatomie et la zoologie cultivées séparément........ 119
Travaux de Réaumur sur les insectes........................ 119
Correspondants de Réaumur...................................... 120
Hérissant et Brisson ses collaborateurs..................... 121
Petit nombre de travaux relatifs à la zoologie, lus à l'Académie pendant la première moitié du dix-huitième siècle.... 121
Travaux sur la conchyliologie..................................... 122
Observations sur les polypes et les infusoires Trembley 123
Discussion sur la nature du corail.............................. 123
Travaux sur l'anatomie et la physiologie humaines.... 124
Méry, Duverney et Littre.. 125
Querelle sur la circulation du sang du fœtus.............. 126
Discussion sur la génération...................................... 128
Les ovistes et les spermatistes.................................. 130
Publication de la *Vénus physique* de Maupertuis..... 132
Successeurs de Méry, de Littre et de Duverney à l'Académie, Pourfour du Petit... 133

Jean-Louis Petit et Helvétius........................ 135
Ferrein et Winslow................................. 137
S. Morand... 138
Le remède de mademoiselle Stephens................. 139
Senac... 140
Lecat... 141
Travaux de Winslow................................ 141
Discussion sur les monstruosités.................... 145
Le Peyronie et le siége de l'âme.................... 148
Intervention de l'anatomie zoologique dans les discussions, naissance de l'anatomie comparée.................... 149
Premiers travaux sur la paléontologie, Antoine de Jussieu et Sauvages de La Croix............................ 150
Systèmes de cosmogonie de Maillet et Buffon........ 152
Progrès de la méthode analytique et inductive....... 153
Alliance des sciences et des lettres................. 154
Les philosophes s'initient au progrès des sciences... 155
La question des forces vives. Madame du Châtelet et Voltaire. 156
La question de la moindre action. — Maupertuis..... 158
Popularité de l'Académie des sciences............... 160
État de l'enseignement scientifique en France....... 160
Direction attribuée à l'Académie sur les questions d'industrie. 161
Sa fréquente incompétence......................... 162
Position faite aux savants......................... 162
Importance croissante des sciences................. 163
Mairan succède à Fontenelle........................ 163
Grandjean de Fouchy, successeur de Mairan......... 164
Condorcet élu secrétaire perpétuel.................. 165
Opposition de Buffon et de D'Alembert, leur caractère différent. 165
Multiplicité des candidatures....................... 168
Proposition de Borda sur le mode d'élection......... 168
Choix d'académiciens étrangers..................... 168
Daniel Bernoulli et Euler........................... 169
Autres associés étrangers de l'Académie............ 170
Prix fondé par Rouillé de Meslay................... 171
Recueil des prix................................... 171
— des savants étrangers........................... 172
Les diverses publications de l'Académie, *La Connaissance des temps*.. 172
Traités d'arts et métiers publiés par l'Académie..... 173
Approbations données par l'Académie à diverses inventions... 174

TABLE ANALYTIQUE.

Anecdote relative à Marat..................................	174.
Recueil de *machines de l'Académie*......................	175
Vaucanson...	176
Caractère des séances de l'Académie.....................	177
Visite de grands personnages..............................	178
— du roi de Danemark, de la Suède, de l'empereur d'Autriche, de Paul Ier..	179
Pierre le Grand, membre de l'Académie des sciences....	180
Goût de quelques grands seigneurs pour les sciences...	182
Magistrats appartenant à l'Académie des sciences.......	183
Nouveau caractère du mouvement scientifique dans la seconde moitié du dix-huitième siècle................................	183
Progrès de l'algèbre...	185
— du calcul infinitésimal.............................	186
Naissance de la géométrie descriptive....................	188
Nouvelles applications du calcul des probabilités.......	188
Travaux de statistique......................................	188
Progrès de la mécanique. — D'Alembert et Daniel Bernoulli.	190
Progrès de l'art de l'ingénieur.............................	192
Montalembert et D'Arcy.....................................	192
Travaux de Perronet..	193
Mémoires de Monge sur les remblais et les déblais.....	193
La machine à vapeur. — Le marquis de Jouffroy........	193
Progrès des instruments d'optique et d'horlogerie......	194
Leroy, Lepaute...	194
Perfectionnement des lunettes. — Boscovich............	196
Améliorations à l'Observatoire............................	197
Observation du passage de Vénus sur le Soleil..........	197
Voyages de Pingré, de Chappe d'Auteroche et de Legentil...	198
Observation du passage de la Lune sur le Soleil.........	200
— du passage de Mercure sur le Soleil...........	200
Catalogues d'étoiles. — Lalande.........................	201
Travaux de D'Agelet et de Messier.......................	202
Progrès de la mécanique céleste dans la seconde moitié du dix-huitième siècle..	203
Travaux de D'Alembert.....................................	203
— de Lagrange...	204
Lagrange naturalisé français...............................	205
Travaux de Laplace..	205
Autres recherches sur la mécanique céleste.............	206
Sylvain Bailly...	207

Travaux de Pingré.. 208
Progrès de l'hydrographie et de l'art nautique............. 208
Mémoire de Laplace sur les marées........................ 209
Services rendus à l'art nautique par Pingré, le marquis de
    Courtanvaux et divers autres académiciens............. 209
Voyages entrepris pour essayer les chronomètres de Leroy et de
    Berthoud.. 209
Voyages autour du monde. — Bougainville, Kerguelen, Borda. 210
Progrès de la cartographie dans la seconde moitié du dix-hui-
    tième siècle.. 211
Les principes nouveaux de la physique pénètrent dans l'ensei-
    gnement.. 212
Travaux des Anglais sur la chaleur........................ 212
    — sur la météorologie................................ 212
Le P. Cotte et J.-D. Cassini.............................. 213
Recherches de Messier et de Pingré........................ 213
Travaux de Deluc sur l'hygrométrie....................... 214
    — sur les aréomètres. Baumé......................... 214
Mémoire de Laplace et de Lavoisier sur les chaleurs spécifiques. 214
De la nature de la chaleur; sa théorie mathématique........ 215
Aperçu sur l'histoire de l'électricité........................ 216
Systèmes de Du Fay et de l'abbé Nollet................... 216
La bouteille de Leyde...................................... 217
Travaux de Franklin....................................... 218
Les deux électricités....................................... 218
Identité de la force électrique et de la foudre............ 219
Expériences de Franklin................................... 219
    — de Buffon, de Dalibard et de Romas................. 220
Autres expériences sur la foudre........................... 221
Les paratonnerres.. 221
Discussion dans l'Académie sur les systèmes opposés de Du
    Fay et de l'abbé Nollet................................. 221
Travaux de Leroy et d'autres académiciens................. 221
Franklin à Paris.. 222
Travaux de Coulomb....................................... 223
Application de l'électricité à la médecine.................. 223
Recherches sur la torpille.................................. 224
Premiers travaux sur le magnétisme terrestre.............. 224
Observations sur l'aiguille aimantée....................... 226
Travaux de Coulomb....................................... 226
Progrès de l'optique....................................... 227

Travaux de Haüy, Rochon, Dionis du Séjour et de D'Arcy...	228
Découverte des ballons.................................	229
Expériences de Montgolfier et de Charles................	230
Travaux de Charles et de Lemonnier.....................	233
Progrès de la chimie pendant la seconde moitié du dix-huitième siècle..	233
Rouelle et Macquer.....................................	234
Darcet..	236
Découvertes de Bayen et de Priestley....................	237
Lavoisier...	238
Travaux de Lavoisier sur la chimie organique.............	242
Chaptal...	243
Idée de Lavoisier sur la constitution générale des êtres......	244
Progrès que Lavoisier fait faire à la méthode expérimentale...	247
Autres chimistes de la seconde moitié du dix-huitième siècle.	248
Guyton de Morveau.....................................	249
Intervention de l'Académie dans des questions d'industrie....	250
Concours sur le salpêtre................................	251
Travaux de Berthollet...................................	252
Fourcroy..	253
Progrès de la minéralogie dans la seconde moitié du dix-huitième siècle..	255
Travaux de Daubenton et de Buffon......................	256
Travaux de Lassone et de Sage..........................	257
Progrès de la métallurgie. Dietrich et Cl. Morand.........	258
Werner..	259
Observations sur les volcans............................	260
Travaux de Guettard....................................	260
Dolomieu..	261
Hypothèses de Buffon...................................	262
Naissance de la cristallographie. — Haüy.................	264
Progrès de la physiologie végétale.......................	268
Travaux faits à l'étranger...............................	268
— dus à des académiciens........................	269
Progrès de la botanique descriptive......................	270
Botanistes voyageurs...................................	270
Publications de flores...................................	271
L'horticulture représentée à l'Académie. Thouin...........	272
Les professions manuelles élevées à la hauteur de carrières scientifiques......................................	273
Progrès de la classification botanique. Adanson et les Jussieu.	274

Lamarck	275
Les herborisations à la mode	275
Relations de Linné avec l'Académie	276
Progrès de l'agriculture	276
Tillet et Tessier	276
L'économie politique à l'Académie des sciences	277
Quesnay, De Gua et Turgot	278
Parmentier	279
Progrès de la zoologie dans la seconde moitié du dix-huitième siècle	279
L'histoire des animaux de Buffon	280
Rivalité de Réaumur et de Buffon	280
Daubenton, collaborateur de Buffon	281
Travaux de Daubenton sur la zoologie	282
Cours d'histoire naturelle à Paris	283
Guéneau de Montbeillard et l'abbé Bexon, collaborateurs de Buffon	283
Travaux de Sonnini de Broussonet et d'autres zoologistes	284
Caractère des travaux de Buffon sur les animaux	286
Travaux de Buffon sur l'embryogénie	287
Ce que le Jardin du roi doit à Buffon	287
Expériences de Daubenton sur les laines	288
Progrès de l'art vétérinaire. Bourgelat	289
L'anglomanie	290
Les écoles vétérinaires	290
Travaux sur l'ostéologie	290
Les anatomistes de l'Académie pendant la seconde moitié du dix-huitième siècle	291
Travaux de l'abbé Nollet sur l'application de la physique à la physiologie	292
Progrès de la physiologie. Vicq-d'Azyr, Haller	293
L'anthropologie. Camper et Meckel	294
Travaux de Bordeu	294
Les anatomistes de l'Académie repoussent la physiologie	295
La nouvelle école physiologique. Bichat, Stahl	296
Observations de psychologie dans ses rapports avec la physiologie	297
Progrès de l'anatomie comparée	298
État de cette science en France et à l'étranger dans la seconde moitié du dix-huitième siècle	299
Travaux de Vicq-d'Azyr, de Daubenton et de Broussonet, sur l'anatomie comparée	300

Naissance de la paléontologie. — Idées de Buffon............ 302
Travaux de Guettard, de Hunter, de Camper et de Daubenton. 303
Affaiblissement des travaux de médecine à l'Académie des sciences, pendant la seconde moitié du dix-huitième siècle.. 304
Communications sur la rage....................... 305
Travaux de Bordenave et de Lieutaud.................. 305
Discussion sur l'inoculation........................ 306
Rapport de l'Académie sur les hôpitaux de Paris........... 309
— sur le magnétisme animal..................... 310
Position faite à l'Académie à cette occasion............... 313
Rapport de l'Académie sur les tueries de Paris............. 316
— sur la fabrication des cidres de Normandie......... 316
Le tarif du pain de Rochefort soumis à l'Académie. Travaux de Tillet sur la panification..................... 317
L'assemblée des états de la Haute Guienne consulte l'Académie sur la réforme du cadastre..................... 319
Fondation d'un prix par M. de Montyon................. 319
Travaux couronnés............................. 319
L'Académie, quoique consultée souvent par l'État, reste en dehors de la politique............................. 319
Membres de l'Académie envoyés aux états généraux et à l'Assemblée législative............................. 320
L'Assemblée constituante charge l'Académie de présenter un nouveau système de poids et mesures................. 321
Travaux antérieurs déjà entrepris à ce sujet................ 321
L'Académie fait commencer les travaux.................. 322
— chargée de présenter un plan de réforme des monnaies............................. 322
Progrès déjà accomplis dans les procédés auxquels on devait avoir recours pour l'établissement des nouveaux poids et mesures.................................. 323
L'Académie s'entend avec l'observatoire de Greenwich...... 324
Travaux de la mesure d'un arc du méridien, repris après la suppression de l'Académie........................ 324
Travaux de Delambre, Méchain et Borda................ 324
Invention du télégraphe.......................... 325
Services rendus par Meusnier, Tessier et d'autres membres de l'Académie................................. 326
Séances de l'Académie en 1792..................... 326
Les séances suspendues.......................... 327
Derniers rapports du pouvoir exécutif avec l'Académie...... 328

Dissolution de la Compagnie	328
Services rendus à la patrie par Fourcroy, Berthollet, Monge et divers académiciens	329
Lakanal fait rendre par la Convention un décret destiné à sauver l'existence de l'Académie des sciences	330
Mort de Condorcet, Bailly et Lavoisier	331
Mort de divers autres académiciens	332
Le 9 thermidor	332
Pertes éprouvées par l'Académie pendant la période révolutionnaire	333
La destruction de l'Académie est consommée	333
Fondation de l'Institut	334
Son premier mode de division	335
La distribution de la première classe de l'Institut rapprochée de celle de l'ancienne Académie	336
Principe de l'unité consacré par la fondation de l'Institut	338
Réorganisation de l'Institut en 1803	338
Rétablissement des anciennes Académies comme divisions de l'Institut, en 1816	339
Les lettres reprennent le pas sur les sciences	339
La nouvelle Académie des sciences	340
Ses illustrations	341
Son caractère nouveau	341
Son rôle	342
Aperçu de l'état des sciences au moment de la suppression de l'ancienne Académie	343
La méthode scientifique au siècle dernier	346
Caractère de la science à cette époque	347
— de la science actuelle	347
Ce qu'elle nous apprend de la nature	348
L'ancienne science et la nouvelle	352

FIN DE LA TABLE ANALYTIQUE.

TABLE GÉNÉRALE

DES NOMS DES MEMBRES DE L'ANCIENNE ACADÉMIE DES SCIENCES

ET DES AUTRES NOMS CITÉS DANS CET OUVRAGE

OBSERVATION. — Les noms de ceux qui ont appartenu à l'Académie des sciences à titre de membre honoraire, pensionnaire, adjoint, élève, associé regnicole ou étranger, sont écrits en lettres italiques. On a marqué d'un astérisque (*) le nom des académiciens qui n'ont point été mentionnés dans le cours de l'ouvrage. A chacun des membres de l'Académie se trouvent jointes les indications de mort et de naissance qui n'avaient pas été données dans le texte ou les notes [1] ; elles permettront de distinguer les uns des autres les académiciens qui ont porté le même nom.

A

Adanson (Michel), né à Aix (Bouches-du-Rhône) en 1727, mort en 1806, p. 270, 274, 284, 326.

Æpinus, physicien allemand, p. 218, 340.

* *Aguesseau* (Henri-François d'), chancelier de France, né à Limoges en 1668, membre honoraire en 1728, mort en 1751.

* *Aguesseau de Valjouan* (Joseph-Antoine d'), né vers 1680, membre honoraire en 1730, mort en 1744.

* *Aiguillon* (Armand *du Plessis de Richelieu*, duc d'), né à Londres, en 1683, membre honoraire en 1744, mort en 1750.

Albinus, p. 142, 294.

---

[1] L'orthographe de quelques noms qui n'a point toujours été exactement donnée dans l'ouvrage par suite d'erreur typographique, est rétablie dans cette table. C'est ainsi qu'on y trouvera écrits : *Bourdelin* pour *Bourgelin*, *La Pérouse* pour *La Peyrouse*, *Perronet* pour *Perronnet*, etc. On pourra conséquemment avoir recours à cette table en guise d'*errata*.

Aldrovande, naturaliste bolonais, p. 8, 107.

Amelot (Jean-Jacques), ministre secrétaire d'État, né à Paris en 1689, membre honoraire en 1742, mort en 1749.

*Amelot, ministre secrétaire d'État né en ......, membre honoraire en 1777, mort en 1794.

Amontons (Guillaume), né à Paris en 1663, mort en 1705, p. 62, 93, 100, 325.

Ampère, physicien et géomètre, membre de l'Institut, p. 341.

*Andouillé, chirurgien, associé libre en 1765, mort vers 1792.

Angiviller (*Labillarderie*, comte d'), associé chimiste en 1772, puis pensionnaire, p. 332, 333.

Antheaume, physicien français, p. 245.

Argenson (Marc-René de *Voyer*, marquis d'), garde des sceaux, né à Venise en 1652, membre honoraire en 1716, mort en 1721.

Argenson (René-L. *Voyer*, marquis d'), ministre des affaires étrangères, fils du précédent, p. 44.

* *Argenson* (Pierre-Marc *Voyer*, comte d'), frère du précédent, ministre de la guerre, né à Paris en 1699, membre honoraire en 1726, mort en 1764.

Arago (F.), astronome et physicien, membre de l'Institut, p. 309, 341.

Areskins, p. 181.

Arlandes (le marquis d'), associé surnuméraire, né en Languedoc, mort en   , p. 232.

Artedi, p. 122.

Astruc (Jean), médecin et érudit, né à Sauve (Gard) en 1684, mort en 1766, p. 62, 244.

* *Aubert*, élève anatomiste en 1707, mort en 1714.

Aublet, p. 270.

Audry, p. 311.

Auzout (Adrien), né à Rouen en 1666, mort en 1691, p. 11.

Ayen (Jean-Paul-François de Noailles duc d'), né en 1739, membre honoraire en 1777, mort membre libre de l'Institut en 1824, p. 200.

B

Bailly (Jean-Sylvain), né à Paris en 1736, entré à l'Académie en 1770, p. 165, 166, 199, 207, 208, 309, 310, 312, 316, 326, 331.

Banks (Sir Joseph), naturaliste et voyageur, né à Londres en 1743, correspondant, puis associé étranger en 1787, mort en 1820, p. 284.

Baron (Th.), né à Paris en 1715, entré à l'Académie en 1752, mort en 1768, p. 101.

Barrère (P.), correspondant, p. 143.

Barthez (Paul-Joseph), médecin et érudit, né à Montpellier en 1734, associé libre en 1782, mort en 1806, p. 296.

Bartholin (Th.), p. 8, 90.

Basnage, correspondant, p. 47.

Baumé (Antoine), né à Senlis

(Oise) en 1728, entré à l'Académie en 1773, associé de l'Institut en 1796, mort en 1804, p. 173, 248, 316.

Bayen (Pierre), p. 237, 238.

* Beaufort (de), mécanicien, nommé à l'Académie en 1721, mort en 1728.

Beautemps-Beaupré, hydrographe, membre de l'Institut, p. 341.

* Beauvillières (de), mécanicien, nommé à l'Académie en 1699, mort en 1717.

Beccaria (le P.), p. 221.

Béclard, anatomiste et physiologiste, p. 295.

Bellin, p. 208.

* Bélidor (Bernard Forest de), né en Catalogne en 1697, associé libre en 1756, mort en 1761.

* Berger (Claude), chimiste, rentré à l'Académie en 1699, mort en 1712.

Bergman (Tornberg), chimiste, né à Catharineberg, (Westrogothie) en 1735, associé étranger de l'Académie en 1782, mort en 1784, p. 101.

Bernard (Claude), physiologiste, membre de l'Institut, p. 295.

Bernoulli (Jacques), né à Bâle en 1654, mort en 1705, associé étranger, p. 23, 67, 245.

Bernoulli (Jean), frère du précédent, né à Bâle en 1667, mort en 1748, associé étranger, p. 23, 53, 67, 83, 157.

Bernoulli (Nicolas), fils du précédent, mort en 1726, p. 87, 88.

Bernoulli (Daniel), frère du précédent, né à Bâle en 1700, mort en 1782, associé étranger en 1748, p. 83, 84, 88, 93, 96, 169, 190, 191, 306.

* Bernoulli (Jean), frère du précédent, physicien et géomètre, né à Bâle en 1710, associé étranger en 1782, mort en 1790.

Berthier, intendant de Paris, p. 290.

Berthier, minéralogiste, membre de l'Institut, p. 341.

Berthollet (Claude-Louis), né à Talloise (Savoie) en 1748, entré à l'Académie en 1784, mort en 1822, p. 252, 253, 316, 323, 326, 329, 330.

Berthoud, horloger, p. 194, 210, 341.

Bertier (le P.), né à Aix, correspondant, p. 120.

Bertin (E.-J.), p. 291, 292.

* Bertin (Henri-Léonard J.-B.), ministre d'État, né en Périgord en 1719, membre honoraire en 1761, mort en 1793.

* Bessé (de) La Chapelle-Milon, mort en 1692.

Bessel, astronome allemand, associé étranger de l'Institut, p. 202.

Bexon (l'abbé), p. 283, 284.

Bezout (Etienne), né à Nemours (Seine-et Marne) en 1730, entré à l'Académie en 1758, mort en 1783, p. 185, 257.

Bianchini (François), né à Vérone en 1682, associé étranger en 1706, mort en 1729, p. 47.

Bichat, anatomiste, p. 296.

Bignon (l'abbé Jean-Paul), né à Paris en 1662, membre honoraire, mort en 1743, p. 41, 48, 51.

Bihéron (Mlle), p. 180.

Black (Joseph), chimiste et physicien anglais, né à Bordeaux en 1728, associé étranger en 1789, mort en 1799, p. 106.

Biot (J.-B.), physicien et astronome, membre de l'Institut, p. 207, 344.

Blainville (Ducrotay de), naturaliste, membre de l'Institut.

Blégny (Nicolas de), p. 143.

Blondel (François), né à Ribemont (Aisne) en 1617, mort en 1686, p. 40, 43, 38, 39, 85.

* *Blondin* (Pierre), botaniste, né à Vimeux (Somme) en 1682, élève à l'Académie en 1712, mort en 1713.

Bochart de Saron (J.-B.-Gaspard), né à Paris en 1730, mort en 1794, membre honoraire en 1779, p. 483, 334.

Boerhaave (Herman), né à Voorhout, près Leyde, en 1668, mort en 1738, associé étranger en 1731, p. 111, 138, 170, 293.

Bœtticher, p. 236.

Boileau, p. 12.

* *Bomie*, géomètre, nommé à l'Académie en 1714, mort en 1727.

Bonaparte (le général), p. 192.

Bonfa (le P.), correspondant, p. 35, 47.

Bonnet (Charles), physicien et naturaliste, né à Genève en 1720, mort en 1793, correspondant, puis associé étranger en 1783, p. 420, 268, 301.

Borda (de), correspondant, p. 483.

Borda (Jean-Charles chev. de), géomètre et navigateur, né à Dax (Landes) en 1733, entré à l'Académie 1756, mort membre de l'Institut en 1799, p. 84, 168, 191, 210, 211, 322, 323, 325, 326, 328, 340.

Bordenave (Toussaint), médecin, né à Paris en 1728, associé en 1774, mort en 1782, p. 291, 292.

Bordeu (Th. de), correspondant, p. 292, 295.

Borel (Pierre), antiquaire et chimiste, né à Castres (Tarn) vers 1620, mort en 1689, p. 18.

Borelli (J.-A.), physicien italien, p. 8, 27, 47.

Bory (Gabriel de), associé libre en 1772, p. 199, 312.

Boscovich (le P.), correspondant, p. 196.

Bossuet, p. 24.

Bossut (l'abbé Charles), géomètre, né à Tartaras (Loire) en 1730, nommé à l'Académie en 1768, mort en 1814, p. 84, 234, 349, 326.

Bougainville (Louis-Antoine de), navigateur, né à Paris en 1729, nommé à l'Académie en 1789, mort en 1811, p. 210, 274, 340.

Bouguer (Pierre), né au Croisic (Loire-Inférieure) en 1698, entré à l'Académie en 1731, mort en 1758, p. 73, 75, 83, 84, 93.

Boulduc (Simon), né en ....., entré à l'Académie en 1694, mort en 1729, p. 404.

* *Boulduc* (Gilles-François), fils du précédent, né à Paris en 1675, entré à l'Académie en 1699, mort en 1742.

Bourdelin (Claude), né à Ville-

franche (Rhône) en 1621, mort en 1699, p. 12, 16, 18, 30, 126.
Bourdelin (Claude-Louis), médecin et chimiste, né à Paris en 1696, mort pensionnaire en 1777, p. 101.
* Bourdelin (Claude), né à Paris en 1667, associé en 1699, mort en 1711.
* Bourdelin (L.), chimiste, nommé à l'Académie en 1727, mort en 1783.
Bourdelot (l'abbé), p. 28.
Bourgelat, correspondant, p. 289, 290.
Bourzeis (l'abbé Amable de) né à Volvic (Puy de Dôme) en 1606, mort en 1672, p. 12.
Bouvard, astronome, membre de l'Institut, p. 341.
Bouvart (Michel-Philippe), médecin, né à Chartres, en 1707, nommé à l'Académie en 1743, mort en 1787.
* Boyer (Jean-François), évêque de Mirepoix, né à Paris en 1675, membre honoraire en 1738, mort en 1755.
Boyle (Robert), physicien irlandais, p. 7, 17, 36, 92, 93.
Bradley (James), astronome anglais, né à Shireborne (Glocestershire) en 1692, associé étranger en 1748, mort en 1762, p. 70, 71, 73, 201, 204.
* Brageloyne (l'abbé Christophe Bernard de), géomètre, né à Paris en 1688, nommé associé de l'Académie en 1728, mort en 1744.
Bréguet, horloger, membre de l'Institut, p. 194, 341.

* Brémond (François de), physicien, né à Paris en 1713, mort en 1742, adjoint à l'Académie en 1739.
Breteuil (Louis-Auguste Le Tonnelier baron de), ministre, secrétaire d'Etat, né à Preuilly (Indre-et-Loire) en 1733, membre honoraire en 1786, mort en 1807, p. 205.
Briggs (William), correspondant, p. 47.
Brisson (Mathurin-Jacques), né à Fontenay-le-Comte (Vendée) en 1723, entré comme botaniste à l'Académie en 1759, mort membre de l'Institut en 1806, p. 32, 121, 214, 231, 281.
Brongniart (Alexandre), minéralogiste, membre de l'Institut, p. 341.
Broussonet (Pierre-Marie-Auguste), né à Montpellier en 1761, associé en 1785, mort en 1807, p. 269, 284, 298, 320.
Buache (Philippe), né à Paris en 1706, entré à l'Académie en 1730, mort en 1773, p. 81, 211.
Buache de la Neuville (Jean-Nicolas), né à La Neuville-au-Pont (Marne), en 1741, entré à l'Académie en 1782, mort membre de l'Institut en 1825.
Bucquet (J.-B. Michel), chimiste, entré à l'Académie en 1778, p. 254.
Buffon (Georges-Louis Leclerc, comte de), né à Montbard (Côte-d'Or) en 1707, entré à l'Académie en 1734, trésorier en 1744, mort le 16 avril 1788, p. 55, 63, 76, 98, 99, 100,

107, 117, 119, 121, 131, 153, 165, 166, 167, 220, 256, 260, 262, 263, 264, 280, 281, 282, 283, 284, 285, 286, 287, 302, 303, 353.
Bulfinger, p. 53.
Burlet (Claude), né en Berry en ...., entré à l'Académie en 1699, mort en 1731, p. 16, 47.
Buot (Jacques) mort en 1675, p. 11, 25.
Buxbaum, botaniste allemand, p 272.

C

Cabanis, membre de l'Institut, p. 153, 296, 305.
Cadet de Gassicourt (Louis-Claude), né à Paris en 1731, entré à l'Académie en 1764, mort en 1799, p. 231, 248, 251, 316, 326.
Camerarius, naturaliste allemand, p. 8.
Camper (Pierre), né à Leyde en 1722, correspondant puis associé étranger, en 1785, mort en 1789, p. 283, 293, 303, 304.
Camus (Charles-Étienne-Louis), né à Crécy (Seine-et-Marne) en 1699, mort en 1768, entré à l'Académie en 1727.
* Camus (François - Joseph des), né à Pichome (Meuse) en 1672, mécanicien, exclu en 1723, mort en Angleterre en 1732.
Camus (Armand-Gaston), membre de l'Académie des inscriptions, puis de la Convention, p. 333.
Candolle (Alphonse de), p. 108.
Canton (John), physicien et astronome anglais, mort en 1772, p. 221.
Cap, p. 40.
Carcavi (Pierre de), né à Lyon en ....., mort en 1684, p. 11, 14.
Carnot, géomètre et ingénieur militaire, membre de l'Institut, p. 341.
Carré (Louis), né à Clos-Fontaine, près Nangis (Seine-et-Marne), en 1663, nommé à l'Académie en 1697, mort en 1711, p. 62, 98.
Cassini (Jean-Dominique), né à Perinaldo, comté de Nice, en 1625, mort en 1712, p. 22, 32, 39, 46, 68, 69, 70.
Cassini (Jacques), fils du précédent, entré à l'Académie en 1699, mort en 1756, p. 32, 68, 79, 91, 202, 226.
Cassini de Thury (César-François), son fils, né à Paris en 1714, entré à l'Académie en 1741, mort en 1784, p. 53, 69, 79, 80, 96, 198.
Cassini (Jean-Dominique, comte de), fils du précédent, né à Paris en 1748, entré à l'Académie en 1770, mort membre de l'Institut en 1845, p. 196, 213, 322.
* Castries (Charles-Eugène-Gabriel de La Croix maréchal, duc de), membre honoraire en 1788, né à Wolfenbuttel en 1727, mort en 1801.

Cauchy, géomètre, membre de l'Institut, p. 341.
Catesby, p. 122.
Catherine de Médicis, p. 35.
Catherine II, impératrice de Russie, p. 179.
Cavalieri (Bonaventure), géomètre milanais, p. 7.
Cavendish, physicien et chimiste anglais, associé étranger de l'Institut, p. 239, 241, 254.
Cels, membre de l'Institut, p. 326.
Celsius, p. 272.
* *Cervi* (Joseph), médecin de Parme, associé étranger en 1738, mort en 1749.
Césalpin, botaniste italien, p. 8.
Chabert (Joseph-Bernard) marquis de), né à Toulon en 1724, associé en 1759, mort en 1805, p. 208, 209, 210.
Chamfort, p. 327.
Chappe d'Auteroche, né à Mauriac (Cantal) en 1728, entré à l'Académie en 1759, mort en 1769, p. 189, 325.
Chappe (Claude), p. 325.
Chaptal, correspondant, mort membre de l'Institut, p. 243, 341.
Charas (Moïse), né à Uzès (Gard) en 1612, mort en 1698, p. 35, 36.
Charles (le mathématicien), né en ....., associé en 1785, mort en 1792, p. 187, 333.
Charles (le physicien), associé en 1785, mort en 1823, p. 230, 232, 233, 328.
Charpentier de Cossigny, correspondant, p. 120.
Châtelet (la marquise du), p. 155, 156.

Chaulnes (Michel-Ferdinand *d'Albert*, duc de), né à Paris en 1714, membre honoraire en 1743, mort en 1769, p. 182, 196, 249.
Chaussier, anatomiste, membre de l'Institut, p. 341.
Chazelles (Joseph-Mathieu de), né à Lyon en 1637, entré à l'Académie en 1695, mort en 1710, p. 35, 81, 208.
Chesterfield (lord), p. 182.
* *Chevalier* (François), géomètre, né à Saint-Maur (Indre-et-Loire), entré à l'Académie en 1699, mort vétéran en 1738.
Chevrand, p. 254.
Chevreul, membre de l'Institut, p. 102, 114, 238, 242, 247, 250.
* *Chicoyneau* (François), médecin, né à Montpellier en 1672, associé libre en 1732, mort en 1752.
Chirac (Pierre), né à Conques (Aveyron) en 1650, associé libre en 1714, mort en 1732, p. 48, 110, 244.
Chladni, physicien italien, p. 96.
* *Choiseul-Praslin* (César-Gabriel, duc de), né à Paris en 1712, membre honoraire en 1769, mort en 1785.
* *Chomel* (J.-B.), médecin et botaniste, né à Paris en 1671, nommé à l'Académie en 1702, mort en 1740.
Clairaut (Alexis-Claude), p. 32, 57, 58, 59, 60, 61, 63, 64, 73, 155, 165, 190.
Clavière, ministre des finances, p. 323.
Clouet, p. 254.
Clozier, correspondant, p. 120.
Colbert, p. 10, 11, 12, 13, 14, 22, 24, 37, 41, 173.

Commelin, correspondant, p. 272.
Commerson (Philibert), p. 271.
Condé (le grand), p. 38.
Condorcet (Jean-Antoine-Nicolas Caritat, marquis de), né à Ribemont (Aisne) en 1743, entré à l'Académie en 1769, p. 4, 66, 155, 164, 165, 167, 181, 187, 188, 189, 191, 204, 216, 228, 231, 319, 320, 322, 323, 326, 331.
Conti (le prince de), p. 182.
Cook (le capitaine), p. 210, 284.
Cordier, géologue et minéralogiste, membre de l'Institut, p. 341.
Cornette (Claude-Melchior), entré à l'Académie en 1778, mort en 1793, p. 251.
Corvisart, médecin, membre de l'Institut, p. 341.
Coulomb (Charles-Augustin), né à Angoulême en 1736, entré à l'Académie en 1782, mort membre de l'Institut en 1806, p. 222, 223, 309, 316, 322, 326, 340.
Couplet (Claude-Antoine), né à Paris en 1642, trésorier, vétéran en 1717, p. 13, 15.

Couplet de Tartereaux (Pierre), né à ....., trésorier en 1717, p. 15, 67, 81, 86.
Courcier (le P.), p. 188.
Courtanvaux (F.-R. César Le Tellier, marquis de), arrière-petit-fils de Louvois, né à Paris en 1718, membre honoraire en 1745, mort en 1781, p. 35, 209.
Courtivron (Gaspard *Le compasseur de Créqui Montfort*, marquis de), entré à l'Académie en 1744, p. 68, 138, 227, 289.
Cousin (Jacques-Antoine-Joseph), né à Paris en 1739, nommé à l'Académie en 1772, mort membre de l'Institut en 1800, p. 155, 187, 332.
* *Crouzas* (Jean-Pierre de), philosophe et géomètre, né à Lausanne en 1713, mort en 1750, associé étranger en 1725.
Cureau du la Chambre, né en ....., p. 12.
* *Cusset*, mécanicien, mort en ....., nommé à l'Académie en 1685.
Cuvier (George), secrétaire perpétuel de la nouvelle Académie des sciences, p. 58, 120, 263, 281, 301, 341.

D

D'Agelet (Le Paute), p. 200, 202, 210.
D'Albert (Charles, marquis), né à Aix (Bouches-du-Rhône) en 1686, associé libre en 1736, mort en 1751, p. 208.
Dalechamps, p. 8.

D'Alembert (Jean Lerond), né à Paris en 1717, entré à l'Académie en 1741, mort en 1783, p. 60, 63, 66, 89, 99, 154, 158, 166, 167, 178, 179, 181, 184, 190, 203, 212, 307, 308.
* *D'Alesme* (André), mécanicien

et physicien, nommé pensionnaire en 1699, mort en 1727.
Dalibard, correspondant, p. 109, 214, 220.
* Dangeau (Philippe de Courcillon, marquis de), né en 1638, membre honoraire en 1704, mort en 1720.
Danty d'Isnard, né en ....., nommé à l'Académie en 1715, mort en 1743, p. 111.
D'Anville, entré à l'Académie en 1773 (Voy. l'Histoire de l'Académie des inscriptions), p. 211.
Darcet (J.), né à Douazit (Landes) en 1725, entré à l'Académie en 1784, p. 63, 236, 309, 312, 326.
D'Arcy (le chevalier), entré à l'Académie en 1749, p. 160, 192, 222, 228.
Daubenton (Louis-Jean-Marie), né à Montbard (Côte-d'Or) en 1716, entré à l'Académie en 1744, mort le 1er janvier 1800, p. 151, 152, 257, 258, 264, 269, 280, 281, 282, 283, 284, 290, 303, 304, 309, 326.
Davisson, p. 8.
Davy (Humphry), chimiste anglais, p. 40.
Defrance, médecin, p. 319.
Delambre (J.-B.-Joseph), né à Amiens en 1749, mort en 1822, secrétaire perpétuel de la nouvelle Académie des sciences, nommé associé en géométrie en 1792, p. 33, 71, 322, 324, 341.
Delavoye (Mignot), élève, p. 13.
Delor, p. 221.
Deluc, correspondant, p. 214.
Demours (Pierre), né à Marseille en 1702, associé en 1769, p. 305, 333.

Derand (le P.), p. 188.
Desargues, p. 7.
Descartes, p. 7, 10, 11, 17, 49, 53, 54, 89, 149.
Desfontaines (René Louiche), né en 1752, au Tremblay (Ille-et-Vilaine), entré à l'Académie en 1783, mort membre de l'Institut en 1833, p. 269, 271, 284, 326, 340.
* Deslandes, géomètre et naturaliste, élève en 1712, mort en 1721.
* Desmaisons (le président Jean-René de Longueil), né à Paris en 1699, membre honoraire en 1726, mort en 1731.
Desmarets (Nicolas), botaniste et physicien, né à Soulaines (Aube) en 1725, entré à l'Académie en 1771, mort en 1815, p. 200, 231, 264, 318, 319, 332.
Dezallier d'Argenville, p. 122.
Diderot, p. 155, 182, 308.
Dietrich (Philippe-Frédéric, baron de), associé libre en 1786, p. 258, 332.
Dillenius, botaniste allemand, p. 112.
Dionis du Séjour (Achille-Pierre), né à Paris en 1734, associé libre en 1765, p. 183, 188, 189, 200, 228, 319, 320, 332.
Dodart (Denis), mort en 1707, p. 16, 18, 27, 106, 109, 117, 126, 306.
Dollond, p. 194.
Dolomieu, correspondant, p. 261, 262.
Dombey, correspondant, p. 270.
Drebbel, p. 92.
* Dubois (le cardinal), né à Brives (Corrèze) en 1656, membre ho-

noraire en 1722, mort en 1723.
Du Clos (Samuel), p. 11, 12, 17, 18.
Du Fay (Charles-François de Cisternay), né à Paris en 1698, entré à l'Académie en 1723, mort en 1739, p. 82, 90, 91, 93, 110, 111*, 112, , 122, 216, 217, 218, 219, 225.
Duhamel (J.-B.), p. 14, 25, 43, 168.
Duhamel (Jean-Pierre Guillot), né à Nicorps (Manche), en 1730, mort membre de l'Institut en 1846, p. 258, 332.
Duhamel du Monceau (Henri-Louis), p. 106, 113, 114, 116, 117, 145, 173, 219, 225, 273, 276, 279.

Dulong, physicien et chimiste, membre de l'Institut, p. 341.
Dunthorne, p. 206.
Dupuy, secrétaire perpétuel de l'Académie des inscriptions, p. 321.
Dupuytren, chirurgien, membre de l'Institut, p. 341.
Dutour, correspondant, p. 226.
Dutrochet, naturaliste, membre de l'Institut, p. 341.
Duverney (Joseph Guichard), né à Feurs (Loire) en 1648, p. 27, 125, 126, 128, 145, 149, 298.
Duverney (Pierre), p. 125.
* Duverney, élève anatomiste en 1699, retiré en 1703.

E

Edward (Georges), p. 122.
Eisenschmid, correspondant, p. 32, 47.
* Enguehard, élève anatomiste en 1710, exclu en 1711.
* Escalonne (duc d'), grand d'Espagne, correspondant, puis associé étranger en 1716, mort en 1725.
* Estrées (le maréchal Victor-Marie, duc d'), vice-amiral de France, né à Paris en 1660,

membre honoraire en 1707, mort en 1737.
Eugène de Savoie (le prince), p. 38.
Euler (Léonard), né à Bâle en 1707, mort en 1803, associé étranger en 1755, p. 65, 66, 84, 160, 171, 192, 226, 323.
* Euler (Joseph-Albert), fils du précédent, géomètre, né à Saint-Pétersbourg en 1734, associé étranger en 1784, mort en 1800.

F

Fabregou, p. 109.
Fagon (Gui-Crescent), né à Paris en 1638, mort en 1718, p. 28, 108, 110.

Falconnet, p. 54, 306.
Faujas de Saint-Fond, professeur au Muséum d'histoire naturelle, p. 230, 256.

TABLE GÉNÉRALE. 377

Fermat, p. 7, 11.
Ferrein (Antoine), né à Frespech (Lot-et-Garonne), en 1693, entré à l'Académie en 1744, mort en 1769, p. 137, 138, 294.
Feuillée, correspondant, p. 49, 112.
Filleau des Billettes, p. 173.
Fizeau, membre de l'Institut, p. 97.
Fizès, p. 137.
Flamsteed, correspondant, p. 47.
Fleurieu (le comte de), membre de l'Institut, p. 210.
Fleury (André-Hercule, cardinal de), né à Lodève (Hérault) en 1653, membre honoraire en 1721, mort en 1743, p. 163.
Flourens, secrétaire perpétuel de la nouvelle Académie des sciences, p. 44, 114, 145, 262, 295.
Folkes (Martin), naturaliste et antiquaire, né à Londres en 1690, associé étranger en 1742, mort en 1754.
Fontaine (Alexis), né à Claveyson (Drôme) en 1705, entré à l'Académie en 1733, mort en 1771, p. 65, 66, 186.
Fontanieu (Pierre-Élisabeth de), chimiste, contrôleur général des meubles de la couronne, né vers 1730, membre honoraire en 1778, mort en 1784.
Fontenelle (Bernard le Bovier), né à Rouen en 1657, mort en 1757, p. 30, 35, 41, 43, 44, 52, 53,
103, 136, 153, 154, 163, 164, 172, 181.
Forbonnais, p. 277.
Formey, p. 160.
Forster (J.-R.), correspondant, p 284.
Fougeroux (Augustin-Denis de) *de Bondaroy*, né à Paris en 1732, entré à l'Académie en 1758, p. 250, 251, 260, 269, 271, 276.
Fourcroy (de) *de Ramecourt* (Charles-René), officier général du génie, né à Paris en 1715, correspondant, puis associé libre en 1784, mort en 1791.
Fourcroy (Antoine-François), né à Paris en 1755, entré à l'Académie en 1785, mort membre de l'Institut en 1809, p. 254, 255, 290, 329.
Fourier, géomètre, secrétaire perpétuel de la nouvelle Académie des sciences, p. 341.
Franklin (Benjamin), né à Boston en 1706, associé étranger, mort en 1790, p. 219, 220, 222, 312.
Frédéric le Grand, p. 205.
Frénicle de Bessy (Nicolas), doyen de la Cour des monnaies, né à Paris en 1600, mort en 1675, p. 11, 19.
Fresnel, physicien, membre de l'Institut, p. 341.
Freycinet (Desaulses de), navigateur, membre de l'Institut, p. 341.
Frézier, p. 112, 188.
Fulton, p. 193.

G

Gahn, minéralogiste suédois, p. 265.
Galilée, p. 7, 67, 68, 85.
Gallon, correspondant, p. 175.
Gallois (l'abbé Jean), né à Paris en 1632, mort en 1707, p. 12, 47, 51, 52.
Gamaches (Etienne-Simon de), astronome, né à Meulan (Seine-et-Oise) en 1672, associé de l'Académie en 1735, mort en 1756.
Gambey, opticien, membre de l'Institut, p. 344.
Garipuy, astronome, correspondant, p. 35.
Gassendi, p. 10, 89.
Gay-Lussac, chimiste et physicien, membre de l'Institut, p. 341.
Gayant (Louis), p. 12.
Geer (Ch. de), correspondant, p. 120.
Gensanne (de), correspondant, p. 258.
Geoffrin (Mme), p. 155.
Geoffroy (Étienne-François), né à Paris en 1672, entré à l'Académie en 1699, mort en 1731, p. 37, 102, 103, 104, 105, 132, 144.
Geoffroy (Claude-Joseph), frère du précédent, né à Paris en 1685, entré à l'Académie en 1707, mort en 1752, p. 104, 105, 106.
Geoffroy, fils du précédent, nommé adjoint chimiste en 1752, mort la même année.
Geoffroy Saint-Hilaire (E. et I.), membres de l'Institut, p. 147, 148, 341.
Gesner (Conrad), p. 8.
Gesner (J.-A.-P.), p. 310.
Gibert, membre de l'Institut, p. 277, 326.
Glaser, p. 36.
Glisson, p. 8.
Gmelin, voyageur et naturaliste allemand, p. 272.
Godin (Louis), né à Paris en 1704, entré à l'Académie en 1725, mort en 1760, p. 73.
Gosse (H.-A.), correspondant, p. 319.
Gouye (le P. Thomas), né à Dieppe en 1650, académicien honoraire en 1699, mort en 1725.
Graaf (Regnier de), p. 128, 129, 130.
Graham, opticien anglais, p. 194.
Grandjean de Fouchy (Jean-Paul), né à Paris en 1707, mort en 1788, p. 164, 165, 168, 198, 199, 297.
Gray, physicien anglais, p. 248.
Grew, naturaliste anglais, p. 8.
Grosse, chimiste, entré à l'Académie en 1731, mort en 1745.
Gua (l'abbé de) *de Malves*, entré à l'Académie en 1741, p. 278.
Guéneau de Montbeillard, p. 283, 284.
Guettard (Jean-Étienne), né à Étampes en 1715, entré à l'Académie en 1743, mort en 1786, p. 107, 145, 250, 258, 260, 264, 272, 303.

Guglielmini (Dominique), associé étranger, mort en 1710, p. 24.
Guillotin (Franç.), médec., p. 312.
Guisnée, p. 85.

Gustave III, roi de Suède, p. 179, 180.
Guyton de Morveau, correspondant, p. 183, 249, 250, 259, 329.

H

Hales (Étienne), associé étranger en 1753, p. 117.
Hallé, médecin, membre de l'Institut, p. 344.
Haller (Albert de), né à Berne en 1708, associé étranger en 1754, mort en 1777, p. 130, 138, 146, 147, 272, 293, 299, 305, 306.
Halley (Edmond), né à Londres en 1656, associé étranger en 1729, mort en 1742, p. 197, 201.
Hartsœker (Nicolas), né à Gouda (Pays-Bas) en 1656, associé étranger, mort en 1725, p. 23, 132.
Harvey, p. 8, 28, 126, 128.
Hauksbee, physicien anglais, p. 92, 223.
Haüy (l'abbé René-Just), né à Saint-Just (Oise) en 1743, entré à l'Académie en 1783, mort membre de l'Institut en 1822, p. 227, 265, 266, 268, 322, 326, 344.
Hellot (Jean), né à Paris en 1685, entré à l'Académie en 1735, mort en 1766, p. 106, 116.
Helvétius, (J.-A), p. 113.
Helvétius (J.-C.-A.), entré à l'Académie en 1715, mort en 1726, p. 134, 135, 306.
Herschel (William), né à Hanovre en 1738, associé étranger en 1790, mort en 1822, p. 324.

Hérissant (François-David), né à Rouen en 1724, entré à l'Académie en 1748, mort en 1773, p. 121, 149, 299.
Hévélius, astronome prussien, p. 70.
Hill (John), p. 272.
Hobbes, p. 10.
Hollmann, p. 310.
Homberg (Guillaume), né à Batavia en 1652, mort en 1715, p. 17, 40.
Hooke (Robert), p. 7, 127.
Hoorne (Jean de), p. 128.
Humbert-Bazile, p. 167.
Humboldt (Alexandre de), associé étranger de l'Institut, p. 75.
Hunter (William), né à Kilbride (Lanarkshire) en 1715, associé étranger, mort en 1783, p. 299, 303.
Hunter (John), p. 299.
Hunauld (François-Joseph), né à Châteaubriant (Loire-Inférieure) en 1701, entré à l'Académie en 1725, mort en 1742, p. 137.
Houssaye (de), p. 226.
Huyghens, né à La Haye en 1629, mort en 1695, associé étranger, p. 7, 11, 21, 23, 31, 32, 67, 82, 89, 227.
Huzard, membre de l'Institut, p. 326.

I

* *Imbert*, chimiste, entré à l'Académie en 1712, mort en 1722.

Ingenhousz, p. 269.

J

* *Jablonowski* (le prince), fondateur de la société de son nom à Leipzig, né en 1712, associé étranger en 1761, mort en 1777.
Jallabert, correspondant, p. 216, 224.
* *Jars* (Gabriel,) minéralogiste, né à Lyon en 1639, nommé adjoint-chimiste en 1768, mort en 1769.
* *Jeaugeon*, mécanicien et physiologiste, mort en 1725.
Jeaurat (Edme-Sébastien), né à Paris en 1724, entré à l'Académie en 1763, mort membre de l'Institut en 1803.
Jenner, associé étranger de l'Institut, p. 309.
Joblot, p. 123.
Jonston (Jean), minéralogiste polonais, p. 107.
Joseph II, empereur d'Allemagne, p. 180.
Joubert du Bosc, correspondant, p. 183.

Jouffroy (le marquis de), p. 193.
Jousse, p. 188.
Juncker, chimiste allemand, p. 101.
Jussieu (Antoine de), né à Lyon en 1686, entré à l'Académie en 1712, mort en 1758, p. 111, 113, 150, 303.
Jussieu (Bernard), né à Lyon en 1699, entré à l'Académie en 1725, mort en 1777, p. 111, 123, 274.
Jussieu (Joseph de), né à Lyon en 1704, entré à l'Académie en 1743, mort en 1779, p. 75, 112.
Jussieu (Antoine Laurent de), né à Lyon en 1748, entré à l'Académie en 1772, mort membre de l'Institut en 1836, p. 274, 276, 343, 326, 340.
Jussieu (Adrien de), fils du précédent, membre de l'Institut, p. 341.

K

Kæmpfer (Engelbert), médecin et voyageur allemand, p. 272.
Kæstner, p. 340.
Kepler, p. 107.
Kerguelen, navigateur, p. 210.
Klærich, p. 340.

Klaproth, chimiste allemand, p. 256.
Knight, physicien anglais, p. 225.
Kœnig (Samuel), 156, 160.
Kolbe, p. 77.
Krosigk (le baron de), p. 76.

L

Labillardière, botaniste, membre de l'Institut, p. 341.
Lacaille (Nicolas-Louis), né à Rozoy (Aisne) en 1713, admis à l'Académie en 1741, mort en 1751, p. 71, 77, 78, 96, 201, 207.
Lacaze, p. 295.
* La Chevalleraye (de), associé libre en 1744, mort en 1749.
La Condamine (Charles-Marie de), né à Paris en 1701, entré à l'Académie en 1730, mort en 1774, p. 32, 73, 74, 75, 76, 112, 113, 155, 260, 306, 308, 311, 321.
Laët (Jean de), p. 113.
La Faille, correspondant, p. 285.
* La Faye (Jean Elio Leriget de), mécanicien, né à Vienne (Isère) en 1671, associé de l'Académie en 1716, mort en 1718.
* La Force (Henri-Jacques Nompar de Caumont, duc de), né en 1675, membre honoraire en 1718, mort en 1726.
Lafosse, p. 289.
* La Galissonière (Roland-Michel Barrin, comte de), chef d'escadre, né à Rochefort en 1693, associé en 1752, mort en 1756.
Lagny (Thomas Fantet de), né à Lyon en 1660, nommé à l'Académie en 1696, mort en 1733.
Lagrange (Joseph-Louis), né à Turin en 1736, élu associé étranger en 1772, puis pensionnaire, mort membre de l'Institut en 1813, p. 66, 96, 185, 186, 203, 204, 205, 322, 323, 326, 328, 340.
La Harpe, p. 181, 311, 312, 327.
La Hire (Philippe de), né à Paris en 1640, mort en 1718, p. 17, 22, 23, 24, 28, 30, 51, 70, 71, 80, 84, 91, 97.
* La Hire (Gabriel-Philippe de), astronome et physicien, fils aîné du précédent, né à Paris en 1677, entré à l'Académie en 1699, mort en 1719.
* La Hire (Nicolas-Jean de), frère du précédent, né à Paris en 1685, élève botaniste en 1710. mort en 1727.
Lakanal, membre de l'Institut, p. 330, 331, 334, 335.
Lalande (Joseph-Jérôme Lefrançois), né à Bourg (Ain) en 1732, entré à l'Académie en 1753, mort membre de l'Institut en 1807, p. 78, 193, 201, 202, 203, 206, 211, 326, 327, 340.
* La Luzerne (César-Henri, comte de), lieutenant-général, né en 1737, membre honoraire en 1788, mort en 1799.
Lallemand, anatomiste et chirurgien, membre de l'Institut, p. 130, 341.
Lamarck (J.-B.-Pierre-Antoine Demonet de), né en 1744 à Bazentin (Somme), entré à l'Académie en 1779, mort membre de l'Institut en 1829, p. 275, 340.
* Lamare (de), botaniste, entré à

l'Académie en 1782, mort en 1790.

Langlade, médecin et chimiste nommé en 1699, se retira de l'Académie en passant en Espagne en 1712, mort en 1717.

La Pérouse, navigateur, p. 211.

La Peyronie (François de), né à Montpellier en 1678, associé libre en 1731, mort en 1747, p. 148, 149, 244.

Laplace (Pierre-Simon), né en 1749 à Beaumont près Pont-Lévesque (Calvados), entré à l'Académie en 1773, mort membre de l'Institut en 1827, p. 71, 88, 188, 203, 205, 206, 209, 215, 245, 309, 316, 326, 328, 340.

Larive (Auguste de), physicien génevois, p. 91.

La Rochefoucauld (Louis-Alexandre, duc de), né en ....., membre honoraire en 1782, mort en 1792, p. 200, 252, 320, 332.

Larrey, chirurgien, membre de l'Institut, p. 341.

Lassone (Jean-Marie-François), entré à l'Académie en 1743, p. 143, 257, 309.

La Tourette, correspondant de l'Académie à Lyon, p. 285.

Latreille, naturaliste, membre de l'Institut, p. 341.

Launay (l'abbé de), p. 55.

Lauraguais (Louis-Léon-Félicité, comte de), plus tard duc de Brancas-Lauraguais, né à Versailles en 1733, entré à l'Académie en 1758, mort en 1824, membre libre de la nouvelle Académie des sciences, p. 182, 290.

Laval (le P.), correspondant, p. 35.

La Verusse, p. 226.

Lavoisier (Antoine-Laurent), né à Paris en 1743, entré à l'Académie en 1768, trésorier en 1788, mort en 1794, p. 127, 180, 215, 231, 238, 239, 240, 242, 244, 245, 246, 247, 248, 249, 251, 253, 309, 316, 322, 323, 326, 329, 331.

Lavrillière (comte de Saint-Florentin, duc de), né en ....., membre honoraire en 1742, mort en 1777.

Lebeau (Charles), secrétaire perpétuel de l'ancienne Académie des inscriptions (V. l'histoire de cette Académie), p. 54.

Lecat, correspondant, p. 54, 31, 111, 294.

Leeuwenhoeck, correspondant, p 47, 128, 129, 130, 131.

Lefebvre (Jean), né à Lisieux, en 1650, entré à l'Académie en 1682, mort en 1706. (Il avait été exclu de l'Académie en 1702.)

Lefebvre (Nicolas), p. 36.

Legallois, physiologiste, p. 295.

Legendre (Adrien-Marie), né à Toulouse en 1752, entré à l'Académie en 1780, mort membre de l'Institut en 1833, p. 185, 187, 323, 340.

Legentil (Guillaume-Joseph-Hyacinthe, J.-B.) *de la Galaisière*, né à Coutances en 1725, entré à l'Académie en 1753, mort en 1792, p. 71, 198, 199, 208, 333.

Leibniz (Godefroy-Guillaume, baron de), né à Leipzig en 1646, associé étranger, mort en 1716, p. 23, 49, 50, 58, 65, 87, 157, 158.

Lémery (Nicolas), né à Rouen en 1645, mort en 1715, p. 35, 36, 40, 104.

Lémery (Louis), né à Paris en 1697, entré à l'Académie en 1702, mort en 1743, p. 105, 113, 145.

* *Lémery*, le jeune, frère du précédent, élève en 1712, associé en 1724.

* *Lemonnier* (Pierre), géomètre, né à Vire (Calvados) en 1675, entré à l'Académie en 1725, mort vétéran en 1758.

Lemonnier (Pierre-Charles), fils du précédent, né à Paris en 1715, entré à l'Académie en 1736, mort membre de l'Institut en 1799, p. 74, 73, 203, 214, 233, 340.

* *Lemonnier* (Louis-Guillaume), physicien, médecin et botaniste, frère du précédent, né à Paris en 1717, entré à l'Académie en 1743, mort associé de l'Institut en 1799.

Léopold 1er, empereur d'Allemagne, p. 9.

Léopold de Médicis (le cardinal), p. 9.

Lepaute, horloger, p. 195.

* *Le Pelletier des Forts*, né en ......, membre honoraire en 1727, mort en 1740.

Leroy (Julien), horloger, p. 194, 195, 209.

Leroy (Jean-Baptiste), fils du précédent, né à Paris en ......, entré à l'Académie en 1751, mort membre de l'Institut en 1800, p. 194, 217, 224, 231, 348.

Leroy (Pierre), frère du précédent, horloger, p. 194.

* *Lhéritier de Brutelle* (Charles-Louis), botaniste, né à Paris en 1746, entré à l'Académie en 1790, mort membre de l'Institut en 1800.

L'Hôpital (Guillaume-François-Antoine, marquis de), né à Paris en 1661, membre honoraire, mort en 1704, p. 64.

* *Lieutaud* (Jacques), astronome, né à Arles en 1660, entré à l'Académie en 1699, mort en 1734.

Lieutaud (Joseph), né à Aix (Bouches-du-Rhône) en 1703, entré à l'Académie en 1752, mort en 1780, p. 305.

Lignac (l'abbé de), p. 280.

Linné (Charles), né à Ræshult (Suède) en 1707, mort en 1778, associé étranger, p. 109, 110, 123, 259, 272, 275, 284.

Lisle (Guillaume de), géographe, né à Paris en 1675, entré à l'Académie en 1702, mort en 1726, p. 79, 80, 211.

* *Lisle* (Joseph-Nicolas de), frère du précédent, astronome, né à Paris en 1688, entré à l'Académie en 1714, mort en 1768.

* *Lisle* (Louis de) *de la Croyère*, astronome et voyageur, né en 1698, entré à l'Académie en 1725, mort en 1741 au Kamtchatka.

Lister (Martin), naturaliste anglais, p. 122.

Littre (Alexis), né à Cordes (Tarn) en 1658, entré à l'Académie en 1699, p. 125, 126, 127, 129, 133, 135, 145.

Lobel, botaniste français, p. 8.

Lœwenstein Wertheim (le prince

de), né en ......, associé étranger en 1766, mort en .

Loménie de Brienne (Étienne-Charles, cardinal de), né à Paris en 1727, membre honoraire en 1787, mort en 1794.

Longomontanus, astronome danois, p. 7.

Louis XIV, p. 23, 24, 25, 28, 38, 39, 41, 42. 48, 67, 77, 113.

Louis XV, p. 79, 110.

Louis XVI, p. 205, 309, 316.

Louville (Jacques-Eugène d'Allonville, chevalier de), né en 1671, entré à l'Académie en 1714, mort en 1732, p. 70, 71, 182.

Louvois (François-Michel Le Tellier, marquis de), p. 37.

Louvois (Camille Le Tellier, abbé de), fils du précédent, né à Paris en 1675, membre honoraire en 1699, mort en 1718.

Lowendahl (le maréchal Ulric-Frédéric-Waldemar de), né à Hambourg en 1700, membre honoraire en 1754, mort en 1755.

Lower, p. 8.

Luynes (le cardinal Paul *d'Albert* de), né à Versailles en 1703, membre honoraire en 1755, mort en 1788.

M

Machault d'Arnouville (Jean-Baptiste de), garde des sceaux, puis contrôleur général des finances, né à Paris en 1701, membre honoraire en 1746, mort en la prison des Madelonnettes en 1794, p. 80.

Maclesfield (George, comte de), président de la Société royale de Londres, né en 1699, associé étranger en 1755, mort en 1764.

Macquer (Pierre-Joseph), entré à l'Académie en 1745, p. 63, 234, 235, 236, 238.

Magendie, physiologiste, membre de l'Institut, p. 295, 341.

Magnol (Pierre), botaniste, né à Montpellier en 1638, d'abord correspondant, puis nommé pensionnaire en 1709, retiré en 1710, mort en 1715, p. 45, 244.

* *Mahieu*, géomètre, nommé adjoint en 1729, mort vétéran en 1752.

* *Maillebois* (Yves-François Desmarets, comte de), lieutenant-général, né à Paris en 1715, membre honoraire en 1749, mort à Liége en 1791.

Maillet (de), voyageur (V. l'Histoire de l'Académie des inscriptions), p. 151.

Maine (duc du), p. 35, 72.

Mairan (Dortous de), secrétaire perpétuel de l'Académie, p. 32, 54, 84, 90, 91, 92, 146, 155, 156, 157, 164.

Malebranche (le P. Nicolas), né à Paris en 1638, mort en 1715, p. 54, 55.

Malesherbes (Chrétien - Guillaume Lamoignon de), né à Paris en 1721, membre honoraire en 1750, p. 183, 260, 261, 309.

Malézieu (Nicolas de), né à Paris en 1630, membre honoraire en 1699, mort en 1727, p. 72.

* *Malouet* (Pierre), anatomiste né à Clermont (Puy-de-Dôme) en 1690, entré à l'Académie en 1725, mort en 1742.

Malouin (Paul-Jacques), entré à l'Académie en 1742, p. 235.

Malpighi, anatomiste italien, p. 8, 128, 130, 138, 291.

Malus, physicien, membre de l'Institut, p. 227, 341.

* *Manfredi* (Eustache), astronome et géomètre, né à Bologne en 1674, associé étranger en 1726, mort en 1739.

Mannevillette (D'Après de), hydrographe, correspondant, p. 81.

Maraldi (Jacques-Philippe), né à Perinaldo (comté de Nice) en 1665, entré à l'Académie en 1699, mort en 1729, p. 69, 89.

Maraldi (César Dominique), frère du précédent, né à Perinaldo en 1709, entré à l'Académie en 1731, mort en 1788, p. 199, 200.

Marat, p. 174, 175, 328.

Marchand ou *Marchant* (Nicolas), botaniste, né en ....., mort en 1678, p. 42.

Marchand (Jean), botaniste, fils du précédent, né en ....., entré à l'Académie en 1678, mort en 1738, p. 48.

Marchetti, correspondant, p. 47.

Marcorelle, baron d'Escale, correspondant, p. 243.

Marggraf (A. S.), chimiste, né à Berlin en 1709, associé étranger en 1777, mort en 1782, p. 106.

Marie (l'abbé), mathématicien, p. 205.

Mariotte (Edme), né en Bourgogne en ...., mort en 1684, p. 42, 17, 20, 23, 25, 38, 39, 72, 117.

Marius, mécanicien, p. 176.

Marsigli (Louis-Ferdinand, comte de), associé étranger en 1715, mort en 1730, p. 47, 170, 171.

Maupertuis (Pierre-Louis *Moreau* de), né à Saint-Malo (Ille-et-Vilaine) en 1698, entré à l'Académie en 1723, mort en 1759, p. 32, 68, 70, 74, 96, 122, 132, 133, 134, 156, 158, 159, 160, 190.

Maurepas (Jean-Frédéric *Phélippeaux*, comte de), ministre secrétaire d'État, né en 1701, membre honoraire en 1725, mort en 1781, p. 73.

Mayer (Tobie), astronome allemand, p. 204, 206, 324.

Mayow (John), p. 244, 245.

Mazéas (G.), physicien et naturaliste, correspondant, p. 285.

Mazières (le P.), p. 53.

Méchain (Pierre-François-André), né à Laon (Aisne) en 1744, entré à l'Académie en 1782, mort membre de l'Institut en 1805, p. 200, 203, 322, 324, 340.

Meckel, anatomiste allemand, correspondant, p. 148, 294.

Mercator, géographe allemand, p. 211.

Mercier, membre de l'Institut, p. 174.

Mérian, p. 160.

Mérian (Marie-Sibylle), p. 118.

Mersenne (le P.), p. 10, 67, 89.

Méry (Jean), né à Vatan (Indre) en 1645, p. 19, 125, 126, 128, 129, 133, 145, 149, 298.

Mesmer, p. 310, 311, 312, 313, 314.

* *Mesnard de Chouzy*, contrôleur général de la maison du roi, né en ....., associé libre en 1772, membre honoraire en 1776, mort vers 1798.

Messier (Charles), né à Badonvilliers (Meurthe) en 1730, entré à l'Académie en 1770, mort membre de l'Institut en 1817, p. 200, 202, 203, 209, 324, 334.

Meusnier (J.-B.-Marie-Charles), né à Tours en 1754, entré à l'Académie en 1784, mort en 1793, p. 241, 322, 324, 333.

Michaux (André), voyageur et botaniste, p. 274.

Micheli, botaniste italien, p. 272.

Michelotti, correspondant, p. 136.

Mignet, secrétaire perpétuel de l'Académie des sciences morales et politiques, p. 335.

* *Milly* (Nicolas-Christian *de Thy*, comte de), chimiste, né à ....., en 1728, membre honoraire en 1776, mort en 1784.

Mirabeau, p. 327.

Mitchell, physicien anglais, p. 225, 226.

Moivre (Abraham), associé étranger, p. 86, 87.

Molières (l'abbé Joseph *Privat* de), né à Tarascon en 1677, entré à l'Académie en 1721, mort en 1742, p. 54, 55.

Monge (Gaspard), né à Beaune (Côte-d'Or) en 1746, entré à l'Académie en 1780, mort membre de l'Institut en 1818, p. 187, 188, 222, 241, 322, 324, 328, 329, 341.

Mongez (Antoine), membre de l'Académie des inscriptions et belles-lettres. (V. l'Histoire de l'Académie des inscriptions et belles-lettres), p. 323.

Monro (Alexandre), anatomiste, p. 299.

Montalembert (marquis de), p. 192.

Montanari, astronome de Modène, mort en 1687, p. 69.

Montgolfier (Étienne), né à Vidalor-lez-Annonay (Ardèche) en 1745, mort en 1799, correspondant, p. 229, 230, 231, 233.

Montgolfier (Joseph-Michel), correspondant, né à Vidalor-lez-Annonay en 1740, mort membre de l'Institut en 1810, p. 229.

* *Monti* (Philippe-Marie), élève astronome en 1699, démissionnaire en 1702, cardinal en 1742, né à Bologne en 1675, mort en 1754.

Montigny (Étienne *Mignot* de), né à Paris en 1714, mort en 1782, entré à l'Académie en 1740, p. 176.

* *Montmirail* (Charles-François-César *Le Tellier*, marquis de), colonel des Cent-Suisses, fils du marquis de Courtanvaux, né en 1734, membre honoraire en 1764, mort en 1764.

Montmort, p. 10, 13.

Montmort (Pierre *Rémond* de), p. 86, 87.

Montucla, associé de l'Institut, p. 50.

Montyon (de), p. 319.

Morand (François-Sauveur), né à Paris en 1697, entré à l'Académie en 1722, mort en 1773, p. 138, 139, 140, 146, 149.

Morand (Jean-François-Clément), anatomiste et minéralogiste, fils du précédent, né à Paris en 1726, mort en 1784, entré à l'Académie en 1759, bibliothécaire de l'Académie des sciences, p. 189, 224, 258, 259.

Morgagni (J.-B.), né à Forli en 1682, associé étranger en 1731, mort en 1771, p. 136, 296, 306.

* *Morin* (de Toulon), minéralogiste, né en ....., entré à l'Académie en 1699, mort en 1707.

Morin de Saint-Victor (Louis), né au Mans en 1635, mort en 1715. p. 30, 126.

* *Morton* (Jacques *Douglas*, comte de), astronome, né à Edimbourg en 1707, associé étranger en 1764, mort en 1768.

Muschenbroek, correspondant, p. 97, 217, 223, 224.

N

Napoléon Ier, p. 344.
Navarre, p. 167.
Navier, correspondant, p. 305.
Needham (Jean Tuberville), naturaliste anglais, mort à Bruxelles en 1781, correspondant, p. 287.
Neper, mathématicien écossais, p. 7.
Newton (Isaac), né à Volstrope (Lincolnshire), en 1642, associé étranger, mort en 1727, p. 23, 49, 50, 55, 58, 60, 65, 87, 89, 92, 103, 170, 174, 201, 203, 204, 227.

Nicole (François), né à Paris en 1683, entré à l'Académie en 1707, mort en 1758, p. 64, 87.

* *Nicolic*, astronome, entré à l'Académie en 1746, mort en 1751.

Niquet, élève, p. 13, 21.

Nollet (Jean-Antoine, abbé), né à Pimprez (Oise) en 1700, entré à l'Académie en 1739, mort en 1770, p. 93, 216, 217, 221, 224, 260, 292, 293.

O

OErstedt, physicien danois, associé étranger de l'Institut, p. 227.

Ons-en-Bray (Louis-Léon *Pajot*, comte d'), directeur-général des postes, né à Paris en 1678, membre honoraire en 1699, mort en 1754, p. 321.

Orléans (le duc d'), régent de France, p. 38.

Ortelius, géographe anversois, p. 211.

Outhier (l'abbé), astronome, correspondant, p. 73.

* *Ozanam* (Jacques), mécanicien et géomètre, né à Boulignieux (Ain) en 1640, entré à l'Académie en 1707, mort en 1717.

P

Pallas (Pierre-Simon), naturaliste et voyageur, né à Berlin en 1741, associé étranger en 1790, mort en 1811, p. 303.

Pallières (baron de), p. 226.

Papin (Denis), mécanicien et physicien, correspondant, p. 47, 93.

Parcieux (Antoine de), né au Clotet-de-Cessoux (Gard), en 1703, associé géomètre en 1746, mort pensionnaire en 1768, p. 86.

Parent (Antoine), né à Paris en 1666, adjoint mécanicien en 1699, mort en 1716, p. 67, 86.

Parmentier, agronome, membre de l'Institut, p. 279, 326.

Pascal (Blaise), p. 7, 10, 58, 93.

Pasquier, p. 319.

Patricauld, p. 200.

Paul Ier, empereur de Russie, p. 181, 182.

Paulmy (Marc-Antoine-René Voyer d'Argenson marquis de), né à Valenciennes (Nord) en 1723, membre honoraire en 1764, mort en 1787.

Pavon, botaniste et voyageur, p. 274.

Pecquet (Jean), né à Dieppe vers 1610, mort en 1674, p. 8, 12, 20.

* Pelletier (Bertrand), chimiste, né à Bayonne en 1761, élu associé en 1792, mort en 1797.

* Pembroke (Thomas, comte de), né vers 1660, associé étranger en 1714, mort en 1733.

Périer (Augustin-Charles), mécanicien, né à Paris en 1742, entré à l'Académie en 1783, mort membre de l'Institut en 1818, p. 329.

Perrault (Claude), né à Paris en 1613, mort en 1688, p. 12, 15, 19, 20, 21, 25, 27, 117, 131, 298.

Perronet (Jean-Rodolphe), né à Suresnes (Seine) en 1708, entré à l'Académie en 1765, mort en 1794, p. 193, 333.

Petit (Jean-Louis), entré à l'Académie en 1715, p. 134, 135.

Petit (Antoine), entré à l'Académie en 1773, p. 146, 291, 300, 305, 308, 333.

Peyssonel, voyageur, correspondant (V. l'Histoire de l'Académie des inscriptions et belles-lettres), p. 123.

Pezenas (le P.-Esprit), correspondant, né à Avignon en 1692.

Picard (Jean), né à La Flèche (Sarthe), en 1620, mort en 1682, p. 11, 21, 24, 33, 79, 172, 321, 323.

Picardet, p. 259.

Pierre Ier, empereur de Russie, p. 23, 181.

Pilâtre des Rosiers, ou plutôt de Rozier (Jean-François), chimiste, né à Metz en 1756, mort en 1785, p. 231, 232, 233.

Pinel, médecin, membre de l'Institut, p. 344.

Pingré (Alexandre-Guy), né à Paris en 1711, associé libre de l'Académie en 1756, mort membre de l'Institut en 1796, p. 198, 199, 208, 209, 213.

Pison (Guillaume), p. 113.

Pitot (Henri), né à Aramon (Gard) en 1695, entré à l'Académie en 1724, mort en 1771, p. 67, 82, 86.

Pivert, élève, p. 13.

Plumier, botaniste et voyageur, correspondant, p. 49, 112.

Poinsot, géomètre, membre de l'Institut, p. 344.

Poisson, géomètre, membre de l'Institut, p. 341.

Poissonnier (Pierre-Isaac), né à Dijon en 1720, associé libre de l'Académie en 1765, mort en 1798, p. 305.

Poivre, voyageur, correspondant, p. 120.

Poleni (Jean, marquis), né à Venise en 1683, associé étranger en 1739, mort en 1761, p. 170.

Poli (Martin), chimiste, né à Lucques en 1662, p. 48.

Polignac (Melchior, cardinal de), né au Puy (Haute-Loire) en 1661, membre honoraire en 1715, mort en 1741, p. 55.

Pompadour (Mme de), p. 281.

Pompignan (Le Franc de), membre de l'Académie française, p. 166.

Pontchartrain (Louis Phélippeaux), ministre secrétaire d'État, puis chancelier de France, mort en 1727, p. 41.

Portal, anatomiste, entré à l'Académie en 1784, p. 291, 292, 300, 301, 303, 326.

Pothenot (Laurent), p. 45.

* *Poupart* (François), naturaliste, né au Mans (Sarthe), élève anatomiste en 1699, mort en 1709.

Pourfour du Petit, anatomiste, entré à l'Académie en 1722, p. 133, 134.

Priestley (J.), né à Fieldhead en 1728, associé étranger en 1784, mort en 1803, p. 127, 238, 239, 240.

Pringle (John), médecin, né à Stickel-House, Roxburghshire, en 1707, associé étranger en 1778, mort en 1782.

Prony (le baron Riche de), ingénieur et géomètre, membre de l'Institut, p. 68, 344.

Proust, chimiste, correspondant, mort membre de l'Institut, p. 341.

Q

* *Quatremère Disjonval* (Denis-Bernard) officier général, né à Paris en 1754, nommé adjoint chimiste en 1784, mort correspondant de l'Institut à Bordeaux en 1830.

Quer y Martinez (J.), p. 272.

Quesnay (François), médecin et économiste, né à Mercy, près Montfort-l'Amaury (Seine-et-Oise) en 1694, associé libre en 1751, mort en 1774, p. 277, 278.

Queye (Jérôme), p. 137.

R

Rameau, musicien, p. 162.
Ramond (le baron), minéralogiste et physicien, membre de l'Institut, p. 341.
Ramsden, opticien anglais, p. 194.
Ray (Jean), naturaliste anglais, p. 8, 238, 273.
Réaumur (René Antoine *Ferchault* de), p. 57, 61, 62, 92, 100, 119, 120, 121, 123, 224, 280, 281.
Redi, p. 8.
Regis (Pierre-Sylvain), né à la Salvetat-de-Blanquefort (Lot-et-Garonne) en 1632, mort en 1707, p. 47, 53, 144, 145.
Renau (Bernard *d'Elisagaray*, chev.), conseiller de la marine, né en Béarn en 1652, membre honoraire en 1699, mort en 1719 p. 82, 83, 93.
Renéaume, botaniste, pensionnaire en 1710, mort en 1739.
Ressons (J.-B. *Deschien de*), né à Châlons (Marne) en 1660, associé en 1718, p. 85.
Reynau (le P. Charles René), géomètre, né à Brissac (Maine-et-Loire) en 1656, associé en 1699, mort en 1728.
Rezay (de), associé libre en 1721, mort en 1736.
Richard (Antoine), voyageur, p. 270.
Richard (L.-C.), membre de l'Institut, p. 270, 285, 341.
Richelieu (Louis-François-Armand *Du Plessis*, maréchal de), né en 1696, membre honoraire en 1731, mort en 1788, p. 182.
Richer, p. 13, 31.
Richmann, physicien allemand, p. 221.
Riolan, anatomiste, p. 8, 144.
Robert, constructeur d'aérostats, p. 232.
Roberval, p. 10, 11, 20, 29, 67.
Robespierre, p. 330, 332.
Robins (Benjamin), p. 86.
Rochon (Alexis-Marie de), né à Brest en 1741, mort membre de l'Institut, en 1817, p. 200, 210, 228, 324, 326, 330, 340.
Rœmer (Olaüs), astronome danois, né à Aarhuus en 1644, associé étranger, mort en 1710, p. 21, 39, 97.
Rohault (Jacques), né à Amiens en 1620, mort en 1674, p. 28, 53.
Rolle (Michel), p. 30, 50, 52.
Romas, correspondant, p. 220.
Romé de l'Isle, minéralogiste, p. 265.
Romme, correspondant, membre de la Convention, p. 254, 328.
Rouelle (Guillaume-François), né à Mathieu près Caen (Calvados) en 1703, entré à l'Académie en 1734, mort en 1770, p. 104, 234, 235, 264.
Rouhault, anatomiste, entré à l'Académie en 1712, retiré en 1718 lorsqu'il devint médecin du roi de Sardaigne, mort en 1741, p. 126.
Rouillé de Meslay, p. 171.

* *Rouillé* (Antoine-Louis) comte de Jouy, ministre de la marine, membre honoraire en 1751, mort en 1761.
Rousseau (Jean-Jacques), p. 162.
Roussel, médecin, associé de l'Institut, p. 295.
Roussin (l'amiral), membre de l'Institut, p. 341.
Ruiz, p. 271.
Rumpf, botaniste, p. 272.
Ruysch (Frédéric), anatomiste, né à La Haye en 1638, associé étranger en 1727, mort en 1731, p. 47, 138, 291.

S

Sabatier (Raphaël-Bienvenu), né à Paris en 1732, entré à l'Académie en 1773, mort membre de l'Institut en 1811, p. 305.
Sage (Balthazar-Georges), minéralogiste, né à Paris en 1740, entré à l'Académie en 1770, mort membre de l'Institut en 1824, p. 180, 251, 257.
Sané (le baron), ingénieur de la marine, membre de l'Institut, p. 341.
Saint-Bonnet (le P.), correspondant, p. 47.
Sanson, géographe français, p. 211.
Sarrazin, naturaliste et voyageur, correspondant, p. 120.
* *Saulmon*, élève géomètre en 1707, mort en 1725.
Saurin (Joseph), né à Courtaison (Vaucluse) en 1659, entré à l'Académie en 1707, mort en 1737, p. 52, 64, 87.
Saussure (Horace-Bénédict de), physicien et naturaliste, né à Genève en 1740, associé étranger en 1790, mort en 1799, p. 268.
Sauveur (Joseph), né à La Flèche (Sarthe) en 1663, entré à l'Académie en 1696, mort en 1716, p. 38, 39, 94, 95, 96.
Savart, physicien, membre de l'Institut, p. 96, 341.
Savary, astronome, membre de l'Institut, p. 341.
Sauvages de La Croix, naturaliste et érudit, correspondant, p. 151, 257.
Savigny (Lelorgne de), naturaliste, membre de l'Institut, p. 297.
Scheuchzer, p. 150.
Scheele, chimiste suédois, p. 212, 239, 252, 253.
Sechelles (Jean Moreau de), contrôleur général des finances, né à Paris en 1690, membre honoraire en 1755, mort en 1760, p. 80.
* *Sedileau*, astronome, mort en 1693.
Seguin, chimiste, p. 245, 247.
Ségur (le comte de), p. 178.
Senac (Jean), entré à l'Académie en 1723, p. 104, 134, 140.
Senarmont (Hureau de), minéralogiste et physicien, p. 341.
Sénèque, p. 333.
* *Senne* (de), mécanicien, reçu élève en 1699, mort en 1718.

Sennebier, naturaliste génevois, p. 269.
Sigorgne (l'abbé), correspondant, p. 54.
Sloane (Hans), naturaliste et voyageur, né à Killileagh (Irlande) en 1660, associé étranger en 1708, mort en 1752, p. 470.
Solander, botaniste, correspondant, p. 284.
Sonnerat, naturaliste et voyageur, correspondant, p. 271.
Sonnini, naturaliste et voyageur, correspondant, p. 284.
Spallanzani, naturaliste italien, correspondant, p. 130, 287, 301.
Stahl, chimiste et physiologiste allemand, p. 101, 104, 235, 241, 242, 296.
Stenon, anatomiste danois, p. 8, 24, 111.
Stevin, p. 7, 67.
Stephens (Mlle), p. 139, 140.
Sturm, géomètre, membre de l'Institut, p. 344.
Svanberg, astronome suédois, p. 74.
Swammerdam, correspondant, p. 8, 128, 150.
Sylvius (François), p. 8, 62.

T

Talboth, p. 113.
* *Tallard* (Camille d'Hostun), maréchal de France, né en 1652, membre honoraire en 1723, mort en 1728.
Talleyrand (le prince de), membre de l'Institut, p. 327.
Tauvry, anatomiste, p. 30, 136.
Taylor, p. 222.
Tenon (Jacques), anatomiste, p. 294, 309, 320, 340.
* Terrasson (l'abbé Jean de), géomètre, né à Lyon en 1670, élève en 1707, puis associé en 1719, mort en 1750.
Tessier (Alex. Henri), né à Augerville (Seine-et-Oise) en 1742, entré à l'Académie en 1783, mort membre de l'Institut en 1837, p. 274, 276, 288, 326.
Thenard, chimiste, membre de de l'Institut, p. 341.
Thévenot (Melchisédec), né à Paris en 1620, mort en 1692, p. 10, 12, 24, 31, 38.
Thomassin (le comte de), p. 251.
Thompson (W.), physicien anglais, p. 263.
Thouret, médecin, p. 341.
Thouin (André), né à Paris en 1747, entré à l'Académie en 1786, mort membre de l'Institut en 1823, p. 272, 326.
Thouvenel, médecin, correspondant, p. 251.
* *Thuillier*, chimiste, né en 1674, élève en 1699, mort en 1702.
Tillet (Math.), trésorier adjoint en 1758, p. 243, 276, 277, 309, 316, 317, 318, 319, 322, 323, 333.
* Torar (de), élève géomètre en 1714.
* *Torcy* (J.-B. *Colbert*, marquis de), diplomate, né à Paris en 1665, membre honoraire en 1718, mort en 1746.

Torricelli, physicien italien, p. 7, 38, 85.

Tournefort (Joseph *Pitton* de), né à Aix (Bouches-du-Rhône) en 1656, entré à l'Académie en 1691, mort en 1708, p. 48, 108, 109, 111, 274.

* *Tournière* (de), associé en 1761, mort en 1772, p. 123.

* *Trant*, adjoint botaniste en 1722, mort en 1739.

Trembley, physicien et naturaliste génevois, correspondant, p. 123.

* *Tressan* (Louis-Elisabeth *Lavergne*, comte de), physicien et littérateur, né au Mans (Sarthe) en 1705, associé en 1749, mort en 1783.

Tronchin (Théodore), médecin, né à Genève en 1709, associé étranger en 1778, mort en 1784, p. 252, 307.

* *Truchet* (le P. Jean dit Sébastien de), né à Lyon en 1657, membre honoraire en 1699, mort en 1729.

Trudaine (Dan.-Charles), intendant général des finances, né à Paris en 1703, membre honoraire en 1743, mort en 1765.

* *Trudaine de Montigny* (Jean-Charles-Philibert), né à Clermont (Puy-de-Dôme) en 1733, membre honoraire en 1764, mort en 1777.

Tschirnhausen, associé étranger, p. 23.

* *Turgot* (Étienne-François), marquis *de Cousmont*, naturaliste, ex-gouverneur de la Guyane, né à Paris en 1721, associé libre en 1762, mort en 1789.

Turgot (Anne-Robert-Jacques), baron de l'Aulne, contrôleur général des finances, frère du précédent, p. 222, 251, 279, 309, 321.

Tycho-Brahé, astronome suédois, p. 7, 70.

V

Vaillant (Sébastien), né à Vigny (Seine-et-Oise) en 1669, associé en 1716, mort en 1722, p. 109, 111.

* *Val-Hébert*, adjoint au secrétaire perpétuel commé élève en 1699, mort vétéran en 1720.

* *Valincourt* (J.-B.-Henri *de Trousset* de), né en 1653, membre honoraire en 1721, mort en 1730.

* *Vallière* (Jean-Florent de), officier général d'artillerie, né à Paris en 1667, associé en 1701, mort en 1759.

Vallière (Joseph Florent de), né à Paris en 1717, associé libre en 1761, mort en 1776.

Valmont de Bomare, naturaliste, p. 283.

Vandermonde, nommé associé en 1779, p. 185, 188, 322.

Van Rheede, botaniste, p. 272.

Van Swieten (Girard baron de),

médecin, né à Leyde en 1700, associé étranger en 1750, mort en 1772.

Varignon (Pierre), né à Caen en 1654, mort en 1722, p. 40, 51, 52, 64, 67, 84.

Vauban (le maréchal Sébastien, Le Prestre de), né en 1633, membre honoraire en 1699, mort en 1706, p. 45.

Vaublanc (comte de), p. 176, 177.

Vaucanson (Jacques), p. 176.

Verdun de la Crenne, p. 210.

Vergennes (le comte de), p. 196.

Vial de Clairbois, p. 84.

Vicq d'Azyr, né à Valogne (Manche) en 1748, entré à l'Académie en 1774, mort en 1794, p. 290, 300, 301, 332.

Vieussens (Raymond), anatomiste, né en 1641, associé en 1708, mort en 1715.

Vieussens, fils du précédent, botaniste, élève en 1708, exclus en 1712, p. 316.

Villedeuil (Laurent de). (Voy. Hist. de l'Acad. des inscriptions), p. 326.

Vilmorin, agronome, p. 7, 24, 47.

Viviani (Vincent), géomètre florentin, associé étranger, mort en 1703, p. 174.

Volta, physicien italien, correspondant, associé étranger de l'Institut, p. 174.

Voltaire, p. 148, 155, 156, 157, 158, 194, 302, 306.

W

Wagner, p. 76.

Wallis (John), géomètre anglais, p. 67, 204.

Wall (D.), p. 219.

Wargentin (Pierre), astronome, né en Suède en 1777, correspondant, puis associé étranger en 1783, mort la même année, p. 490.

Warton, p. 8.

Watt (James), associé étranger de l'Institut, p. 193.

Weber, p. 340.

Wells, p. 93.

Werner, minéralogiste allemand, associé étranger de l'Institut, p. 259, 260, 261, 264.

Willis (Thomas), anatomiste anglais, p. 8.

Willughby, naturaliste anglais, p. 8.

Winslow (Jacques-Bénigne), né à Odensée (Fionie) en 1669, entré à l'Académie en 1707, mort en 1761, p. 141, 142, 143, 144, 146, 147.

Wolf (Chrétien), géomètre et philosophe, né à Breslau en 1679, associé étranger en 1733, mort en 1754.

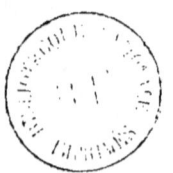

Y

Young (Thomas), physicien anglais, associé étranger de l'Institut, p. 89.

Z

Zach (baron de), astronome allemand, p. 204.

Zannichelli, botaniste italien, p. 272.

RECTIFICATIONS.

P. 259, note, ligne 4, *à la suite de ces mots* : physiologiques extraordinaires, *ajoutez* : comme l'avait fait son père,

P. 279, ligne 2, *au lieu de* : n'était pas plus déplacé, *lisez* : n'aurait pas été plus déplacé.

FIN DE LA TABLE GÉNÉRALE.

Paris. — Imprimerie de P.-A. BOURDIER et Cie, rue Mazarine, 30.

www.ingramcontent.com/pod-product-compliance
Lightning Source LLC
Chambersburg PA
CBHW071221240426
43671CB00030B/1431